智力障碍儿童
的生活能力培养与教学

李孝春 著

北方文艺出版社
哈尔滨

图书在版编目（CIP）数据

智力障碍儿童的生活能力培养与教学 / 李孝春著
. -- 哈尔滨 : 北方文艺出版社 , 2022.6
ISBN 978-7-5317-5549-4

Ⅰ . ①智… Ⅱ . ①李… Ⅲ . ①弱智儿童 - 儿童教育 - 特殊教育 - 教学研究 Ⅳ . ① G764

中国版本图书馆 CIP 数据核字 (2022) 第 075105 号

智力障碍儿童的生活能力培养与教学
ZHILI ZHANGAI ERTONG DE SHENGHUO NENGLI PEIYANG YU JIAOXUE

作　者 / 李孝春
责任编辑 / 张　璐　　封面设计 / 张顺霞

出版发行 / 北方文艺出版社　　邮　编 / 150008
发行电话 / (0451) 86825533　　经　销 / 新华书店
地　址 / 哈尔滨市南岗区宣庆小区 1 号楼　　网　址 / www.bfwy.com

印　刷 / 三河市元兴印务有限公司　　开　本 / 710mm × 1000mm　1/ 16
字　数 / 222 千　　印　张 / 15
版　次 / 2022 年 6 月第 1 版　　印　次 / 2023 年 1 月第 2 次印刷

书　号 / ISBN 978-7-5317-5549-4　　定　价 / 58.00 元

前　言

近年来，党和政府对特殊教育高度重视，对各类残障儿童实施义务教育，逐步做到“零拒绝”，中重度智力障碍儿童逐步由家庭看护转为走进学校学习，特殊教育学校的生源结构发生了根本性变化。本书在编写过程中，注重突出内容的思想性、科学性、师范性和实用性；注重紧密联系智力障碍儿童学校的招生实际和教学实际，做到理论与实践相结合，尽量避免空洞、烦琐和乏味的理论说教，同时尽量避免与其他学科教学内容的重复，做到突出本书内容的特殊性。本书具体包括以下内容：智力障碍儿童概述、智力障碍儿童入学问题、智力障碍儿童生活能力培养概述、智力障碍儿童生活能力培养策略、智力障碍儿童教育的教学原则、智力障碍儿童教育的教学方法、智力障碍儿童学科教学的组织与实施、智力障碍儿童生活适应教学。

本书在编写过程中参考借鉴了国内特殊教育界各位特教专家、教授、学者的一些相关论著和科研成果等，在此深表谢意。

本书在编写时尽量体现新课程标准和新课改精神，尽量吸收目前智力障碍儿童教育的新思想、新理念及科学方法，但由于时间仓促及笔者水平有限，书中难免存在不当之处甚至错误，敬请大家批评指正，提出宝贵意见。

目　录

第一章　智力障碍儿童概述

第一节　智力障碍儿童的特点

我国著名的特殊教育专家朴永馨教授认为，智力障碍儿童首先是儿童，然后才是有缺陷、有特点的儿童。从儿童的角度说，智力障碍儿童不应该有自己的特点；但是，他们又是有特点的儿童。轻度智力障碍儿童相对于健全儿童来说，没有典型的特点，但是那些中重度的智力障碍儿童，则往往有明显的特征，他们在生理、认知、情绪情感、意志、语言以及性格等各个方面都有自己的独特之处。

一、智力障碍儿童的生理特点

（一）智力障碍儿童的身体形态特点

一般而言，轻度智力障碍儿童的身体发育与健全儿童基本上是一致的，他们在身高、体重方面与健全儿童没有明显差别，但是随着智力障碍程度的加重，其身体发育会越来越差，生理和健康问题也会越来越多。智力障碍儿童的身高、体重与健全儿童的差别虽不如心理差异那样明显，但就一般情况来看，智力障碍儿童的身高、体重及骨骼形成较差，发展速度较慢，成熟也晚，相差程度则随缺陷程度加深而有所扩大。轻度智力障碍儿童的身高、体重可以接近健全儿童，甚至可能超过健全儿童。例如，有的智力障碍儿童身高特别高，有的智力障碍儿童特别胖。智力障碍儿童的生理发展状况总体水平较低。在形态发育方面，智力障碍儿童平均身高偏低，平均体重偏高，平均胸围偏大。

（二）智力障碍儿童的身体机能特点

智力障碍儿童在生长发育的过程中，由于受到各种不利因素影响，身心机能发展的各个方面落后于健全儿童，并且存在程度不一的身心缺陷。他们的身体素质和身体机能总体上不如同龄的健全儿童，并且智力损害越严重，身体素质和身体机能就会越差。智力障碍儿童的运动发育落后，他们的50米跑、立定跳远以及握力的成绩都低于同龄健全儿童水平。智力障碍儿童的精细运动，如抓、握、捏、揉、搓等精细动作发育迟缓，需要进一步训练。智力障碍儿童的心率与健全儿童相比无较大差距，但智力障碍儿童的血压高于同龄健全儿童。智力障碍儿童的肺活量小于同龄健全儿童。智力障碍儿童青春期开始的时间略晚于健全儿童，但除其中的特殊个体之外，大多数智力障碍儿童发展的阶段与过程和常人没有显著差异。智力障碍儿童的肌张力异常，常见的肌张力异常包括肌张力低下、肌张力亢进及肌张力不协调等，这就引起屈曲挛缩、起立步行两腿呈交叉肢位、呈尖足及踝关节内翻变形等。智力障碍儿童身体平衡能力和身体协调性等指标明显落后于健全儿童。例如，智力障碍儿童在运动的控制、平衡、速度及灵活性等方面，以及在体力、步态和动作技巧等方面表现得都比较差，明显不及健全儿童。

二、智力障碍儿童的认知特点

健全儿童对事物的认识一般是从具体到抽象，从感官感受逐渐到概念形成，其认知过程是从无结构性到有结构性的过程。智力障碍儿童认知能力的发展过程与健全儿童一样，不过在认知发展上有其特殊的地方。

（一）感知觉的加工速度慢，辨别能力低

智力障碍儿童的绝对感受性低于健全儿童，因此，同一强度的刺激可能引起健全儿童的感觉，却不一定能引起智力障碍儿童的感觉。智力障碍儿童的视觉、听觉、嗅觉、味觉及触觉都存在不同程度的障碍。智力障碍儿童感知信息的速度明显不及健全儿童。智力障碍儿童视觉集中能力以及视敏度的发展落后于健全儿童。智力障碍儿童的听觉分辨能力也不及健全儿童，因此他们在汉语拼音学习中，经常会将近似音节混淆。智力障碍儿童的其他感觉也较为迟钝，比如对冷热、疼痛的感觉迟钝，因而容易引起自伤。另外，智

力障碍儿童的知觉恒常性也不及健全儿童，当同一事物置于不同的环境中时，智力障碍儿童往往缺乏辨认能力。例如，有的智力障碍儿童在黑板上认得的字，在课本中可能就认不出来；有的智力障碍儿童昨天穿的衣服，今天早上可能就不认得。

（二）智力障碍儿童概念发展水平低

概念是人类思维的一种重要形式，是人类进行一切认知活动的基础。智力障碍儿童最初掌握的大多是一些具体的实物概念，在概念形成的顺序上主要取决于概念与具体事物的联系程度。对智力障碍儿童而言，抽象概念的掌握有较大的难度。智力障碍儿童概念发展水平不高，与其概括能力低有关。智力障碍儿童概括的内容比较贫乏，其概括多以事物外部的非本质特征为依据，对概念内涵的把握往往不精确，由此造成的后果是对概念的掌握常常不准确，有时过于泛化，有时又失之过窄。例如，智力障碍儿童对“因为”和“所以”等虚词概念不理解。再如，演校园剧时让智力障碍儿童假装哭，他会嚎啕大哭，劝都劝不住，因为他根本不理解“假装”这一概念。智力障碍儿童对数字概念的获得较为困难。智力障碍儿童在数字概念方面能力极为有限，能够掌握简单的计算规则，但对于掌握较复杂的、隐含的规则却有一定的困难。智力障碍儿童与健全儿童在数学能力上存在质的不同。

（三）记忆能力差

智力障碍儿童记忆的基本特征，就是识记一切新材料的速度缓慢、保持得不牢固和再现得不准确。智力障碍儿童常发生暂时性健忘，他们的机械记忆相对较好而理解记忆相对较差，并且记忆过程有组织缺陷。总体来说，智力障碍儿童的记忆结构与健全儿童的记忆结构相似，但存在某些缺陷。这些缺陷可通过训练而得到部分补偿，即可以利用一些方法来帮助智力障碍儿童提高记忆和学习的效果。例如，让智力障碍儿童对要记忆的对象进行反复感知，教师运用精心设计的言语来指导智力障碍儿童对学习材料形成相应的表象，识记时让他们重复说出相应的名称，反复练习；让智力障碍儿童通过对学习材料的分类及教师提示来帮助识记或回忆等。

（四）抽象思维能力差

儿童的学习大都从具体事物开始，再进行到抽象。智力障碍儿童以具体形象思维为主，思维缺乏目的性、灵活性、独立性和批判性。智力障碍儿童的思维停留在具体事物上的时间较长，至于何时可以进到抽象思维阶段，则有赖于教师及家长的教导和儿童本身的能力。在思维过程中，智力障碍儿童难以根据条件的变化及时地调整自己的思维方式，表现出思维的刻板性。例如，一个智力障碍儿童每天负责给花园里的花浇水。有一天，下起了大雨，他还像往常一样冒雨去浇花。这种事情看似可笑，却恰恰反映了智力障碍儿童思维的刻板性。

（五）类化及迁移的能力较差

儿童认知能力的发展是由具体到抽象的过程，而具体到抽象的过程体现了类化与迁移的能力。智力障碍儿童的类化与迁移的能力较差。例如，教儿童认识“马”，教师可能呈现“马”的图片，健全儿童会在记忆中将真实的马与图片中的马结合起来，即将看过的马类化为图片中的马。而智力障碍儿童由于生活中并无实际接触“马”的经验，他们可能认为图片中那个样子、那种颜色的才叫马，即使在路上看到马，也无法把图片中看过、教师教过的“马”类化到实际的马身上。

三、智力障碍儿童情绪与行为发展的特点及情绪与行为问题

（一）智力障碍儿童情绪与行为发展的特点

情绪作为人类基本的心理过程之一，在个体的心理活动中占有一定的地位。它对有机体的生存和生活有着重要的价值。情绪问题影响着个体认识活动的方式与行为的选择，涉及人格的形成及人际关系的处理。

1. 情绪与行为发展水平低

智力障碍儿童情绪与行为的发展长时间停留在比较低的水平上，与同龄健全儿童相比，显示出明显的不成熟。他们具有感觉水平上的情绪体验，如恶臭气味引起的厌恶感、清新空气引起的舒适感；但认知水平上的情绪体验

出现比较迟缓，如成功的喜悦、失败的沮丧，以及面临威胁时的恐惧等。在行为发展上，他们明显不及同龄的健全儿童，有低龄化的倾向，常给人以行为幼稚的印象。

2. 情绪控制的能力差

智力障碍儿童情绪不稳定，容易受外界情境的支配，他们的情绪与行为往往受机体的生理需要和激情支配，在情绪与行为的控制方面不及健全儿童。他们难以按照社会道德和行为规范调节和控制自己的情绪与行为，一旦其需要得不到满足，便可能有明显的情绪与行为表现，比如不分场合地大哭、大闹，难以自控。即使入学后，他们的情绪与行为控制能力也远不如健全儿童。例如，某校中度智力障碍儿童王某有拿别人课本的坏习惯，而且拿了以后就放到裤裆里，很难要回来。有一次，他又拿了同学的书，还没来得及放到裤裆里，就被教师发现并从他手里夺了回来。他于是躺在地上撒泼，大哭大闹，谁也劝不住，直到哭够了才算完。

3. 情绪与行为反应直接

智力障碍儿童情绪表达方式直接，他们通常不会隐藏自己的感受，并且常常伴有外显的行为，如生气时会吐口水、高兴时会拍手。同时，智力障碍儿童的情绪反应时间短暂，从一种情绪到另一种情绪过渡的时间很短。例如，有的智力障碍儿童因为得不到一件玩具而大哭大闹，但是如果给了他玩具，他会马上高兴得哈哈大笑，根本看不到情绪变化的过程。

（二）智力障碍儿童的情绪与行为问题

常见的情绪问题有以下三种。

1. 抑郁

智力障碍儿童由于社会适应困难、学习能力低下，在学习和生活中经常面对失败，由此会产生抑郁情绪，通常表现为敏感、合作性差、闷闷不乐、自卑与孤独。尤其是轻度智力障碍儿童，这种情绪体验更明显。有时，他们还会产生厌倦情绪，严重的甚至会影响饮食和睡眠。智力障碍儿童不善于与人沟通是产生抑郁情绪的原因之一。

2. 害怕

适度害怕是个体在成长过程中经历的情绪体验，能使个体避开可能存在的危险；而过度害怕是一种消极情绪，它会限制儿童的观察力和思维能力。智力障碍儿童对事物害怕的程度与广度要比健全儿童高得多、大得多，严重的甚至会产生恐怖情绪。

3. 易怒

智力障碍儿童的自我愿望受到限制时，常会以发脾气的方式来表达，他们甚至不考虑场合，出现苦恼、喊叫、违拗等种种过火行为，直到自己的要求得到满足才肯罢休。智力障碍儿童有时也会表现出情绪亢奋，他们会毫无理由地持续大笑、兴奋不已，即使受到批评也难以控制。

智力障碍儿童常见的行为问题有社会性问题、注意力问题以及攻击性行为等，后文将有详细介绍，这里不做赘述。

四、智力障碍儿童的意志特点

意志是自觉地确定目的，并在目的的支配下调节行动、克服困难，从而实现预定目的的心理过程。人的意志与人的认识、情感密切相连。离开了人的认识活动就没有意志行动，意志对认识和情感也有巨大的影响。智力障碍儿童意志品质的形成遵循儿童意志品质形成的一般规律，但由于智力障碍儿童智力存在缺陷，他们的动机形成比健全儿童慢，意志的最终水平没有健全儿童发展得高。智力障碍儿童意志品质或意志过程存在的缺陷主要表现在以下三个方面。

（一）主动性不足

智力障碍儿童的依赖性太强，主动性太差，不会主动支配和管理自己的行为，不会主动去克服困难从而完成某项任务。例如，智力障碍儿童不会主动地复习所学内容，也不会主动地预习明天要学习的内容。在完成教师布置的某项任务的过程中，只要碰到一点儿困难就可能停下来不做了。有时外界的一点儿声音都会干扰他们，作业需要教师不断地督促、鼓励才能完成。在家中，他们不会主动做家务，需要在家长的监督和帮助下完成。

（二）缺乏自制

智力障碍儿童的行为具有不可遏制的冲动性，他们对自己的行为缺乏自制力。他们可能为了一些人们看来非常小的事情而表现出强烈的情绪。例如，智力障碍儿童看到一个玩具，可能引起他强烈的占有欲，会出现不达目的誓不罢休的状况，表现出争抢、争吵、发脾气、大喊大叫、在地上打滚以及砸物品等行为，严重的甚至伴有自伤等行为。

（三）固执，易受到暗示影响

智力障碍儿童的固执与他们的意志力薄弱有关。智力障碍儿童不愿克服困难，无法顽强、努力地去完成有关的任务，但他们有时却表现出执拗的特点。例如，想从智力障碍儿童手中要走某些物品时，他可能会坚决拒绝；当教师没有满足智力障碍儿童的某项要求时，他会大哭大闹，执意要求别人满足他的需要。同时，智力障碍儿童易受暗示，常常会不加分析地接受他人的意见并可能被别人随意驱使，甚至常极端地迷信他人。因此，智力障碍儿童容易被引诱、唆使做一些违法乱纪的事情。例如，某县几年前就发生了几起利用智力障碍者骗摩托车的案件。犯罪嫌疑人把智力障碍者骗走，先让他好好地吃一顿，再把他打扮一下，告诉智力障碍者自己是他哥哥，然后和智力障碍者去摩托车销售点买车。挑好后，犯罪嫌疑人说去取钱，让“弟弟”在原地等着。犯罪嫌疑人一走就没影儿了，剩下智力障碍者顶罪。

培养智力障碍儿童的意志品质需要从一点一滴做起，需要教师和家长在日常生活中长时间引导和教育。

五、智力障碍儿童的语言特点

智力障碍儿童的语言发展水平往往与其智力水平有直接的关系，智力障碍程度越重，语言发展水平越低。他们的语言有如下特点。

（一）智力障碍儿童的语言理解能力差

在词意理解上，智力障碍儿童的智力水平与其词义理解水平有直接的关联。在进行词的语义加工时，智力障碍儿童不善于利用相关线索，在词的语义分类和组织中，容易出现词义泛化或窄化的现象；在句子的理解上，智力障碍儿童也落后于同龄的健全儿童。

（二）智力障碍儿童的语言表达能力低

智力障碍儿童在语言表达方面也有明显的障碍，他们的语言发展的过程比较缓慢，但发展的顺序与健全儿童基本一致。智力障碍儿童词汇获得与发展顺序与健全儿童基本相同，但相比较而言，智力障碍儿童的词汇量较少，词语运用的水平低。智力障碍儿童句子表达能力发展明显滞后，语言运用能力相对较差。智力障碍儿童往往不能使用有意义的话语传达信息，他们只是机械地模仿或重复自己感兴趣的部分，或重复某些个别的音，如“喝”（表示喝水）和“打”（表示有人打他了），教师只能从他的眼神、手势以及表情来理解他的意思。智力障碍儿童在交际中另一个突出的问题是理解模糊，表达不清。他们不善于使用有效问句获取所需信息，在回答对方的问题时容易转移话题或答非所问。他们还有重复语言现象，常常自言自语。例如，某校的儿童王某穿了新衣服来到学校，见人就说“我穿新衣服了”，一天内会说几十次。

第二节　智力障碍教育的特点

智力障碍教育属于特殊教育，是义务教育的重要组成部分，智力障碍教育发展情况是评价义务教育发展水平的重要方面，智力障碍教育水平是衡量社会文明程度的重要指标。因此，发展智力障碍教育意义重大。

联合国大会于 1971 年 12 月 20 日宣布《智力障碍者权利宣言》，并要求各个国家以这个宣言为共同基础和准则来保障这些权利：智力障碍者所享有的权利，在最大可能的范围内，与其他人相同；智力障碍者有权享有医药照顾和物理治疗，并受到可以发展其能力和最大潜能的教育、训练、康复及指导。

一、智力障碍儿童接受教育是法律和人权的需要

接受教育的权利是智力障碍儿童应该享有的基本权利。现实生活中有些人认为，智力障碍儿童再怎么教，也不会恢复正常，对社会不会有多大贡献，所以智力障碍教育没有多大意义。这种看法是片面的，因为智力障碍儿童首先是人，他们和健全人一样享有平等的权利，接受教育是他们的基本权利，这是宪法赋予他们的权利，神圣不可剥夺。20世纪中期以来，受教育机会和权利的平等已逐渐成为人们的共识，能够给予智力障碍儿童公平的受教育机会和权利也成为一个国家教育公平、社会公平的具体体现。关注每一个智力障碍儿童，给予每一个儿童平等的受教育机会也是促进教育公平的实现，以及促进社会文明程度和提高国民素质的重要内容。人人生而平等，智力障碍儿童应该享有和普通儿童同等的受教育的权利，这是实现教育平等的必由之路。

二、智力障碍教育有利于智力障碍儿童本人及其家庭的发展

智力障碍教育在生活上让智力障碍儿童尽可能地适应社会，融入社会，自尊自爱、独立自主地生活。智力障碍儿童的教育有来自学校、社区和家庭等多方面的教育。学校教育是有计划的、系统的教育，有合适的教育内容、教育方法和手段，能给这些特殊的儿童提供适合他们身心各方面发展的教育。家庭和社区的教育能让这些特殊的儿童更好地融入社会，感受到家庭及社会的关爱和帮助。智力障碍儿童的家庭往往承受着巨大的经济压力和精神压力。在经济压力方面，父母发现儿童有异常时，可能会盲目地带领儿童四处求医，导致家庭经济困难。在精神压力方面，有些家长不愿意承认自己的孩子存在智力障碍，但面对智力障碍儿童表现出来的种种问题，他们又束手无策，亟须社会的帮助，不仅需要经济上的帮助，更需要社会帮助他们科学抚养教育智力障碍儿童。智力障碍教育既能帮助儿童获得一定的发展，使其自立，也能在一定程度上解放他们的父母，减轻家庭的负担，使家庭更好地发展。智力障碍儿童进入学校进行康复训练，能减轻家庭负担和社会负担。让智力障

碍儿童进入特殊教育学校，进行有计划、有目的、科学的，以及循序渐进的、有针对性的教育和训练，能够促进其良好行为习惯的养成，可以帮助其独立生活、融入社会，甚至可以使其成为自食其力的劳动者，有利于促进社会稳定。这样既可以使智力障碍儿童为社会创造财富，减轻家庭的负担，又可以减轻社会的负担，为国家节省开支。

三、开展启智教育，培养智力障碍儿童的生活自理能力和社会适应能力

对智力障碍儿童进行教育训练，使智力障碍儿童终身受益。智力障碍儿童进入特教学校培智班，进行有目的、有计划、针对性的教育康复和训练，在生活自理能力的训练，生活习惯、学习习惯和劳动习惯的养成，安全意识的培养，健康的心理状态的形成以及走向社会等方面，进行专门的训练，让其在自己已有水平的基础上，有所提高，发扬长项，补偿缺陷。智力障碍教育最大限度地开发智力障碍儿童的潜能，使其终身受益。

四、智力障碍教育可以促进教育工作的普及，利于和谐社会的建设

智力障碍教育是义务教育的重要组成部分，由于智力障碍儿童的出生率为 1 %～ 3 %，所以智力障碍教育对于普及义务教育有着举足轻重的作用。搞好智力障碍儿童的教育是实施义务教育的有机组成部分。所谓义务教育，是指依照法律规定，对适龄儿童实施一定年限的、普及的、强迫的以及免费的学校教育。它是国家、社会和家庭都必须予以保护的国民教育。事实上，不发展智力障碍儿童的教育，普及义务教育的愿望是达不到的，因为义务教育要求 100 %的儿童受到适合其特点的教育，这其中必然有一部分（我国约为 3 %）是智力障碍儿童。只有所有的智力障碍儿童和其他残疾儿童都入学了，才能说义务教育的任务有圆满完成的可能。发展智力障碍儿童的教育，不仅能保障智力障碍儿童的受教育权，提高入学率，而且可以加强义务教育的普及，促进智力障碍儿童的发展，提高全民素质。另外，如果智力障碍儿

童不接受教育，他们就会在社会上游荡，成为社会的不稳定因素，不利于和谐社会的建设。开展智力障碍教育，把智力障碍儿童教育成自食其力的有用人才，不仅减轻了家庭和社会的负担，而且智力障碍人员能成为社会的有用之人，能为社会创造价值，促进和谐社会的建设。

第三节　智力障碍儿童的早期筛查和诊断

一、智力障碍儿童早期筛查的方法

（一）高危新生儿判定

受到高危因素影响的新生儿称作高危新生儿。高危新生儿的判定标准如下：

（1）胎龄小于37周的早产儿。

（2）胎龄大于42周的过期产儿。

（3）足月小样儿。

（4）围产期有窒息、出血及产伤者。

（5）新生儿患有高胆红素血症、惊厥、重症感染、先天畸形或患有遗传代谢疾病。

（6）高危孕妇（高龄初产妇先兆子痫）等。

（二）阿普加评分

阿普加评分即美国麻醉师维珍尼亚·阿普加（Virginia Apgar）设计的评分，用来对新生儿状态和窒息程度进行评价。阿普加评分用来测评出生后10 min（分钟）以内，尤其是出生后1 min的新生儿状况。评分项目指标如下：

（1）皮肤着色。

（2）心率。

（3）对某种刺激形成的反应。

（4）肌张力。

（5）呼吸情况。

指标都以 0、1、2 记分，在某一指标上表现出最好状态就得 2 分，没有表现出来或者表现不好的状态可以记 0 分或 1 分。评分可以在出生后 1 min、3 min、5 min 和 10 min 进行。由于新生儿时期发生窒息程度直接关系到日后儿童智力发展水平，阿普加评分客观上起到早期筛查智力障碍儿童的作用。我国规定出生后 1 min 测得的分数为 0 ～ 4 分、5 min 测得的分数小于 6 分的新生儿为高危新生儿，应作为智力障碍儿童的监测对象。

（三）新陈代谢疾病筛查试验

新陈代谢疾病筛查试验是通过实验检查筛选出有遗传代谢疾病的患儿。有些遗传代谢疾病在出生时尚无症状，但却影响婴儿的中枢神经系统，结果导致智力落后。如果早期筛查出代谢疾病患儿，可以有效地进行治疗，减少智力障碍的发生。常见的试验有对先天甲状腺功能低下、苯丙酮尿症、半乳糖血症的筛查测试。测试对象是出生 72 h（小时）以后且已接受哺乳的新生儿，通过采新生儿的足跟血进行测试，测试结果如果是上述几种疾病中的一个，那么引起的后果可能就是智力障碍。

（四）新生儿行为评估

1973 年，美国儿科医生贝里·布雷泽尔顿（Berry Brazelton）发表新生儿行为评价量表（NBAS），通过评价儿童行为预测其后来的智力。20 世纪 80 年代中期，我国的鲍秀兰引进此表并作修订。经检验，该表在我国的应用具有显著的预测性和可靠性。新生儿行为评估量表在婴儿出生后的第 3 天开始使用，评估婴儿出生后一天到满月为止的 27 种行为，了解婴儿的行为能力、自我安静的能力以及社会行为等，及早发现脑损伤（见表 1）。

表 1　新生儿行为评价量表

项目	记分								
一、习惯化	1	2	3	4	5	6	7	8	9
1. 对光反应的减弱									
2. 对拨浪鼓反应的减弱									
3. 对铃声反应的减弱									
4. 对针刺激反应的减弱									
二、朝向反应	1	2	3	4	5	6	7	8	9
5. 朝着无生命的东西看									
6. 朝着无生命的东西听									
7. 朝着有生命的东西看									
8. 朝着有生命的东西听									
9. 朝着有生命的东西看和听									
10. 警觉									
三、运动控制的成熟度	1	2	3.	4	5	6	7	8	9
11. 一般的肌紧张									
12. 运动发展的成熟度									
13. 拉着能坐起来									
14. 防御活动									
15. 活动（在“警觉”状态下做）									
四、易变特点	1	2	3	4	5	6	7	8	9
16. 兴奋的最高点									
17. 迅速被激惹									
18. 激动性									
19. “状态”本身的易变性									
20. 皮肤颜色的变化									
五、自我安静的能力	1	2	3	4	5	6	7	8	9
21. 拥抱									
22. 用干预来抚慰									
23. 自我安抚活动									
24. 熟练地将手指放进嘴里									
六、社会行为	1	2	3	4	5	6	7	8	9
25. 震颤（所有“状态”都可以看到）									
26. 测验期间惊跳反射的总量									
27. 笑（所有“状态”都测）									

（五）0 ～ 6 岁生长发育保健卡

上海儿科研究所郭迪主持设计了家庭用 0 ～ 6 岁儿童生长发育保健卡。该卡在正面记录儿童的一般情况、对儿童生长发育的不利因素，以及住院和重要诊断记录。卡的背面是生长发育图，包括体重曲线图及社会心理测验两部分。体重是衡量短期营养状况的灵敏指标，通过体重的变化，可以在早期发现影响儿童生长发育的潜在因素。

（六）皮博迪图片词汇测验

皮博迪图片词汇测验（PPVT）是对儿童语言能力的评估。该测验通过测量儿童词汇理解能力，评估其智力。该测验由唐恩夫妇于 1959 年发表，1981 年和 1997 年进行了两次修订。测验由 175 张图板、350 个对应词汇组成，采用图片与词汇匹配的测试方式进行个别施测，适用于 2 岁半至 40 岁的人群。1981 年，上海新华医院对其进行了修订，标准化了此项测验，适用于 3 ～ 9 岁的儿童。我国标准化测验共有 120 张图片，对语言及运动有障碍的儿童比较适合。1990 年，华东师范大学的桑标和缪上春教授修订了该测验的量表，制作了上海常模，适用对象为 3 岁半至 9 岁的儿童。

（七）学龄前儿童 50 项智力筛查量表

学龄前儿童 50 项智力筛查量表属于测试儿童综合能力的筛查工具，适用于 4 ～ 7 岁儿童，内容分为回答问题和操作两大类，涵盖自我认知能力、运动能力、记忆能力、观察能力、思维能力和常识 6 个方面，共 50 道测验题。

测验方法是对每一位儿童按顺序提问 50 道问题。记分方法是，答对一题记 1 分，答错或部分答对均不给分，满分 60 分（见表 2）。

表 2　学龄前儿童 50 项智力筛查量表

筛查题目	记分
1. 指给我看，你的眼睛在哪儿?	
2. 指给我看，你的耳朵在哪儿?	
3. 指给我看，你的脖子在哪儿?	
4. 告诉我，你叫什么名字?	
5. 你的手指在哪儿?	

续表

筛查题目	记分
6. 请把衣服上的扣子扣好。	
7. 有一双鞋（鞋尖对着儿童），你穿穿看。	
8. 请把裤子重新穿一下。	
9. 指给我看，你的眉毛在哪里?	
10. 请你学我的样子，倒退走路。（2 m）	
11. 请你并住双足，往前跳一下。（20 cm）	
12. 你今年几岁?（虚岁和实岁都可以）	
13. 你自己会穿上衣服吗? 穿给我看看。	
14. 你知道哪些东西是动物吗? 请你说两种。	
15. 指给我看，你的足跟在哪儿?	
16. 重复说一个数目 4213。（61796）	
17. 给儿童看一张未画腿的人物画像，请儿童指出哪些部分未画完或请其补画上。	
18. 指给我看，你的肩在哪儿?	
19. 正确说出下面的图形。（每图 1 分，共 3 分） △　○　□	
20. 从 30 cm 高处跳下，前脚掌着地。（示教）	
21. 请你按我说的次序做这三件事。（连说两遍，每项 1 分） （1）把门打开。 （2）将那张小椅子搬过来。 （3）用那抹布擦擦这桌子。	
22. 你能用筷子夹起这豆子（或花生）吗? 做做看。	
23. 说出五个反义词。（用相反事物提问，每项 1 分） （1）火是热的 —— 冰是（冷）的。 （2）大象的鼻子是长的 —— 小白兔的尾巴是（短）的。 （3）老虎是大的 —— 蚂蚁是（小）的。 （4）头发是黑的 —— 牙齿是（白）的。 （5）棉花是软的 —— 木头是（硬）的。	
24. 你会独脚站立吗? 试试看。（10 s）	
25. 足跟对着足尖直线向前走。（2 m）（示教）	
26. 你知道自己属什么吗?（生肖）	
27. 让儿童抓住弹跳到胸前的球。（测试者和儿童相距 1 m，示教 1 次）	
28. 说出红、黄、蓝、绿四种颜色。（图形或事物）	
29. 你用拼板照样子拼椭圆形。	
30. 看图，说出有什么不对的地方。（鸡在水中游，图略）	
31. 告诉我你姓什么?	
32. 学我的样子，足尖对着足跟倒退走。（2 m）（示教）	

续表

筛查题目	记分
33. 请绘出下面的图形。 │　—　○　(	
34. 看图，说出有什么不对的地方。（雨下看书）	
35. 看牛和兔子画片，说出三处错误。（牛尾、牛腿、兔耳，图略）（每问 1 分，共 3 分）	
36. 你住在哪儿？（回答要有路名和门牌号）	
37. 用线绳捆住这双筷子，并打一个活结。	
38. 用拼板拼图：圆形、正方形、长方形。	
39. 指给我看你的膝盖在哪儿。	
40. 你知道吃的蛋是从哪里来的吗？吃的青菜（或白菜）是从哪里来的？	
41. 你知道吃的肉是从哪里来的吗？	
42. 想一想后回答我：鸟、蝴蝶、蜜蜂与苍蝇有什么共同之处？	
43. 想一想后回答我：毛线衣、长裤和鞋子有什么共同之处？	
44. 请你用左手摸右耳朵，用右手摸左耳朵，用右手摸右腿。（三试三对）	
45. 今天是星期几？请告诉我后天是星期几？明天和昨天呢？（每问 1 分，共 3 分）	
46. 工作人员讲一个短故事给儿童听，听完后要他回答。（每问 1 分，共 5 分，故事见 50 题） （1）小兔子借篮子干什么？ （2）小鸭子请小公鸡干什么？ （3）小松鼠请小公鸡干什么？ （4）公鸡为什么又叫又跳？ （5）都有谁帮助公鸡修房子？	
47. 倒说三位数：238（倒说 832）、619（倒说 916）、596（倒说 695），要求三试二对，可以换其他数数。	
48. 请儿童回答下列问题并按要求执行： 我说一句话，你仔细听着，并照样说给我听："妈妈叫我一定不要和小朋友打架。"（连说二遍）	
49. 想一想，然后回答我——口罩、帽子和手套有什么共同之处？	
50. 听故事后回答——公鸡为什么脸红了？ 公鸡和兔子、鸭子、松鼠住在一起。有一天早上，兔子来找公鸡说"我要上街买萝卜，借一只篮子给我用吧！"公鸡说："我自己要用，不借。"中午，鸭子来找公鸡说："公鸡哥哥，你嘴巴尖尖的，帮我解一下衣服上的扣子吧！"公鸡说："我要吃饭了，没空。"到了晚上，松鼠来找公鸡："我明天早上要上山砍柴，你早一些叫我起床吧。"公鸡说："我没力气，不高兴叫。" 过了一天，刮大风、下大雨，公鸡的屋顶都掀掉了，公鸡急得又叫又跳，正在着急时，兔子、鸭子和松鼠一起赶来了，帮助公鸡修理屋顶。没过多久，风停了，雨住了，屋顶也修好了，公鸡看着这一切，脸一下子红了。	
总分	

（八）家长 / 教师简易筛查法

家长和教师是智力落后儿童的最早发现者。由于智力落后儿童一般都表现出发育指标落后于健全儿童，家长或教师如果注意观察便能发现儿童在发育上落后的问题。建议家长或教师采用家长 / 教师简易筛查表（见表 3—表 7）对 4 ～ 6 岁的儿童进行筛查。如果一个儿童不能完成自己所在年龄段的功能区中的部分问题，便可将其作为怀疑对象做进一步的鉴定。

表 3　家长 / 教师简易筛查表 —— 动作能力

筛查项目	适用阶段	筛查内容
头控制	4 ～ 28 周	1. 自己能开始举头吗？ 2. 现在举头稳吗？ 3. 仰卧时能举头离枕，好像要坐起来吗？
坐	16 ～ 40 周	1. 保持坐姿需要用枕头稳住吗？ 2. 能稳坐多久？ 3. 现在能自己坐吗？还是很容易横倒？ 4. 能好好独坐吗？就是说你能让他独自坐在地板上而自己离开他吗？
爬行	28 ～ 40 周	1. 伏卧时能转动吗？转动时能完成一圈吗？ 2. 能用自己的手和膝盖撑起自己吗？ 3. 会爬行吗？ 4. 爬行时用手和膝部支持，还是腹部贴着地面前进？ 5. 爬行时用足和手吗？ 6. 坐时能自己伏卧吗？ 7. 是否蹒跚而行？坐下来，看他用什么方法在地板上行动？
站立	28 周～ 12 个月	1. 扶他站立时，他能用足支持体重吗？ 2. 会试着向前跨步吗？还是喜欢原地跳动？ 3. 扶立在小床上，能自己站立片刻吗？他愿意这样试吗？ 4. 会扶住栏杆在小床上行走吗？还是只能站立？ 5. 能自己坐下吗？还是站不住跌下去的？会哭嚷让你帮忙吗？ 6. 你拉着儿童的手，儿童会跟你行走吗？你要握住他两手还是一只手？ 7. 在小床上有时会单独站着吗？

续表

筛查项目	适用阶段	筛查内容
行走	15 个月～3 岁	1. 能独行吗? 2. 仅能向前走几步投入大人怀内? 还是要走就走，要停就停? 3. 坐在地板中央时，不依靠任何外力会自己起来吗? 4. 什么时候能开始独自行走? 5. 现在算是能走了，但有时还会爬吗? 6. 能跑吗? 是真的能跑，还是仅能走得快些? 7. 能自己登楼吗? 登楼时是否用手和膝部爬上去的? 还是跨着楼梯走上去的? 8. 能自己下楼吗? 走下来的，还是爬下来的? 走下楼时是否扶着栏杆或握着大人的手? 9. 自己会坐进一把小椅子吗? 能爬下来吗? 10. 玩时能蹲下去吗? 还是坐在地上? 11. 常摔倒吗? 12. 能跳吗? 13. 能从楼梯末级跳下来吗? 14. 会骑三轮脚踏车吗? 能踏前踏后、左右转弯吗?

表 4　家长 / 教师简易筛查表 —— 言语能力

适用阶段	筛查内容
4 周	1. 发出什么声音? 2. 对儿童讲话时儿童能笑吗? 3. 你在房中踱来踱去时，儿童的眼睛会跟随你转动吗?
16 周	1. 会咕咕做声吗? 2. 能对大人“答话”吗? 3. 晨间醒时会自言自语吗? 4. 笑声响亮吗? 5. 自言自语时，有时提高了嗓门好像自己能辨别声音的高低吗? 6. 兴奋时会高声叫吗?
28 周	1. 会对着玩具“讲话”吗? 2. 会叫“妈妈”? 还是在哭时这样做声而已? 3. 会发出其他声音吗?

续表

适用阶段	筛查内容
40 周	1. 会叫“爸爸”吗？ 2. 会迎着叫“妈妈”吗？ 3. 会模仿听到的声音吗？ 4. 大人咳嗽时，会学着咳嗽吗？ 5. 对话时能领会吗？ 6. 知道自己的名字吗？ 7. 懂得“不要这样”吗？ 8. 说“爸爸在哪儿”，会懂得吗？ 9. 叫儿童“摇摇手”，会真听得懂而摇手吗？ 10. 会说的字音有几个，会发出声音要东西吗？虽然不知道东西的名字，但能说出字音好像能表达出要那东西吗？ 11. 不要时能摇头吗？
12 个月	1. 除了叫爸爸、妈妈以外，还能发出什么字音吗？ 2. 叫“立起、坐下、走过来”，会懂得吗？ 3. 向儿童讨要手里握着的东西，会给你吗？ 4. 问“你的球在哪儿？”，会向着球看去吗？
18 个月	1. 玩的玩具的名字认识吗？像皮球、娃娃和小车等。 2. 吃的食品的名字认识吗？像奶和饼干等。 3. 穿的衣服名字认识吗？像鞋、帽和袜等。 4. 常用的几个字懂得吗？像“不要”“喂喂”和“再见”。 5. 一个人自言自语吗？ 6. 你觉得儿童语言发展过慢时，其听觉怎样？
2 岁	1. 估计一下儿童懂得多少字音？10 个？25 个？50 个？100 个？还是太多了你自己也猜不准。 2. 开始用两个字配合起来同时讲出吗？例如“爸爸”“开开门”和“宝宝吃”。 3. 看了图画能讲出其中东西的名称吗？ 4. 叫儿童到隔壁去拿东西，拿得起吗？ 5. 称呼自己什么？ 6. 叫自己名字还是称“我”？

表5　家长 / 教师简易筛查表——应物能力

适用阶段	筛查内容
4 周	1. 会注意到玩物吗？ 2. 硬塞个玩具到儿童手掌中，会立刻掉下来吗？
16 周	1. 给儿童玩具，握住不放吗？ 2. 握住玩具时会用眼睛望着它吗？
28 周	1. 把玩具放在儿童面前，会伸手去拿？还是要你去拿来给他？ 2. 拿了玩具怎样玩法？ 3. 你看到过儿童把玩具从一手递交到另一手吗？ 4. 会把玩具塞到口里去吗？会咬着玩具吗？ 5. 玩具落地会试着取回来，还是不管它？
40 周	1. 会抓起小丸或线条吗？ 2. 玩时会两手各执玩具，还是一次只玩一样玩具？ 3. 会把两件东西互相碰撞吗？ 4. 你觉得儿童应物能力太差，但你能肯定其视力正常吗？
12 个月	会把玩具从纸盒中取出与放进去吗？
18 个月	1. 会玩积木吗？会把一块放在另一块上面吗？ 2. 喜欢玩皮球吗？ 3. 喜欢画圈吗？ 4. 给一本书时，会逐页翻开，还是只能把它撕破？ 5. 画册中的东西儿童认识多少？叫儿童点出画中东西（儿童或小狗），点得准吗？ 6. 喜欢把玩具系着绳拉着玩吗？ 7. 喜欢玩娃娃或黑熊吗？怎样玩法？抱它们吗？表示喜欢它们吗？ 8. 经常用左手还是右手？左手灵活还是右手灵活？你会叫儿童用右手吗？
2 岁	1. 会抱娃娃或黑熊卧床，给它们盖被，模仿爱护它们吗？ 2. 喜欢指画讲故事吗？
3 岁	1. 喜欢推小火车吗？推车时知道方向吗？ 2. 喜欢当杂差吗？ 3. 会用积木搭房子吗？ 4. 会学唱歌吗？

表 6　家长 / 教师简单筛查表——应用能力

适用阶段	筛查内容
4 周	夜间（7 时后）哺喂几次?
16 周	1. 喜欢看着自己的手吗? 2. 会举起双手到自己面前吗? 3. 会把两手相叉吗? 4. 有时会握紧衣服或被单吗? 会拉这些东西向面部吗? 5. 拿奶瓶在儿童面前，他会懂得是什么意思吗? 会用手握住奶瓶吗?
28 周	1. 认识你吗? 2. 能分得清陌生人和你吗? 3. 让陌生人抱吗? 4. 睡下时留意自己的足吗? 5. 会握住足吗? 6. 会握住脚、把脚趾塞进口中吗? 7. 能吃粥、奶糕或菜泥吗? 怎样吃的? 吞咽得好吗? 是否有困难?
40 周	1. 能自己握住奶瓶吗? 还是你替他拿住? 2. 会从玻璃杯中喝水或喝奶吗? 3. 给他一块饼干他怎么办? 4. 人家离开时，会用手示意再见吗? 5. 开玩笑时，会伸手掩面躲避，还是对着你大笑?
12 个月	1. 为其穿衣时会合作吗? 如伸臂进袖、伸足入鞋。 2. 你开始训练儿童的大小便吗? 成绩怎样?
18 个月	1. 喝水吃奶用奶瓶还是用杯子? 2. 晚上还要喂奶吗? 3. 自己能进食吗? 需要帮多少忙? 4. 会执杯吗? 杯内水会洒出吗? 5. 吃喝后会把杯子放好还是丢开? 6. 上厕所习惯怎样? 能终日不遗尿吗? 准备撒尿，能等待片刻吗? 还是立即把尿遗下? 7. 每天遗尿几次? 要小便时怎样告诉你的? 在遗尿后才告诉你吗? 午睡醒后尿布干吗?
2 岁	1. 握匙进食能满匙送入口中而不把匙翻转吗? 2. 上厕所的习惯可靠吗? 3. 每次大小便都会事先告诉你吗? 4. 每晚就寝前或每天早上起身时促其起来小便，这样可使其不夜间遗尿。一周中有几天晚上不遗尿? 5. 能自己穿衣服吗? 6. 和别的小孩儿玩耍吗? 喜欢别的小孩儿吗? 能互相照顾吗?
3 岁	1. 每餐都能自己吃吗? 吃时能干净吗? 2. 会穿鞋吗? 3. 会解纽扣吗? 4. 会帮助大人做家务吗? 做些什么?

表 7　家长 / 教师简易筛查表——三岁以上儿童筛查内容

主要筛查内容
1. 缺乏观察、想象和思维的能力吗?
2. 抽象思维能力差吗？只能想一些具体的事情吗?
3. 学一种技术或方法是否需要花费比其他小朋友更长的时间?
4. 是否不善于模仿，语言学习能力差?
5. 与同龄儿童相比，智力发展缓慢吗?
6. 是否兴趣少，无创造能力?

注：针对三岁以上儿童，如果发现以下问题，家长和教师需高度重视：①体重明显偏轻。②头部明显偏大或偏小。③手脚僵硬。④手、脚和颈部等特别软弱。⑤皮肤颜色不正常，唇、手及足发紫。⑥腹、胸、手、足以及颈等部位有畸形。⑦面部有异常，如宽鼻梁、宽眼距以及伸舌等。

（七）其他筛查方法

（1）丹佛发育筛查测验（DDST）。

（2）绘人测验。

这两种筛查方法不常用，这里不做赘述。

二、智力障碍的早期诊断

（一）医学诊断

1. 病史资料采集

病史资料主要包括以下内容。

（1）家族史，着重了解遗传疾病。

（2）母亲妊娠史，了解母体的健康状况（包括孕期时间等）。

（3）出生史，了解产程是否顺利，以及分娩的时间和分娩方式。

（4）患病史，了解出生后患过什么疾病，尤其是中枢神经系统感染性疾病。

（5）外伤史，着重头颅外伤及以后的发育情况。

（6）生长发育史，这是极为重要的部分。此外，还要记录儿童喂养和预防接种的情况。

2. 体格检查

体格检查包括物理检查、神经系统检查和精神状态检查。

（1）一般检查（物理检查）。注意婴儿身高、头围、体重、面部特征、皮肤和毛发异常、头颅骨形态异常、身体气味异常、掌趾纹、先天性畸形以及肝脾情况等。

（2）神经系统及感觉器官的检查。注意患儿的姿势、不自主运动、瘫痪、共济失调、肌力、肌张力、反射、视力以及听力等。

（3）精神状态检查。

3. 特殊检查

特殊检查主要用于病因诊断。

（1）临床实验室检查，包括染色体检查（核心的分析和分带）、遗传代谢检查（尿液及血液生化测定）、内分泌学检查（甲状腺及促甲状腺激素的测定）、基因检查以及其他。

（2）头颅影像检查：如头部 CT、MR 等检查有异常发现（如脑软化状脑萎缩、钙化灶及空洞等），脑电图异常率较健全人高，以及其他头部 X 线、TCD、ECT 和脑部诱发电位检查等发现的异常。

（二）心理社会发育的评估

1. 智力评估

用于早期诊断的智力评估主要有以下几种。

（1）格赛尔发展测验（Gesell development test）。

（2）斯坦福 - 比奈智力量表（Stanford-Binet intelligence scale）。

（3）韦氏学前儿童智力量表（WPPSI）。

（4）麦卡锡儿童能力量表（McCarthy scales of children' s abilities）。

（5）希 - 内学习能力倾向测验（H-NTLA）。

事实上，智力测试的结果常常低估了儿童的智力，尤其是年幼儿童和成长于较差社会文化环境中的儿童的智力。主动性较低、新奇感与注意力分散、缺乏对测试的理解或焦虑紧张的情绪，都会干扰儿童的思维判断能力及其自身潜力的发挥。此外，任何一种量表都不可能包括所有的智力内容。因此，切不可机械而教条地引用智力测试的结果。

智能评定或智力测试结果都只能代表当时的情况，不能应用于预测未来，尤其是对婴幼儿测试的项目也较单纯，缺乏语言内容，而语言能力恰恰是智力发展中重要的一环。

2. 适应行为评估

常用的适应行为评估有以下三种。

（1）AAMR 适应行为量表。

（2）文兰适应行为量表。

（3）严重障碍量表（SIB）。

3. 语言评估

语言能力与智能关系最密切，但又最受文化及教育环境的影响。常用的语言评估有以下两种。

（1）皮博迪图片词汇测验（参见本书第 14 页相关内容）。

（2）早期语言发展阶段量表（early language milestone scale）。此量表适用于 3 岁以下儿童。它将语言技能分为视觉、听觉接受能力和听觉表达能力三个分测验，能发现与高级视觉 / 听觉问题处理有关的语言迟缓。

4. 视觉—运动评估

视觉—运动整合功能是信息处理的一个方面的能力，这种能力与学业成就有密切关系。常用的视觉—运动评估为视觉—运动整合发育测验（VMI-R），视觉—运动整合发育测验第一版含从易到难的 24 个几何图案，按通过 / 失败评分，以初分转换为相应年龄。修订版保留原图案，但重新标准化的样本较大并有较好的代表性，适用年龄从 2 岁 10 个月至 15 岁 11 个月改为 2 岁 11 个月至 14 岁半。

5. 个性情绪评估

气质行为方式问卷（Carey 和 McDevitt 等）中的婴儿气质问卷（ITQ-R）调查 4 ～ 8 个月婴儿的行为方式，含 95 个问题，包括从进食、睡眠和玩耍到对事和对人的反应；该问卷中的行为问卷（BSQ）供调查 3 ～ 7 岁儿童用，含 100 个项目，如任意到处跑、避开新来的保姆、不愿帮做强度小的家务、对光线的小变化敏感，以及对新玩具当日就失去兴趣等。两个问卷都由家长填答，分为“从不”“极小”“一般不”及“频繁”四个等级。频繁程度从“几乎从来没有”到“几乎一直都有”，分级评分。

（三）适应能力测评系统

1997 年，我国建立了智力障碍儿童系统康复训练的测评系统，适用于 3 ～ 6 岁学前智力障碍儿童适应能力的评估。评估内容包括运动能力、手部活动能力、感知能力、认知能力、语言交往能力、生活自理能力和社会适应能力等七个领域（见表 8）。

表 8　适应能力测评

领域	项目	说明
运动能力	1. 翻身	在仰卧、侧卧、俯卧间的体位变化过程
	2. 坐	保持独立坐位 3 min
	3. 爬	用双手和双膝爬行 3 m
	4. 站	全脚掌着地站立 1 min
	5. 步行	在平地连续走 20 步
	6. 上下台阶	连续上下 6 级台阶
	7. 跑	向前跑 5 m
手部活动能力	8. 伸手取物	能伸手够玩具或物品
	9. 捏取	能用拇指和食指捏取纸片
	10. 拧盖	能将瓶盖拧紧或拧开
	11. 系扣子	能系衬衣扣
	12. 穿珠子	能将 5 个珠子串在绳子上
	13. 折纸	能将纸对折、抹平
感知能力	14. 注视物体	能注视前方物体 3 s 以上
	15. 追视移动物体	能追视向任意方向移动的物体
	16. 分辨味道	能分辨甜、咸、酸等一般味道
	17. 分辨气味	能分辨香臭
	18. 分辨日常生活环境中的声音	能分辨 3 种以上常听到的声音
	19. 触觉分辨	能用触觉分辨物体的冷暖、干湿及软硬
认知能力	20. 认识物体存在	能指出从眼前消失的东西
	21. 物品归类	能将相同的东西归类
	22. 认识物体之间常见的关系	能分辨大小、长短及高矮
	23. 认识颜色	能分辨 3 种以上的颜色
	24. 认识方位	能分辨里外、上下及前后
	25. 认识形体	能认识圆形、方形及三角形
	26. 分辨有无	能分辨容器中有无东西
	27. 认识蔬菜、水果等食品	认识 3 种以上常见蔬菜、水果等食品

续表

领域	项目	说明
认知能力	28. 知道天气情况	知道晴天、雨天、阴天及雪天
	29. 知道因果关系	知道简单的因果关系，如吃脏东西会肚子痛，冷了要穿衣服等
	30. 点数	点数 1 ～ 10 个玩具或其他实物
	31. 知道时间	知道上午、中午、下午及早、中、晚
	32. 认识钱币	知道钱可用来购物
语言交往能力	33. 知道自己的名字	听到自己的名字有反应
	34. 服从简单的指令	明白别人手势或语言所表达的意愿，并做出适当反应
	35. 表达需求	通过手势语、体态语、交流板、言语等适当方式表达自己的需求
	36. 说简单的短句	正确说出并运用日常生活中常用的 5 个词和 3 个简单的短句
	37. 语言交流	能简单对话
	38. 书写的基本功能	持笔、画线、写自己的名字
生活自理能力	39. 拿着食物吃	会拿着食物送到口中咀嚼、咽下
	40. 用餐具吃	会使用两种常用的餐具（如筷子、勺子）
	41. 用餐具喝	会使用常用的餐具（如奶瓶、杯子）喝
	42. 小便自理	会表达便意，在指定的地方如厕。
	43. 大便自理	会表达便意，在指定的地方如厕，便后用纸擦拭干净
	44. 脱衣服	会脱衣服、摘帽子、解围巾、脱鞋袜
	45. 穿衣服	能分辨衣服上下及前后并穿好
	46. 穿鞋袜	认识自己的鞋袜，分辨左右脚，并穿好
	47. 刷牙	会用杯子盛水、含漱、挤牙膏、刷牙
	48. 洗脸	会将毛巾浸湿、拧干、擦脸
	49. 洗手	会用肥皂洗手，用毛巾擦干
	50. 洗脚	会坐在椅子或凳子上洗脚，然后擦干
	51. 盖被子	认识自己的被子，打开并盖在自己的身上
	52. 叠被子	会叠好被子，放回指定的位置
	53. 认识家居环境	认识起居室、厨房以及厕所的位置
社会适应能力	54. 知道自己	知道自己的姓名、性别以及年龄
	55. 认识熟悉的人	认识家庭成员和 3 名以上密切接触的人
	56. 认识家庭周边环境	会从离家不远处找到家，知道家庭住址及周围环境特点
	57. 知道居家安全	不把生人带进家中，房门随手关上，不跟陌生人走
	58. 认识公共设施	认识社区内的商店和邮局等
	59. 参加集体活动	能与其他儿童一起游戏娱乐
	60. 懂得安全常识	知道水、电、火等对人的危害，不独自过马路

第二章　智力障碍儿童入学问题

每个儿童都有接受良好基础教育的基本权利。智力障碍儿童是儿童的一部分，应给予适合其身心发展特点的教育与训练，使智力障碍儿童也能接受良好的基础教育。

第一节　培智学校招收智力障碍生的重要性

一、国际及国内对智力障碍儿童接受教育的重视

1948 年联合国大会通过的《世界人权宣言》第 26 条指出，人人都有受教育的权利。1993 年在哈尔滨召开的亚太地区有特殊需要儿童、青少年教育政策、规划和组织研讨会通过的《哈尔滨宣言》和 1994 年的《萨拉曼卡宣言》提出的“全纳性教育”，承认每个儿童都有接受良好基础教育的基本权利。

我国也很重视智力障碍儿童的教育问题，并制定了各种法律法规以保障智力障碍儿童受教育的权利，如《中华人民共和国残疾人保障法》《残疾儿童少年义务教育“九五”实施方案》《中华人民共和国残疾人教育条例》和《关于开展残疾儿童少年随班就读工作的试行办法》等法律、法规和文件。政府还通过设立特殊教育专项补助经费、大力安排残疾人就业等措施，为残疾儿童受教育提供一定的保障。

二、家长认识的提高、观念的改变、思想的进步

随着经济的发展和社会的进步，以及国家对特殊教育事业的重视不断提高，智力障碍教育作为社会主义教育的重要组成部分，也受到了前所未有的关注。在智力障碍教育不断改进与完善的发展过程中，越来越多的人开始重视智力障碍儿童的教育问题。随着家长对国家政策的了解和智力障碍教育宣

传工作的开展，智力障碍儿童家长对子女教育问题的关注程度逐渐提高，家长充分认识到教育训练的重要性，逐渐重视智力障碍儿童的教育训练问题。早期智力障碍学校招生吃了“闭门羹”，随着智力障碍学校发展规模的不断扩大和宣传力度的不断加大，现在不少智力障碍儿童的家长会主动到学校询问招生情况，带着自己的儿童来培智学校面试，为儿童争取受教育的机会。

三、智力障碍人士生存现状的需要

据统计，我国大陆现有智力障碍儿童约513.6万名，0～14岁少儿智力低下的患病率为1.075‰（城市为0.75‰，农村为1.465‰），其中智力障碍少儿的入学率不足0.335‰。由此可见，我国14亿人口，有多少智力障碍少儿没有接受过教育。有不少二十几岁、三十几岁甚至四十几岁的智力障碍人士，由于没有受过专门的教育和训练，生活自理能力严重退化，已经到了无法自己生存的地步。例如，有一位38岁的女性因大脑性瘫痪，生活不能自理，吃喝拉撒都在床上完成。开始父母还有意锻炼她拿勺吃饭、拿杯子喝水等，但时间长了，看到儿童动作的艰难和吃饭时那着急的表情，父母心里不忍，最后干脆给女儿喂饭；时间长了，女儿长大了，身体的发育渐渐成熟，骨骼的发育也已定型。现在她的手完全失去了活动能力，可以说四肢无力，吃饭、喝水完全靠妈妈一勺一勺地喂她。她妈妈现在已经69岁了，最担心的就是如果自己不在了，女儿该怎么办。如今她非常后悔没有让女儿接受相应的教育和锻炼。正是智力障碍家庭里受到的过度的爱，致使许许多多的智力障碍儿童在爱的“呵护”下完全失去了最基本的生活自理能力。

四、县级特教学校生存发展的必要

近几年，随着听障儿童人数的逐年减少，县级特教学校招生越来越难，有时几年都不能招满一个班。当前对县级的特教学校来说，专门招收听障生，门路越来越窄；专门招收智力障碍生，由于受经济条件的限制，也是不可行的。为了智力障碍儿童能接受良好的教育和训练，更为了县级特教学校的长远发展，招收智力障碍儿童就成了县级特教学校不得不面临的问题。如今，

"聋弱混合"已成为县级特教学校发展的必然趋势。

第二节　智力障碍儿童的入学标准及一般程序

一、培智学校的招生标准

（一）接收一定数量轻度智力障碍儿童

原国家教育委员会1987年12月30日颁布的《全日制弱智学校（班）教学计划》中指出："目前，弱智学校（班）应以招收轻度智力残疾儿童为主，有条件的也可招收少量中度智力残疾的儿童进行试验。"

根据国务院批准的由全国残疾人抽样调查领导小组1986年印发的《智力残疾标准》，轻度智力残疾标准为"IQ值在50～70（50～70为韦氏智力量表测定的智商值），适应行为低于一般人水平；具有相当的适用技能，如能生活自理，能承担一般的家务劳动或工作，但缺乏技巧和创造性；一般在指导下能适应社会，经过特别教育，可以获得一定的阅读和计算能力；对周围环境有较好的辨别能力，能比较恰当地与人交往。"

如今，培智学校招收的轻度智力障碍儿童占少数。这是由于社会的发展和经济的进步，以及义务教育和《中华人民共和国义务教育法》的普及，任何义务教育学校都没有拒绝适龄儿童上学的权利，所以多数轻度智力障碍儿童到普通小学随班就读，来培智学校的轻度智力障碍儿童基本已在普通小学上过学，但实在跟不上教学进度，家长才主动要求转入培智学校进行学习的。

（二）主要招收中度智力障碍儿童

随着我国改革开放的深入发展，综合国力不断提高，教育事业有了长足发展，为了使更多智力障碍儿童接受相应教育，满足家长和智力障碍儿童本身的需求，我国亦非常重视中度及重度智力障碍儿童的教育。

原国家教育委员会于1994年12月22日印发了《中度智力残疾学生教育训练纲要（试行）》，纲要中指出"中度智力残疾儿童少年是儿童少年的一部分，应给予适合其身心发展特点的教育与训练”。中度智力残疾分级标准是“IQ值在40～55（韦氏智力量表）”。

目前，由于随班就读教育的发展，多数轻度智力障碍儿童到普通小学随班就读，很多培智学校以招收中度智力障碍儿童为主。现在培智学校中90％的儿童是中重度智力障碍，并伴随语言、肢体、精神等多重残疾。

（三）极少招收重度智力障碍儿童

部分重度智力障碍儿童，由于家庭教育的重视，特别是生活自理能力的训练较好，基本能在家长的辅助下自理，入学心情又十分迫切，培智学校也会少量招收重度智力障碍儿童。先对其进行入学适应教育，根据一个月的入学适应情况再确定是否继续留校学习。

二、智力障碍儿童的入学年龄

（一）智力障碍新生入学年龄相差悬殊

根据原国家教育委员会的《全日制弱智学校（班）教学计划》，智力障碍儿童的入学年龄“以7～9岁为宜，逐步做到7周岁入学”。《中度智力残疾学生教育训练纲要（试行）》规定：“（智力障碍儿童）入学年龄一般与当地义务教育入学年龄相同，特殊情况可以适当推迟，但最大不得超过9岁。”

目前，培智学校智力障碍儿童实际入学年龄参差不齐，小的五六岁，大的十四五岁，有的甚至都二十多岁了还要入学。尽管这些儿童智力水平差不多，但由于年龄相差悬殊，把他们编在一个班里，也给教学、训练和管理带来许多不便。

（二）智力障碍儿童年龄相差悬殊的原因

（1）培智学校的宣传力度不够，致使许多智力障碍儿童家庭至今还不知有这样一个学校。

（2）儿童家长有护短现象。教师下去招生时，家长不承认自己的孩子智力障碍，不肯来培智学校。等到儿童在普通学校混了几年，什么也没学会，再送来培智学校已是几年之后，儿童年龄已经偏大。

（3）家长存在认识上的错误，耽误儿童入学。有的家长主观地认为自己的孩子会被别的儿童欺负，不放心送儿童上学；有的家长对儿童过分溺爱，认为在学校里生活儿童会受罪，所以不让儿童上学；还有的家长认为智力障碍儿童，接不接受教育没什么区别，又不考大学，只要饿不着、冻不着就行了；等等。

三、培智学校的生源

（一）在普通小学就读的智力障碍生

智力障碍儿童在普通小学接受常规教育困难很多，许多儿童多次留级，有的儿童甚至上了四五次一年级，还跟不上教学进度，最终只得由家长送到培智学校就读。

（二）幼儿园的“老留级生”

有的儿童由于智力等多重障碍，无法正常接受教育，只能在幼儿园混日子。这些智力障碍儿童，不懂课堂常规，不会仿写仿画，在幼儿园里均处于被看管状态。他们属于幼儿园的“编外人员”，只在园内玩耍，不接受教育。他们在幼儿园混了几年，年龄大了，不适合再呆在幼儿园，就被家长送到培智学校接受教育。这些儿童对上学有所了解，但自控力特别差，坐不住板凳。

（三）未进过学校大门的儿童

未进过学校大门的智力障碍儿童智力明显低下，智力障碍特征明显，适应性行为也较差，生活不能完全自理，多数为重度智力障碍。

四、培智学校招生的一般程序

我国智力障碍学校招生的方法和程序在原国家教育委员会制定的《全日制弱智学校（班）教学计划》中做了总的要求和规定：“根据招生标准，招生时应由教育部门、学校、医务、心理等专业人员和儿童家长共同参与，对推荐对象进行筛选。”招生具体程序及办法如下。

（一）学校成立招生领导小组

由学校业务校长和教务、政务三方成立招生领导小组。领导小组首先对每一个来校的儿童进行初审。由于多数轻度智力障碍儿童在普通学校随班就读，来校的多是中度和重度智力障碍的儿童，所以初审时特别侧重询问儿童的生活自理情况，如能否自己穿衣、吃饭、睡觉、洗刷以及如厕等。其次，组织新生班主任教师做好儿童基本情况登记。最后，确定是否让儿童入校适应。

（二）加大宣传力度，扩大培智学校的知名度

（1）校领导要积极为师生争取参加各类活动的机会，积极主动参加各级文艺演出、美术作品比赛和各种体育活动等。比如，让儿童参加每年一次的中小儿童艺术节、庆祝六一儿童节活动和助残日文艺汇演等；推荐儿童的美术作品参加省、市、县的各级评比；带儿童参加全县的中小儿童运动会；等等。教师们也应积极主动参与各种演讲比赛、健身操表演以及乒乓球比赛等，这不仅使自己获得锻炼，也变相地宣传了自己的学校，扩大了培智学校的知名度。

（2）主动与全县的各种力量结合成“友好对子”，通过与他们交往，使培智学校的儿童得到锻炼，借助其力量增强对学校的宣传力度。如与全市的义工组织合作，借助他们的宣传，来扩大培智学校的影响。

（3）培智学校全体师生要利用一切机会宣传自己的学校，扩大学校的知名度。可利用走亲访友、开会学习、外出游玩、参加各种活动，甚至包括给儿童开家长会的机会，尽可能向认识的或者不认识的人介绍培智学校的办学模式、招生情况以及费用减免情况等，让更多的人认识并了解培智学校。

（4）加强培智学校自身的招生宣传。农村消息较为闭塞，很多智力障碍儿童的家长不知道本地有没有适合儿童的学校，即便有所耳闻，也不知学校教育、收费以及管理等方面的情况。培智学校应加强自身的宣传工作。每年暑假，学校教师可分片到各乡镇，跑村串乡，到田间地头，去林荫树下，甚至在马路边的人群处，调查询问培智生源，介绍培智学校办学理念，宣传培智学校的招生情况，尽量把适合就学的智力障碍儿童吸收到学校中来，使其受到良好的教育与影响。

（三）培智学校人人参与招生

1. 在校儿童及其家长主动带领

在校残疾儿童的家长往往对学校了解得比较透彻，他们的宣传更有说服力，可信度也更大，同时面很广。所以，在家长接送儿童的时候，各班班主任可及时和家长沟通，询问生源情况，做好记录，并请家长帮助宣传学校招生工作。

2. 全校教师积极参与招生

教师发动一切关系积极参与招生工作，每年的暑假前夕，教师分组走村串巷，到各个乡镇分片招生。

首先，到各乡镇的小学了解“随班就读”儿童的情况，配合小学教师做好家长的工作。其次，到各村通知上年被统计过的适龄儿童，告诉其入学面试时间，并重新统计各种残疾儿童的情况。每个乡镇的每个村庄都要调查到位，对 15 岁以下残疾儿童，做详细的统计，完整填写这些儿童的基本情况。最后，详细了解每个残疾儿童的姓名、性别、年龄以及残疾种类，详细记录儿童的家庭住址及父母情况。给适龄的儿童发放通知书，让家长带领儿童在规定的时间到校面试；不适龄儿童做好统计，为今后的招生做好铺垫工作。

3. 与当地残联紧密配合

各级残联对当地残疾人情况进行过详细的统计，因此培智学校在招生工作中要和残联紧密配合，相互协调，共同做好适龄智力障碍儿童的入学统计工作。

4. 与兄弟县、区特教学校搞好关系

要与兄弟县、区的特教学校搞好关系、加强联系，因为县级特教学校培智班的开设还不普及，多数特教学校还只招收听障儿童，没有开设培智班，因此可以到未开设培智班的学校去询问的智力障碍儿童，向其介绍有培智班的学校。

（四）录取

初审合格，招生名单确定后，招生领导小组印发入学通知书，通知书的内容应包括开学时间和来校上学需要准备的证件和物品，并要求家长按时送儿童上学。

1. 证件

儿童家庭的户口本、儿童的身份证号码和父母的身份证件。

2. 物品

儿童日常生活用品，包括铺盖被褥、换洗衣物、洗漱用品、卫生用品及就餐用具等。

第三节　智力障碍儿童信息的采集

一、智力障碍儿童信息采集的意义

（一）智力障碍新生的信息采集是培智学校一项非常重要和不可或缺的工作

智力障碍儿童的个性差异很大，他们不像健全儿童那样，招到学校中来就能编班上课。对智力障碍儿童进行教育必须有针对性，对不同的智力障碍儿童应施以不同的教育和康复训练。学校要确认每个儿童都在自己已有水平的基础上有所提高，这样教学标准就被提高了。为使所有儿童发挥最大潜能，应对不同儿童制定不同的教育和训练目标。

（二）通过信息采集可以对招生对象的情况进行摸底和测试诊断

通过信息采集了解新入学的智力障碍儿童的基本情况，如儿童的病情家族史及日常表现、家庭状况、智力障碍状况、生活适应情况以及个性特征等，形成一定的档案资料。这些资料关系到智力障碍儿童能否入校接受特殊教育和康复训练，同时也是制定在校儿童发展目标、教学目标、课程设置、教材选择和教育训练的直接依据。例如，信息采集结果表明，两个都是中度智力落后儿童，其中一个自控力极差，注意力不集中，课上课下不分场合、不分时间，多动且有暴力倾向；另一个则表现为老实、内向，语言障碍严重，只

能说单个的字，有时字也吐不清等。那么，对这两个儿童就要有侧重点不同的教育康复训练计划，对他们进行不同的缺陷补偿训练。

（三）智力障碍生的信息采集要从多方面、多角度进行，以确保鉴别结果的科学性和准确性

鉴别一般由专业的医生和校招生领导小组中有鉴定资质的教师相互配合来进行。他们一方面从家长那里获得有关儿童行为表现的资料，另一方面对儿童进行直接的自然观察和智力鉴定，以获得第一手资料。这些资料相互印证、互为补充，共同用来判别儿童的智力障碍程度。

二、信息采集的主要方法

（一）询问家长，摸底调查

要了解智力障碍儿童的具体情况，家长是最有发言权的，他们和儿童朝夕相处，最了解儿童的情况。因此，校招生小组要和家长交流沟通，由班主任做详细记录，向家长了解儿童的基本情况，并征求家长的意见，为下一步做好班级管理工作打下基础。

班主任调查询问的内容主要有以下五方面。

1. 儿童的病因和病史

家庭致病原因是导致儿童智力障碍的诸多原因中一项重要的原因，所以家庭调查非常重要。调查的内容主要包括家庭疾病史、母亲怀孕史、母亲生产史、儿童生长发育史以及儿童疾病史等。对于儿童是否有先天性疾病以及癫痫等疾病史应进行详细了解，对儿童现在是否吃药以及怎样吃都要做详细的笔录。在智力障碍新生入学鉴定过程中，要明确每个儿童的病因有一定的困难，需要家长、医院和学校全面配合才行。另外，到目前为止还有不少病例由于科学技术发展的局限性无法找到病因，但即便如此也应尽可能多地进行了解，并详细收集资料，以备后用。

2. 入学前接受教育情况

刚入学的智力障碍新生，在进入培智学校前接受教育的情况主要有以下

三种形式：第一，在普通小学上过几年，课堂常规非常熟悉，基本可以生活自理，但学习能力极差；第二，在幼儿园混过几年，课堂常规基本了解，但不能遵守，生活自理能力较差，更不用说学习了；第三，没有进过学校的大门，对学校生活完全陌生，生活自理能力极差。对这些情况的了解直接关系到智力障碍新生入学适应期间，教育和训练的侧重点、课堂常规训练强度和生活自理能力，以及良好行为习惯养成等训练目标的订立。

3. 家庭状况

班主任要尽可能详细地询问并记录儿童的家庭状况，记录儿童的基本情况信息、家长的基本情况信息及联系方式，便于今后和家长交流沟通儿童的情况，为加强家校联合，共同探讨儿童的发展提供便利。

4. 儿童生活自理能力的情况

生活自理能力，简单地说就是如何自己照顾自己，它是一个人应该具备的最基本的生活技能，也是智力障碍儿童进入培智学校进行学习和接受训练的关键。

培智学校是一个教育机构，但由于各种条件的限制，只能秉承“以教育为主，康复训练为辅”的办学模式。所以对儿童生活自理能力的调查，要非常详细并且有针对性，特别是儿童的饮食、穿衣、大小便以及睡眠情况等。经询问，一般会有以下三种情况：第一，基本生活能自理，可入校适应学校生活；第二，部分生活能自理，可在教师的帮助下适应学校生活；第三，生活完全不能自理，要完全依赖家长的照顾，那么就建议儿童先入康复中心进行康复训练，或父母在家专门对其进行针对学校住宿生活的康复训练。培智学校的大门随时为智力障碍儿童敞开。

5. 智力障碍儿童的生活习惯和兴趣爱好

智力障碍儿童入学之前几年的家庭生活，使得每个智力障碍儿童都有自己的生活习惯和兴趣爱好等，只有了解了每位儿童的差异性，才能在差异性中找到一种平衡，使智力障碍儿童融入学校这个大家庭中来。

第一，了解每位智力障碍儿童的生活习惯。刚接手一批新的儿童，对教师来说既是一种责任，也是一种挑战。家长对自己的儿童都比较熟悉，只有通过家长来了解这些儿童的生活习惯，教师才能做到心中有数。对刚入学的智力障碍儿童要了解的方面有很多，比如平时和谁睡觉、晚上一般几点钟睡觉、睡觉以后要不要提醒小便、睡觉以前的洗漱会不会自己完成，以及能不能自己吃饭、能否自己文明如厕等，凡是教师想到的，都应该主动地去问家长。通过沟通，教师就会对每位儿童都有一个基本的认识，这样才能有针对性地开展相应的工作。

第二，了解智力障碍儿童的兴趣爱好。每一个智力障碍儿童都是性差异较大的个体，有的喜欢吃零食，有的喜欢玩扑克牌，有的喜欢看《喜羊羊与灰太郎》等动画片。了解每一位智力障碍新生的兴趣爱好，一来可以使教师对每位儿童心中有数，一旦遇到儿童情绪波动比较大的时候，就可以从儿童的兴趣爱好入手，尽快安抚智力障碍新生的情绪；二来可以在以后的教育教学中根据它采取一定的激励手段。总之，究根问底，有的放矢，才能使智力障碍儿童适应得更快，学得更好，他们的未来才会更加光明。

（二）观察儿童

观察的主要目的在于分析智力障碍儿童入学适应的不良表现以确定针对该新生的入学适应性教育的内容。家长评价大多不准确（多数家长过高评价自己的儿童），智力诊断和适应性行为评定量表和常模也具有一定的局限性，这就需要班主任亲自和儿童交谈并进行观察，力争对儿童的评估做到真实、科学和全面。和儿童接触时，可运用玩具或小食品来帮助与儿童沟通，以消除儿童的陌生感和恐惧感，并要尽量取得儿童的信任，让他们认为教师是和蔼可亲的，这样他们才能配合后面的具体测试工作。注意多用鼓励性的语言和赏识的目光与儿童交流，如说“很好”“不错”以及“你真棒”，这样既可根据儿童所表现出来的活动、语言及行为等来评估其智力，又可以激发他们的交流兴趣，从而顺利完成后面的测试工作。

除上述两种方法外，还可以进行智力筛查和适应性行为评定（此部分将另外进行专门的介绍）。

第四节 社会适应能力的测查评定

一、什么是社会适应能力

社会适应能力是指一定的社会文化群体对个体（在一定年龄时）的独立生活与承担社会责任的期待，它是智力障碍儿童诊断的两个标准之一。具体讲，社会适应能力在不同的年龄段和生活环境，所要求的社会适应行为也就不同。

二、社会适应能力测查评定的意义

了解和评估儿童的社会适应能力是特殊教育必不可少的内容，尤其是在智力障碍儿童测查中。单纯的智力测验不能确定智力是否落后，还必须对儿童进行社会适应能力的测查。只有同时考虑这两种因素，才能确定该儿童是否为智力障碍儿童。

三、社会适应能力测查评定量表

对社会适应能力的测查，我国广泛使用的是《婴儿—初中学生社会生活能力查表》。该量表的测查有严格的要求，实施者也需经过专门的培训方可进行。

由于社会适应性行为是后天习得的，是可以矫正的，所以它的评定不作为儿童能否入校的关键，而只作为以后分班的借鉴。利用社会适应能力简易评定法能比较客观、全面地反映一个儿童的智力—社会适应能力，是一个可信度很高的测评方法。

第五节　分班订立教育与训练目标

一、分班

校招生小组根据家庭调查、智力诊断、生活自理及社会适应能力的评定、医学诊断、行为调查以及面试等所取得的资料，对儿童进行综合分析，判定儿童是否是智力障碍儿童以及其智力障碍的程度。通过招生小组的详细分析和全面评估，针对不同程度的智力落后儿童，制定不同的教育与训练目标，分配进不同的班级，进行侧重点不同的教育和康复训练。

二、制定不同的教育与康复训练目标

培智学校招收的智力障碍儿童有轻度、中度和重度三种程度的智力障碍儿童。智力障碍儿童的智力落后程度不同，身心实际状况也不同，因此在制定康复总目标时应有不同的要求，即对轻度、中度和重度的智力障碍儿童制定不同的教育目标，教育训练也应选择不同的教材。

（一）轻度智力障碍儿童的教育目标

轻度智力障碍儿童多数没有躯体上的缺陷，但适应行为低于一般人的水平，不过学前期还不确定，经过教育和训练，他们一般能够适应社会生活，能够懂得遵守社会的行为规范，生活基本能自理；可以获得一定的阅读和计算能力；对周围环境有较好的辨别能力，能够较恰当地与人交往，但遇到挫折时需要别人的帮助和指导。具体目标如下：

（1）选用人教版培智教材，学习相当的读、写和算的知识，开发内在的智力潜能。

（2）培养基本的生活能力。

（3）培养维护自身健康和安全的意识，以及与人交往的基本能力。

（4）掌握一定的劳动技能。

（二）中度智力障碍儿童的培养目标

原国家教育委员会印发的《中度智力残疾学生教育训练纲要（试行）》对中度智力障碍儿童教育训练的目的和任务进行了规定："中度智力残疾儿童少年是儿童少年的一部分。应当通过适合其身心发展的教育与训练，使他们在德、智、体诸方面得到全面发展，最大限度地补偿其缺陷，使其掌握生活实用的知识，形成基本的实用能力和必要的良好习惯，为他们将来进入社会参加力所能及的劳动，成为社会平等的公民打下基础。"智力障碍教育课程设置应立足于智力障碍儿童的发展需求，根据课程设置的原则，注重以生活为核心的思路，充分考虑智力障碍儿童的需求和特点，着眼于儿童适应生活、适应社会的基本需求，注重儿童潜能开发和缺陷补偿（身心康复），强调给儿童提供高质量的相关服务，体现儿童发展差异的弹性要求。

（1）选用上海教育出版社出版的培智教材，注重以生活为核心，着眼于儿童适应生活、适应社会的基本需求，开发其潜能，补偿其缺陷。

（2）培养儿童基本的生活和社会交往能力，使他们养成良好的公民素质和文明的行为习惯，为其生活自理和适应社会打下基础。

（3）培养儿童具有初步的计算技能、初步的思维能力和应用数学解决日常生活中一些简单问题的能力。

（4）以提高儿童的生活能力为目的，培养儿童生活自理能力、简单家务劳动能力、自我保护能力和社会适应能力，使之尽可能成为一个独立的社会公民。

（5）通过训练使其掌握一定的劳动知识与技能，养成良好的劳动习惯，具备一定的社会适应和职业适应能力。

（三）重度智力障碍儿童的教育目标

重度智力障碍儿童的适应性行为和运动能力极差，一般没有交往能力，生活不能自理，仍需要监护。通过长期的、反复的特殊教育和训练，可以使他们形成某些非常简单的生活自理能力，能做非常简单的机械性工作。教育目标如下：

（1）尽可能发展运动能力，克服并矫正各种运动缺陷。

（2）尽可能发展儿童有限的语言能力，使其能用言语表达自己的要求。

（3）尽可能发展一些生活自理的技能。

总之，对不同的儿童应确定不同的教育康复目标，以使儿童尽快融入学校，进行不同的入学适应教育康复训练，让儿童们在快乐、和谐、优美的环境中得到全面发展，争取让每个儿童的潜能都能被最大限度地开发。

第六节　智力障碍新生的入学适应教育

一、入学适应与入学适应教育

入学适应是指新生入学后，在较短时间内，个体的需求能在必要的教育引导下获得满足，其紧张情绪被有效消除，并且乐于接受学校的教育。新生入学适应教育则是指学校、教师利用各种教育资源，策划丰富的教育活动，采取各种措施，运用适当的教学手段，促使新生入学适应的实现。

智力障碍新生的入学适应教育是指培智学校及其教师以智力障碍新生为主体，在短时间内，通过对智力障碍新生生活自理能力的评估和学习分析，依据《培智学校义务教育课程设置实验方案》中的培养目标，确立智力障碍新生的入学适应教育目标，即让智力障碍新生在较短的时间内能熟悉校园生活环境，认识周围的教师和同学，学会交往和沟通，能进行基本的自我管理，并且乐于接受学校教育。

二、进行智力障碍新生入学适应教育的必要性

生活环境的改变要求必须对智力障碍新生进行入学适应教育。根据国外有关研究资料，16 %～35 %的适龄学前儿童未达到必要的入学准备状态；而据我国有关学者统计，有 20 %～42 %的小儿童有轻度的适应不良，7 %～12 %的儿童有严重的适应不良。对智力障碍新生来说，这个比例要更大。

智力障碍儿童进入培智学校，接受特殊教育，是智力障碍儿童人生中的重要转折，他们的生活方式、社会角色、活动环境等都发生了巨大的变化，这些变化必然使他们产生许多的不适应，给他们的后继学习与发展造成诸多影响。

智力障碍儿童由于脑部器质性或功能性病变，其生理和心理上产生种种障碍，他们对新环境的不适应现象更为严重。这些智力障碍儿童对学校、教师和同学都有一种陌生感，他们比普通儿童表现得更加紧张、焦虑和畏缩，再加上课程设置、康复训练和正规学校教育的组织纪律束缚等，都需要智力障碍儿童有一个适应的过程。再者，智力障碍新生中有相当一部分儿童没有接受过正规的学前教育，他们脑海中根本就没有上学的概念。因此，培智学校特殊教育教师必须做好智力障碍新生入学的适应性教育。

三、智力障碍新生入学适应教育的重要性

（一）入学适应教育是智力障碍新生融入培智学校的必经之路

智力障碍儿童在刚入学时，不像普通儿童那样活跃，他们不会主动和教师及同学亲近。他们有的会坐在座位上一动不动，叫他也不答应，甚至一整天都不开口说话；有的看到亲人离开会哭闹不止，乱踢、乱打，甚至撕扯自己的衣物；也有些自控能力差的儿童，五分钟都坐不住，一不留神就跑出教室，即使把他拉回来，他还照样跑。凡此种种，在常人看来以为是反应迟钝或调皮捣蛋，其实都是智力障碍儿童面对陌生的环境缺乏安全感、对教师缺乏信任感，以及不适应学校生活的表现。智力障碍儿童的适应能力非常差，这是由他们自身的特点决定的。智力障碍儿童对新事物的接受能力极差，对教师的面孔很陌生，对学校的集体生活也感到非常不适应。因此，智力障碍新生要想融入学校生活，入学适应教育是必经之路。

（二）入学适应教育是培智学校教育教学的重要内容

开学初，抓好智力障碍新生的入学适应工作是培智学校不可忽视的重要环节。智力障碍新生入学适应教育是智力障碍儿童迈进培智学校的第一课，

是培智学校教育教学中不可缺少的重要内容，是学校全面推行功能性教育的基础性工作。这项工作做得好不好，直接关系到智力障碍儿童能否尽快适应学校生活和未来的发展，关系到学校教育能否在智力障碍儿童日后的成长中发挥其应有的作用。因此，培智学校全面了解每个智力障碍儿童的生理和心理特点，切实做好新生入学适应性教育工作具有十分重要的意义。

（三）入学适应教育是调整智力障碍儿童的心态，为其融入培智学校的学习做好准备的过程

进行智力障碍儿童入学适应教育，直接目的是使智力障碍儿童的身心获得调适，为他们日后的发展提供生活态度准备、行为习惯准备以及社会交往能力准备。帮助智力障碍儿童克服消极情感，让他们以最好的心态适应培智学校的生活是非常重要的。只有让儿童尽快走进校园，认知新环境，适应学校生活，喜爱学校生活，教师才能顺利开展好教育教学和康复训练工作，也可为以后的学校教育教学管理活动打下坚实的基础。

第七节　家校合力，促进智力障碍儿童的入学适应

智力障碍新生的校园生活适应能力的培养，不是短期能够完成的，也不是单靠学校或家庭就能够完成的，这就要求学校教育与家庭教育必须密切结合，同步进行，并且加强家庭、学校的联系，达到教育的一致性。

一、认识一致

要让刚入学的智力障碍儿童融入学校这个大家庭中来，不仅需要教师想方设法，还需要家长的鼎力配合。教师在和家长接触、沟通的过程中始终应该传递这样一个信息：教育儿童不仅仅是学校、教师的工作，更是家长的责任。为了提高新生家长对智力障碍教育的认识与了解，共同做好儿童的入学适应教育工作，学校开设家长培训班，举办家庭教育知识讲座，深入分析家庭教育对儿童的重要影响及有效开展家庭教育的策略与方法，提高家长的家

教水平，使其能够更好地配合学校和教师开展教育教学，让儿童能尽快融入校园环境。

例如，对于刚入学的智力障碍儿童来说，吃饭是一个大问题，有的儿童在家里都是爷爷奶奶包办，有的儿童还比较挑食，这个不吃、那个不吃，但学校不可能照顾到每个儿童的口味，家长和教师就应该针对儿童的吃饭问题达成一个共识，不要一味地迁就儿童，要让儿童尝试着吃各种各样的食物，只有这样，儿童才能慢慢地适应学校的伙食，适应学校的生活。

二、目标一致

在培养儿童社会适应能力的过程中，教师和家长要相互交流，并就培养细节、方式和方法形成共识，达到教育目标的一致性。只有当家长和教师在教育儿童的目标上达成一致的时候，儿童才能在教师和家长的共同教育和影响下更快地成长。

例如，在入学适应教育单元，家校对儿童进行基本生活自理能力的培养训练。教师训练儿童自己吃饭、穿衣、叠被、扫地以及上厕所等；回到家后，家庭就成为儿童进行自理能力康复训练的最佳场所，家长需要督促儿童自己起床、穿衣、叠被和洗漱等，一起培养儿童良好的生活自理能力。

三、彼此配合，事半功倍

学校的教育，如果得不到家长的支持与配合，那么教育训练的效果就会大打折扣。智力障碍儿童在学校里接受的教育训练，养成的良好行为习惯，在家里也同样要求他们做到，家长要让他们及时练习与巩固。当教育是一个连续的状态时，教育的效果才会更快地显现出来。

叶圣陶先生说："教育就是培养习惯。"因此，教师应根据每个智力障碍儿童的特点，有目的、有计划地分步实施入学教育，帮助儿童适应校园生活环境，培养良好习惯；在家里，家长要配合学校对儿童进行相应的训练、教育，耐心地鼓励儿童自我服务、自我管理。

例如，在"我爱教师和同学"入学教育中，新生认识教师和同学后，教师

教儿童“早上好”和“再见”等礼貌用语，让儿童学会打招呼。为了让儿童学会灵活运用礼貌用语，教师建议家长制造机会带领儿童参加社会活动，让儿童学会与他人沟通和交往，体现“源于生活，服务于生活”的教育宗旨；家长可就儿童在与人交往和沟通中的表现及存在的问题进行反馈，以便教师调整教育策略，有的放矢地加强个别化教育，家校联手帮助儿童顺利适应校园生活。

为了能把新生入学适应教育的每一个单元和环节都落实在儿童的生活中，学校建立家校联系手册，让新生家长能理性认识特殊教育，共同关注、引领儿童成长。应让新生家长详细了解新生入学教育的内容及对儿童的教育要求，让他们引导儿童在家搞好入学适应方面的巩固训练；同时还要让儿童家长了解儿童在学校的成长与进步，以使他们充满信心地配合学校做好儿童的知识技能的强化训练和巩固运用。家长可从家庭教育的角度出发，反馈儿童在家里学习训练情况及进展，也可向教师提出工作建议或意见。

这些事虽然烦琐但缺一不可，虽说是基础但影响深远。要时时留意观察、处处督促改正。一般来说，儿童入学后第一个月不注重上文化课而偏重搞常规训练，其目的是通过多样化的训练方式方法纠正儿童的入学适应不良现象。

四、培养“我爱上学”的观念，提高智力障碍儿童的入学适应能力

从智力障碍儿童入学那天起，不仅要帮助他们消除对学校、班级、教师和同学的陌生感和恐惧感，还应积极引导每一个新生喜爱上学。为了使智力障碍儿童更快地熟悉学校的环境，并在尽可能短的时间内改变或降低他们的适应不良现象和不良行为，全校师生要共同努力，学校与教师要给予足够的积极的行为支持，帮助智力障碍儿童通过调节自身的行为来适应正常的学校环境；同时帮助他们以社会可接受的行为方式去达到自己的目的。学校要充分利用语言训练室、行为训练室等资源，并运用教育训练、强化以及隔离等手段，抵制不良行为习惯，防止不良行为习惯的形成，引导良好行为习惯的养成。

利用智力障碍儿童爱玩的天性，让儿童在教师组织的各种各样的游戏中

学习训练，让儿童感受新家的温暖，喜欢新家中的教师和同学，喜欢新家中的一草一木，爱上学习，爱上学校。带儿童学唱关于上学的儿歌，学说关于学校的快乐事，学会欣赏学校的美丽花朵，学会表达自己对班级的喜爱之情。让儿童能感觉到学校生活原来是这么好玩、这么有趣、这么美好，感觉到上学是一件很开心的事。教师要在这样的形式和氛围中潜移默化地引导儿童喜爱上学，顺利完成智力障碍儿童的入学适应教育。

总之，一个月的入学适应教育，对智力障碍儿童来说，是一个适应学校环境与生活的过程；而对于学校来说，是教师全面了解智力障碍儿童身心特点与水平差异的过程。同时，它也是学校教育训练的起点，即学校正式生活自理能力的训练，个别教育目标和计划的订立，正是以利用这一段时间对智力障碍儿童进行细致的观察量化为基础的。在新形势下，智力障碍新生的入学适应是一项系统、复杂的创造性工程，需要每位特教工作者树立现代教育观念，重新认识自己的角色，从探究者的角度，开创特殊教育新思路，为智力障碍儿童播撒阳光雨露，让他们舒枝展叶，茁壮成长！

第三章　智力障碍儿童生活能力培养概述

第一节　智力障碍儿童生活能力的生态评估

随着特殊教育的发展，中重度智力障碍儿童在特殊学校所占的比例越来越高。这些儿童最需要的是什么？是生活能力的培养和提高。怎样才能培养和提高中重度智力障碍儿童的生活能力？这就要求我们必须从智力障碍儿童发展的需要出发，对每个中重度智力障碍儿童进行恰当的、细致的、较为准确的评估，了解他们在实际生活中真正需要学习的是什么。

"生态评估"是一种通过观察与评估，对儿童在家庭、学校及小区等环境中表现出来的各种能力进行分析，以利于设计教学目标与教学内容的过程。生态评估的目的是教导个体适当的社会性行为，协助个体社会化。生态评估以儿童为中心，强调对儿童与其周围环境互动关系的了解，通过观察、记录、晤谈等方法及正式的或非正式的测量工具，了解儿童在环境中的发展情况，为教师设计教学方案提供参照。生态评估能帮助教师真正从儿童已有的生活经验和知识出发，结合实际的生活情境和条件，引导中重度智力障碍儿童去体验、去实践，帮助他们慢慢向前走。

一、生态评估的内容和原则

（一）生态评估的内容

智力障碍儿童生活能力的生态评估是一种个别化的评估，每位儿童的情况和生活的环境不同，评估的内容也有所不同，大概可分为以下七个方面。

1. 家务技能

家务技能包括打扫卫生、整理房间、烧饭等，如扫地、拖地、擦桌子、擦窗户、淘米、摘菜、洗菜、洗衣、做饭、刷锅、洗碗等目前和将来生活中实际需要的技能。

2. 沟通技能

沟通技能包括做、看、听、说、非口语互动、模仿、组织技能等。

3. 小区生活技能

小区生活技能包括小区环境的辨认，小区公共设施的使用，小区超市、银行、邮局等服务机构的辨认，以及买菜、购物等。

4. 娱乐休闲技能

娱乐休闲技能包括旅游、唱歌、跳舞、玩游戏、打牌、看电影、下棋、打球等。

5. 职业技能

职业技能包括烹饪技能、洗熨技能，以及职前专业训练等。

6. 社交技能

社交技能包括与人交往、交流、相处的技能技巧等。

7. 功能性技能

功能性技能包括语文、数学、计算机、感知训练、认知训练、感觉统合训练、常识训练、康复训练等。

上述七个方面的具体内容因人而异，也会随着智力障碍儿童所处的时代与环境的改变而改变。

（二）生态评估的运用原则

1. 着重功能性

运用生态评估设计课程时应以个案为中心，其内容必须从个案的实际需求出发。

2. 兼顾生理与心理年龄

通过生态评估设计的教学，可以协助个案在其生态环境中表现出应有的适当行为，因此课程内容应同时符合个案的生理年龄与心理年龄。

3. 依据评估结果进行教学

生态评估的目的在于评估儿童的学习需求，教学应与生态评估的结果紧

密结合，才能最大限度地发挥生态评估的效果。

4. 在自然情境中进行教学

依据生态评估结果所实施的教学，应该尽可能在自然情境中进行，培养儿童在自然环境中的行为能力，提高智力障碍儿童与健全人互动的能力，以增强其在未来融入环境中的能力。

5. 涵盖辅助需求的评估

辅助器具及辅助程度的评估，能够帮助个案成功地参与生态环境中的活动。

6. 注重职业能力的评估

身心障碍者在工作场所常有无法适应的现象，如果能用生态评估了解其能力与工作条件的吻合情况，就可以适当地培养他们的工作能力。

二、生态评估的实施步骤

（一）收集资料

可采用晤谈、观察、测量、记录等方式收集资料。例如，通过直接观察、儿童记录、教师自编测验、审阅儿童作品或作业表现等收集儿童情况信息。其中晤谈的对象包括儿童、家长或雇主等关键人物。

（二）进行生态分析

通过实地进入个案现在及未来可能的生活环境进行评估，以了解个案的生活问题与需求。在评估过程中，可根据个案具体情况设计生态评估内容，以方便整个评估过程的进行与记录。具体的分析内容包括以下五个方面。

1. 领域

家庭／个人、小（社）区、职业、休闲生活四大领域。

2. 主要环境

找出选定的领域中个案主要的生活环境，如学校、居家环境、小区、工作场所等，包含目前和未来的环境。

3. 次要环境

找出主要环境中个案常常去或喜欢去的地方，如学校里的音乐教室、家里的厨房、小区里的公园等。

4. 活动

分析在次要环境中个案常常做或喜欢做的各种活动，如音乐教室内的歌唱活动。

5. 技能

首先，评估个案目前各方面的表现，明确活动中智力障碍儿童所需具备的技能；其次，评估进行活动时所需要的辅助，包括个案需要的协助训练及辅具；最后，以工作分析的方式将活动分成小步骤。

（三）细列教学目标

根据生态分析结果将儿童的表现需求以教学目标的形式一一列出。教学目标可根据下列原则来制定，以符合个案需求。

（1）在不同领域都重复出现的技能。

（2）目前环境所必需的。

（3）未来环境所必需的。

（4）可应用在多种场合的。

（5）有与一般儿童互动的机会。

（6）可增进儿童独立生活能力。

（7）可促进儿童融入最少限制的环境，可扩大儿童的生活圈。

（8）符合生理年龄，符合目前能力与心理年龄。

（9）儿童对该活动有反应。

（10）教室以外，生活在周围的人也可以参与的项目。

（四）设计教学内容

根据生态分析情况和教学目标为智力障碍儿童设计教学内容，制订个别化教育计划（individualized education plan, IEP）。

第二节 智力障碍儿童生活能力培养途径——课堂

根据《培智学校义务教育课程设置实验方案》的要求，智力障碍教育要“以生活为核心”，培养能适应社会发展的公民。对智力障碍儿童而言，更要及早加以生活教育干预，充分挖掘和利用智力障碍儿童的潜能，提高他们基本的生活能力和社会适应能力，为他们未来生活自理、自立打下基础。为此，可以采取以下途径和方法。

一、专门课程：校本教材，实境训练

目前，多数培智学校的服务对象已转变成以智力障碍儿童（$20 \leqslant IQ < 50$的儿童）为主，还有孤独症、大脑性瘫痪、多重障碍等残障少年儿童。他们多有以下特点：观察力较弱、不全面；注意力短暂不持久、易分散；模仿力低，手指动作比较僵硬；记忆力低下，易忘记，甚至现学现忘；形象思维狭隘、单一，抽象思维能力低下，严重制约了其想象力和创造力的发展。

《培智学校义务教育课程设置实验方案》共设置了六类必修课，其中生活适应课、劳动技能课是最直接的生活技能教育课程。生活适应课以提高儿童的生活能力为目的，以儿童当前及未来生活中所需的各种生活常识、技能、经验为课程内容，是培养儿童具有生活自理能力、简单家务劳动能力、自我保护能力和社会适应能力的课程。劳动技能课是以培养儿童简单的劳动技能为主，对儿童进行职前劳动的知识和技能教育的课程。在实践中发现，生活适应课与劳动技能课很难截然分开，事实上对于中重度智力障碍儿童来说，生活适应能力与劳动技能也没有必要分开教学。于是可将生活适应课与劳动技能课整合成一门综合课程，即劳动与生活课。

笔者整合了生活适应课、劳动技能课的目标与内容，编写了校本教材《劳动与生活》，内容分为我的环境、自我服务、我的安全、我的家乡、我的祖国、我的休闲、我的社区、我的厨房、我和家人、自我劳动和职业生活十一大主题，由专任教师分阶段进行教学和训练。第一阶段（低年级段），以培养儿

童的生活自理能力即基本生活技能为主，如吃饭、穿衣、上厕所、按时上学等。第二阶段（中年级段），以基本劳动能力训练为主，安排他们做些家务活，学会使用基本的劳动工具，如扫地、擦桌子、洗手帕、洗袜子、做简单饭菜等。第三阶段（高年级段），学习一些简单的职业技术，如编织、手工、养殖等。以上只是按年级大致划分，并不绝对，主要强调从智力障碍儿童的特点出发，由简单到复杂，完成第一阶段目标后，再进入第二阶段的学习，循序渐进，将每项训练做细、做实。

关于课程设计的相关内容，不在此处赘述，下面主要阐述课程教学模式。

（一）“实境教学，循环训练”教学模式

加强教育教学实践研究，改进教学方法，在实践中构建适合本校中重度智力障碍儿童生活能力培养的教学模式——“实境教学，循环训练”。其操作流程分为四步。

1. 创设情境，导入新课（2 min）

课堂教学开始时，教师可以通过语言、故事、音乐、图片、问题等创设生动的情境，吸引儿童的注意力，激发儿童的学习兴趣，使儿童对本课的学习内容产生强烈的学习欲望。

2. 实境呈现，示范归纳（8 min）

（1）实境呈现。中重度智力障碍儿童的思维以直观形象为主，抽象思维较差，只有把儿童带入真实（或接近真实）的生活环境、场景中学习生活劳动技能，才能让儿童置身其中，留下深刻的印象。

（2）示范指导。教师要注意：①尽量面对全体儿童，让每个儿童都能清楚地看到教师的示范动作；②要让儿童亲眼看到全过程，动作不能过快；③在讲解时，声音要响亮清楚，语言要通俗易懂、简练、生动；④详略得当，重点要突出，难点要突破。

（3）归纳步骤。在归纳步骤时，可以让儿童观看课件或者图片，让儿童想一想、说一说教师是怎么做的，教师适时通过提炼重点词的方法进行板书归纳。对于教学重点难点，教师要引导儿童分析，理解领会生活劳动技能的操作要领、规则，重点要详讲，注意事项要拎出来强调。整个操作步骤还

可以编成儿歌。

3. 实践操作，循环训练（20 min）

针对中重度智力障碍儿童的认知能力和学习特点，技能必须进行反复训练、循环训练，但又不是简单机械地重复训练，必须遵循“低起点，缓坡度，多循环”的教学原则，注重采取多种练习方式，让每个儿童的生活能力在充分的练习中得到巩固和提高。

（1）集体练习。可根据操作步骤，跟着教师一步一步来学习，再把步骤综合起来进行训练，形成一个统一的整体。在训练过程中，组织儿童反复练习，教师逐步对儿童提出新的要求。同时，充分运用激励评价机制，允许儿童出错，多鼓励、宽容他们，增强其自信心。

（2）课间放松。智力障碍儿童注意力短暂、不持久、易疲劳，课间可以插入与学习主题相关的小律动，让儿童唱唱跳跳，愉悦身心，缓解学习的疲劳，达到“教育与康复相结合”的目的。

（3）分组练习。智力障碍儿童喜欢游戏、表演、比赛等活动。可通过开展同桌两两比赛、男女生比赛，或者不同组别的儿童比赛等方式，提高智力障碍儿童学习的积极性，增强生活劳动技能训练的效果。在此过程中，教师可以将分层教学发挥得淋漓尽致，给予不同的儿童以不同的支持策略，从而实现每个儿童的个别化教育目标，力求每个儿童的最大化发展。

（4）再现生活。此环节可以设计游戏或者模拟生活中的某一场景，把前面所学的内容在游戏的过程中加以操作，很轻松地予以重复、巩固，从而强化儿童在真实的生活场景和社会场所中亲自尝试解决实际生活中问题的能力，真正做到学以致用。

4. 评价激励，总结课堂（5 min）

可以将儿童的表现与评价表结合起来，通过开展师评、互评、自评等活动，给儿童贴上笑脸，肯定儿童的努力，多些表扬激励，少些批评指责，使他们获得愉快的情感体验，体验劳动的乐趣，享受成功的喜悦。

以上四个环节，在具体操作中应当灵活、合理地做好取舍，可以全盘照搬，也可以只选用部分环节，还可以将一些环节循环反复。

（二）“实境教学，循环训练”教学模式实践案例

劳动技能课是智力障碍儿童生存教育中重要的课程之一。《培智学校义务教育课程设置实验方案》提出：“劳动技能——以培养儿童简单的劳动技能为主，对儿童进行职前劳动的知识和技能教育。通过劳动技能的训练，使儿童掌握一定的劳动知识与技能，养成良好的劳动习惯，具备一定的社会适应和职业适应能力。”可见，劳动技能课不仅可以培养智力障碍儿童的生活自理能力，自我照顾和适应生活、适应社会的能力，还能减轻国家、社会、家庭的负担。但是在教学实践中笔者发现，智力障碍儿童的生活能力和生活经验与健全儿童相比有很大差距，在传统的课堂教学模式下，智力障碍儿童的生活自理能力、社会适应能力仍然很弱，生活不能完全自理，很难独自走出家庭。那么如何上好培智学校的劳动技能课呢？经过几年的教学实践，初步构建了针对中重度智力障碍儿童的中年级劳动技能课的四步教学法。下面以校本教材《整理书包》为例，详细阐释“实境教学，循环训练”教学模式。

1. 创设情境，导入新课（2 min）

“良好的开端是成功的一半。”智力障碍儿童的注意力不易集中，在课堂一开始，教师可以通过语言、故事、音乐、图片、问题等来创设生动的情境，吸引儿童的注意力，激发儿童的学习兴趣，使儿童对本课的学习内容产生强烈的学习欲望。

教学情景再现

《整理书包》教学导入。

（1）欣赏故事“明明的语文书去哪了？”：明明的书包里乱七八糟的，倒出来撒了一桌，马上要上语文课了，却怎么也找不着书，他急得满头大汗，怎么办呢？

（2）大家想不想来帮帮他？想要帮助他，首先要学会自己整理书包。今天我们就来一起学习一种新的生活技能——整理书包。

（3）教师板书课题，进入新课。

如此，智力障碍儿童的学习兴趣很快被调动了起来，个个精神抖擞，摩

拳擦掌，跃跃欲试。

2. 实境呈现，示范归纳（8 min）

（1）实境呈现。

出示明明书桌：书包、课本、作业本、文具盒等，散乱放置。

教师提示：我们来帮帮他。

（2）示范指导。

要想儿童正确地掌握劳动技能，教师的正确示范非常关键。只有教师正确地示范，给儿童做好榜样，才能为后面儿童的学习奠定基础。在示范中，教师要注意几个要点，前文教学模式第二点中已详细论述。

（3）归纳步骤。

在归纳步骤时，要注意教学重点和难点，具体教学方法前文已述。如本节课《整理书包》的重点是整理书包的过程，难点是把书、练习本等分门别类，可以先让儿童思考为什么要这样分，然后请儿童来示范，大家都来动手分类。

教师要帮助儿童归纳整理步骤，还可以将操作步骤编成儿歌。儿歌是智力障碍儿童喜闻乐见的一种学习形式，它的形式活泼生动，读起来琅琅上口，易于儿童牢牢记住操作步骤，还能激发儿童的劳动兴趣。

教学情景再现

整理书包的步骤可以编成儿歌："小书包，好伙伴，拿出来，分一分，大在下，小在上，放进去，整理好，我爱我的小书包。"

儿歌编成后，可以让儿童进行各种形式的朗读，如个别读、齐读、分组读及动作读。儿童在宽松愉悦的氛围中，既学习了整理书包的方法，又给课堂增添了无限欢乐，一举两得。

3. 实践操作，循环训练（20 min）

劳动技能课是一门实践性很强的技能训练课程。练习是劳动技能课的中心环节。只有充分练习，才能形成技能。中重度智力障碍儿童接受能力差、遗忘快，针对这些儿童的认知能力和学习特点，在教学中需遵循"多循环"的原则，调动儿童的学习积极性，注重开展多种练习方式，让每个儿童的生活能力在充分的练习中得到巩固和提高。

（1）集体练习。在训练智力障碍儿童的劳动技能时，步子要放小一些，速度要慢一些，由易到难、循序渐进，使他们容易接受，进而掌握。可根据操作步骤，跟着教师一步一步来学习，再把步骤综合起来进行训练，形成一个统一的整体。低起点、缓坡度，直至最后能够掌握动作要领。在训练过程中，组织儿童反复练习，每一遍重复后教师逐步提高难度，对儿童提出新的要求。同时，充分运用激励评价机制，允许儿童出错，多鼓励、宽容他们，增强其自信心，提供尽可能多的尝试机会，从而激发儿童学习、实践的兴趣。只有这样，才能帮助智力障碍儿童牢固地掌握基本知识和技能，切实提高他们的劳动能力。

教学情景再现

①集体练习。

教师：你们想不想和教师整理得一样好？下面请同学们拿出自己的书包，我们一起来练习。

②教师巡回指导。依照儿童能力强弱，将儿童分为A、B、C三组。A组独立完成，教师重点指导B、C组儿童。

③评一评。教师评价，学生互评。适时在评价表上给每个儿童贴上笑脸。

教师：同学都把自己的书包整理好了，我们一起来看一看谁整理得最好。

（2）课间放松。智力障碍儿童注意力短暂不持久、易疲劳，课间可以插入与学习主题相关的小律动，让儿童们唱唱跳跳，愉悦身心，缓解学习的疲劳，达到“教育与康复相结合”的目的。

（3）分组练习。智力障碍儿童喜欢游戏、表演、比赛等活动。可通过开展同桌两两比赛、男女生比赛，或者不同组别的儿童比赛，提高智力障碍儿童学习的积极性，增强劳动技能训练的效果。智力障碍儿童个体之间有着很大的差异。在此过程中，教师可以充分实施分层教学，给予不同的支持策略，如A组儿童独立完成，B组儿童在部分语言提示下完成，C组儿童看“提示卡”或者在语言动作提示下完成，从而实现每个儿童的个别化教育目标，力求使每个儿童获得最大限度的发展。

教学情景再现

儿童两两分组对抗，比赛整理书包。

教师：我们先请两位同学来帮助整理小书包，比一比看谁做得又快又好！

①A组儿童比赛，自己说儿歌动手做。

②B组儿童比赛，给予部分语言提示。

教师：刚才的两位同学整理得怎么样？大家觉得谁整理得特别好？

③C组儿童比赛，教师说儿歌，儿童做练习。教师着重对个别困难的儿童进行个别指导。

（4）再现生活。中重度智力障碍儿童思维不灵活，迁移能力较弱，对于课堂上学到的知识与技能，有时还不能够全部接受和掌握。这就需要把课堂上学的知识、技能带到真实的生活场景和社会场所中去，让儿童亲身尝试解决实际生活中遇到的问题，使儿童的能力切实得到提高，真正做到学以致用。爱玩是儿童的天性，此环节可以设计角色游戏或者模拟生活中的某一场景，把前面所学的内容在游戏的过程中加以操作，很轻松地予以重复、巩固，如此下来教学效果显著。

教学情景再现

教师：那么现在谁愿意用今天学习的本领帮助明明来整理书包呢？

教师拿出在课前已经准备好的明明的书包，课堂气氛掀起了高潮，同学都争先恐后地要助人为乐，最后明明通过课件表示"感谢大家"，智力障碍儿童的情感得到了满足，生活技能得到了巩固提高。

4. 评价激励，总结课堂（5 min）

苏霍姆林斯基说："我们力求使儿童在自己的劳动中体验到、感受到自己的荣誉、自尊，能为自己的成果而自豪。注重对劳动成果的评价，不仅能激发儿童对劳动的热情，还能体会到劳动的快乐，有助于形成良好的劳动习惯。"因此，可以充分利用师评、互评、自评等，将儿童的表现与评价表结合起来，注意多些表扬激励，少些批评指责，使他们获得愉快的情感体验，体验劳动的乐趣，享受成功的喜悦。

总之，创新劳动技能课教学模式，可以提高劳动技能课堂教学的效率，从而提高中重度智力障碍儿童的劳动能力，培养儿童良好的劳动习惯，形成良好的学习品质。

二、学科聚集：来源生活，回归生活

要充分挖掘各科教学内容中生活技能的因素，密切联系智力障碍儿童的生活经验，创设充满乐趣、生动活泼的生活情境，让儿童在动手、动脑、动嘴的教学过程中学习现在和未来生活所必需的知识，掌握生活技能。

例如，在生活语文课中教儿童认识“苹果”两个字时，出示实物苹果，让儿童观察苹果的颜色，闻一闻苹果的清香，尝一尝苹果的味道，让儿童深刻地认识苹果；在生活数学课上教过小数或者认识人民币后，把“超市”搬进课堂，设置情境，引导教学，让儿童在生活情境中学会买东西，练习认识人民币、计算价格、付钱等技能；在艺术休闲课上，将生活技能教育的目标渗透其中，根据儿童的能力、兴趣、爱好、特长等将儿童分组，设置相应的情境教室，由专任教师负责教学，帮助儿童学会生活技能，体验生活乐趣。

（一）以生活为核心，构建高效的生活语文课堂

智力障碍儿童由于生理、心理的缺陷，对信息的接收、反馈及运用能力都相对较弱，缺乏综合应用的能力，对抽象的知识技能难以掌握。要让他们实现有效的语文学习，需要在现代生活教育思想的指导下，结合智力障碍儿童的身心特点，让语文教学贴近现实生活，最终达到帮助他们自立于社会的目标。

1. 挖掘生活化的教学资源，使语文教学贴近智力障碍儿童的生活

联合国教科文组织发表的报告《教育——财富蕴藏其中》指出：“学会认知，学会做事，学会共同生活，学会生存，是每个人一生中的知识支柱。”不仅要学会认知，还要学会做事，学会共同生活，这样才能“学会生存”。培智学校教育的主要目标就是使儿童具有一定的生活自理能力，生活化的课程是实现这一目标的有效途径。

（1）依据智力障碍儿童的生活需求设计生活化的教学内容

人本主义心理学以及受其影响产生的有关人本主义的教育观已在很多国家的特殊教育领域得到了体现。它们主张开展以人为本、以儿童为中心的教育，强调尊重儿童的兴趣和需要。智力障碍儿童日后要独立生存于社会，就必须掌握衣、食、住、行几个方面的基本常识和基本技能，能够自我照顾、自我服务。因此在选择和设计生活语文课程内容时，教师就应该以是否符合智力障碍儿童的需要来进行取舍，促进智力障碍儿童更加顺利地融入社会生活。例如，东台市特殊教育学校智力障碍儿童生活语文课程的教学主题是从生活自理、个人卫生、饮食卫生、交通工具、交通安全、休闲娱乐等方面来选择，力求满足智力障碍儿童的生活需求。

（2）在教学中融入动态的、发展的生活知识

生活环境的发展变化对每一个人的适应能力都提出了新的、更高的要求，而对于智力障碍儿童来说，他们在适应生活环境改变时面临的挑战更大。因此，语文课堂不能是一成不变的，而应该是动态的、发展的、反思的。周围每天都在发生巨大的变化，要及时收集周围生活环境发生变化的信息，把它们适时地充实到课堂中来。动态的信息如某某公路开通、社区的变化等都可以作为教学内容，教育引导儿童如何吸收新鲜事物，以小主人的身份面对生活，自强不息。反思的信息如电视报纸传来的地震、火灾、交通事故等负面消息，这其中的一些可能会发生在儿童的生活中，应教育引导儿童学会应对突如其来的灾难和困难，增强其适应不断变化的生活环境的能力。

可以看出，对智力障碍儿童进行语文教学时，应与儿童的生活实际相结合，离开了生活的语文教学将成为一种干巴巴的、无血无肉的说教，离开了生活的语文教学不符合智力障碍儿童的认知特点，会使教学成为一种智力障碍儿童难以理解的抽象活动。

2. 开展生活化的课堂活动，丰富智力障碍儿童的生活经验

由于智力因素的影响，智力障碍儿童在实际生活中知识迁移困难，适应行为具有局限性。因此，对智力障碍儿童来说，获得适应生活的经验，学会怎样融入社会，怎样与社会其他成员共处、交往，比让其学会背课文要实用

得多。生活化的语文教学通过创设生活场景、进行生活角色扮演等，帮助智力障碍儿童在实践操作中获得适应生活的经验，提高智力障碍儿童的生活适应能力。

（1）生活化的语文教学帮助智力障碍儿童学会与人交往

在生活中，人与人之间的交往是人们获得交往智慧的直接源泉。智力障碍儿童在真实的生活场景、模拟的生活情境中，通过角色扮演、游戏活动等进行实践操作练习，能够获得与人交往的最直接的经验，从而学会怎样待人接物、怎样与人相处，进而提高自己的生活适应能力。例如，在《有礼貌的儿童》的教学过程中，教师需结合教材特点和儿童生活实际，采用“半扶半放、扶放结合”的教学方法，模拟生活场景，让智力障碍儿童向课文中的小红学习，上学前向家人告别，再利用学校这一真实的生活场景，让儿童练习到了学校怎样与教师、其他儿童家长、同学打招呼，引导儿童在生活中做一个有礼貌的儿童。

（2）生活化的语文教学帮助智力障碍儿童学会做人

生活是人的道德的真正发祥地。对智力障碍儿童来说，抽象的、单纯的说教是枯燥无味、难以接受的。语文教学要与儿童的生活实际相结合，走进儿童的生活，让智力障碍儿童在一种生活的氛围中，在人与人自然、和谐的相处中接受教育，促使智力障碍儿童形成健全的人格，让智力障碍儿童感悟生活的真谛，学习怎样做人，获得道德素质的提高。

（3）生活化的语文教学提高智力障碍儿童的自我保护能力

智力障碍儿童的自我保护能力普遍低下，生活化的语文教学可以让智力障碍儿童在生活化的场景中拥有自我保护知识，提高他们的自我保护能力。例如，课文《公鸡和狼》可以引导智力障碍儿童在实际生活中遇到坏人时向课文中的公鸡学习，镇定机智，敢于与坏人抗争；课文《红绿灯》让智力障碍儿童知道要注意交通安全，对家庭住址、电话号码的记忆，对打电话的实践操作练习都可以使智力障碍儿童在遇到困难时及时向家人和警察求救，提高智力障碍儿童的自我保护能力。

3. 运用生活化的教学方法提高智力障碍儿童的生活能力

儿童的成长需要儿童自身的体验，只有亲身体验到的东西，才是真正意义上的获得。生活化教学就是要儿童亲自去体验，要体验就要实践。

（1）让智力障碍儿童的学习由“接受式”变为“体验式”

要在语文课堂上创设实践机会，“先体验后学习”，先让儿童主动参与，在充分的实践与体验中找出问题，再在同学、教师的指导下解决问题。教师要有意识地把书本知识和课堂教学、现场教学有机地结合起来。例如，教师讲授语言训练“打电话”后，可以带儿童到办公室，让他们试着给家长打电话，通过实践让儿童感受到生活中处处有语文课本中所学到的知识，提高儿童的学习意识和实际生活能力，让生活成为儿童的“练兵之地”。

（2）利用多媒体，完善生活化语文课堂

多媒体具有直观性、形象性和生活性等特点，教师要善于运用多媒体创设课堂情景。例如，在教学《秋天到了》一文时，教师可以运用电脑课件，制作“秋天到了，树叶黄了，叶子从树上落下”的情景，让儿童在课堂上感受到秋天落叶的情景，使儿童快速理解课文内容，让儿童记住秋天落叶这一生活经验。

（3）关心爱护智力障碍儿童，发扬人文主义精神

在生活化课堂教学实践中，应富于情感关怀，重视对智力障碍儿童自尊的保护、自信的培养。例如，联系语文课堂学习的“超市购物”一课，带儿童实地去超市购物。如让儿童学存包，考虑到儿童都已懂事，且和健全儿童不一样，如果十几个儿童一起进去，肯定会因笨拙的言语和动作而引来异样的眼光，所以可以把他们分成几个小组，轮流进超市学习存包，这样不太会引人注目，儿童的自尊也得到了保护。在自信心的培养上，教师应基于智力障碍儿童差异的特点，做到个别化教学。需要指出的是，智力障碍儿童普遍缺乏独立活动的能力。为此，教师必须熟悉每一个儿童的情况及其特殊性，有针对性地实施教学实践。例如，在“打扫卫生”一课中，把轻度智力障碍儿童分为 A 组，中、重度智力障碍儿童分为 B、C 组，实践的重点放在 B、C 组上。让 A 组儿童扫地，B 组儿童擦桌子，C 组儿童捡地上的纸屑放进垃

圾筒里。教室打扫干净以后，教师进行总结表扬，让每个儿童都体会到自己能行，并不是什么都不会做的儿童，鼓励他们多参与活动，在实践中培养自信。

生活是教育的发祥地，语文教学是离不开生活的。实践证明，生活化的语文教学活动更有利于智力障碍儿童的成长。当语文教学与生活相结合时，儿童在浓郁的生活氛围中、在人与人的自然相处中学习和运用语文知识，进行实践操作，就可以提高自身的生活适应能力，为将来适应社会、融入社会打好基础。

（二）以生活为基点，提升生活数学教育效益

生活数学的课程内容包括帮助儿童形成和掌握与生活相关的简单的数的概念、数的运算、时空认识及数的运用，学习运用简单的运算工具等。其目的是培养儿童具备初步的计算技能、初步的思维能力和运用数学知识解决日常生活中一些简单问题的能力。生活数学教学应从儿童的实际出发，创设有助于儿童学习的生活情境，引导儿童通过实践、思考、探索、交流，获得数学知识，掌握生活技能，发展思维能力。因此，生活数学教学应该贴近智力障碍儿童的生活，增强其学习数学的主动性，发展其思维和实践能力。人们的生活离不开数学，每天都需要和数学打交道。只有掌握基本的数学知识和生活技能，智力障碍儿童的生活才会秩序井然、层次分明、丰富多彩，他们的生活质量才能得到改善和提高。数学对于人们的生存、生活，对于社会的和谐发展，有着举足轻重的作用和意义。要想让智力障碍儿童回归主流社会，融入主流社会，自立自强于主流社会，让他们掌握相关的生活数学知识，并具有一定的实践能力相当重要。

笔者在对智力障碍儿童实施生活数学教育实践中，深深体会到生活即教育，教育即生活。为使智力障碍儿童掌握一定的生活技能，更好地、顺利地融入主流社会，努力做一个自食其力的自然人，在平时的教育教学中，要自始至终紧紧围绕以下三个基点，使生活数学的教育教学效益不断提升。

1. 生活知识启迪教学，激活教学，强化儿童的感知、认知能力的发展提升

苏霍姆林斯基说过："如果教师不想办法使儿童产生情绪高昂和智力振奋的内心状态，就急于传授知识，不动情感的脑力劳动就会带来疲惫。没有欢欣鼓舞的心情，没有学习的兴趣，学习也就成了负担。"智力障碍儿童智力低下，心理发展、思维发展迟缓，他们的思维活动基本以直观形象思维为主，感知能力和抽象思维的发展较差；对事物的反应能力欠缺，知识的转化迁移能力差。这就要求教师在平时的教育教学活动中密切联系生活，要用儿童生活经历中与数学知识紧密联系、息息相关的环节、细节去启迪儿童，唤醒儿童的思维，使儿童感知到数学就在自己的生活中，数学就在身边。让儿童学习用数学的眼光、数学的思维概念去观察生活、观察事物，运用数学思维认识社会、认识生活，通过生活学习和掌握基本的数学知识，并能运用数学知识。在强化和提升儿童生活数学思维的基础上，让儿童认识和发现所学的数学知识在生活中运用的意义和作用，同时享受成功的乐趣，提升儿童学习数学的动力，让儿童在转化迁移抽象数学模式并进行理解和实际应用的过程中，体验到数学来源于生活又应用于生活的道理，促进儿童的感知能力、认知能力的发展提升。

在教学中，教师应创设生活情境，引导儿童在一定的生活环境中发现数学问题。如在"认识人民币"的教学中，利用真实的购物环境，激发儿童学习的兴趣，将儿童的认知过程融入亲身体验与感受中，让儿童自己完成"把生活经验数学化"的过程。教师事先引导儿童回忆父母用人民币做过什么事，体会到生活中处处都有使用人民币的地方，了解人民币的作用；然后带领儿童到菜场、超市购物，联系儿童生活，贴近生活，激发儿童内在的情感体验，引发学习兴趣。在模拟购物活动时，利用生活经验的再现，使儿童在简单的算钱、付钱活动中，积极主动地参与探究性学习过程，感知人民币的币值和人民币的商品功能，培养儿童实际生活中的购物能力，提高其社会交往和社会实践能力。

2. 生活技能培养贯穿教学，促进教学，强化儿童思维和技能同步发展提升

随着时代的发展，过去培智教育的教学理念、教学方法已经不适应当今的特殊教育发展的要求，新的教育教学理念使人们认识到，要从过去那种围

绕课堂、书本，为知识而教，就数学公式计算方法而教的模式中走出来，认真开展新的教学目标、教学要求、教学内容的研究和探索，积极开展适合智力障碍儿童的认知能力和特征需要的教学模式；选取适合他们认知能力、思维发展的教学内容和教学手段；设计符合他们生活特征、与社会生活紧密相连、生活生存技能训练性极强的数学教学形式；让生活中的数学知识技能充分体现在教学过程中，贯穿于每一个教学环节里，体现在生活技能培养训练上；努力打造数学教学，使之理性与感性、知识与技能连贯相通，形成由浅入深、由粗到细、由小到大、较为系统的知识技能教学链；通过这条知识技能教学链，使儿童感悟数学概念，获取数学知识，掌握数学应用技能，并能运用到平时的生活当中去；通过数学技能的教学培训，让儿童的理性知识得到强化，在儿童数学认识能力、数学思维得到有效的发展和提高的同时，生活数学的能力也得到进一步促进和提高；使生活数学技能培养贯穿教学，使儿童的数学知识、数学思维、数学技能同步发展提升。

在教学“位置与方向”时，教师有意识地安排儿童的座位，把儿童座位按教室的方位分成“东”“南”“西”“北”四个方向，帮助儿童初步建立方向的概念。通过让儿童画教室平面示意图，并在示意图上找出自己的位置这一活动，完成从空间中辨别方向到辨别平面图中方向的抽象认识过程。让儿童看图用“东”“南”“西”“北”说一句话，以变换参照物的方式来认识空间的位置关系。结合儿童身心特点，教师设计了“我是小导游”这一活动。在这一活动中，儿童当小导游，向大家介绍自己的学校。在这里，数学问题转化为生活问题。这样的活动使儿童切切实实感受到了方向知识在生活中的运用，既掌握了数学知识，解决了简单的实际问题，又发展了儿童的思维，培养了儿童的数学技能和生活技能。

3. 生活数学教学服务于儿童，服务于儿童的生活，推动儿童智力发展提升

智力障碍儿童生活数学教学的目标，就是要使儿童用所学的知识去解决生活实践中的实际问题，让掌握的数学技能在生活实践中学以致用、逐步发展、不断提升，在此基础上尽最大可能促进和强化儿童智力的发展提升。所有的教育教学都应紧紧地与生活实践结合起来，从生活中来，到生活中去。

教学服务生活实践，就要通过生活实践活动，激活儿童已有的生活经验和生活知识，巩固并发展已掌握的数学知识和技能；通过儿童生活数学实践教学，让儿童从中进一步发现数学问题，探索数学规律，理解基本的数学概念，真正掌握基本的数学原理，并运用于生活实践之中，解决生活中遇到的一些基本问题。在教学“时钟的认识”时，教师除了要引导儿童学会认识时钟，还要引导儿童体验秒、分钟、小时的时长，引导他们把所学的时钟、时间的知识应用于生活实践之中。在实际生活中，时间无处不在，教师可以结合生活实际设计一些基本练习，使儿童感到数学知识就在生活中。例如，拨表练习不仅培养了儿童动手、动脑的好习惯，又有利于培养儿童灵活解决生活中的实际问题的能力。教师注重数学知识在生活实际中的应用，让儿童通过学习、尝试，知道一分钟就是分针走了一小格，那一分钟有多长呢？又能做些什么呢？为此教师可以设计“感受一分钟到底有多长”这样的环节，让儿童在一分钟里做自己喜欢的体育项目，来了解一分钟内能做多少事情。通过这种方式激发儿童的学习兴趣，使儿童把获得的知识、能力应用于生活中，加深对知识的理解、掌握，进一步培养儿童珍惜时间、合理安排时间的意识。学习完认识时钟的内容之后，教师为每一位儿童戴上手表，让他们学习使用手表，将时钟、时间的知识应用于生活，服务于生活。

生活数学的教学要让儿童在无意的生活中学到有意的数学知识，要在有意的生活实践中使学到的数学知识更好地化为实用技能和多元化的智力、能力，要在生活实践教学中体验、感悟数学知识，在体验、感悟过程中掌握数学知识，在生活实践中正确运用数学知识，通过生活实践和活动调动他们的求知欲和积极性，促进他们的智力发展，挖掘他们的智力潜力。通过多种多样、丰富多彩的生活实践教学活动，体悟那些抽象的、枯燥的数字和概念，使教学发挥最好的效果，使儿童智力得到更好的发展。

（三）在美术课、手工课上培养中重度智力障碍儿童的生活能力

人的生活能力包括许多方面，对于中重度智力障碍儿童来说，基本生活能力中衣、食、住、行等方面的能力是最为基础、最为实用的。教育家杜威说：“教育即生活。”对中重度智力障碍儿童来说，教育必须紧密结合儿童的生

活环境，使其所学能适用于正常的社会生活。平时在美术课、手工课的教育教学中，教师通常采用以动手能力影响其他能力的方法来培养中重度智力障碍儿童的生活能力，比如动手制作泥塑能快速培养中重度智力障碍儿童的生活能力。

由于中重度智力障碍儿童的特殊性，在教育教学中对儿童学习技能的要求可以适当降低。智力障碍儿童的泥塑活动是以橡皮泥为主要原料，用手和一些简单的模型工具捏塑成多种立体形象。捏塑橡皮泥是一种极具趣味性的手工活动，同时具有很高的艺术性，能够快速锻炼儿童的色彩感和立体感，帮助中重度智力障碍儿童认识生活中的事物形象，增强其手部的灵活性和协调性，使心、脑、手、眼的综合协调能力增强，并促进智力的发展。通过培智学校美术教育实践可以发现，泥塑制作学习能相对快速地培养智力障碍儿童的生活能力。教师要采用“医教结合”的理念，从中重度智力障碍儿童手部精细动作训练的实际需求出发，围绕衣、食、住、行几个方面开展通过泥塑制作快速培养智力障碍儿童生活能力的教学研究。

1. 衣

制作泥塑服饰时，儿童主要能学会选取颜色，搭配色彩。爱美之心，人皆有之。虽然这些儿童身有残障，但是他们都希望自己设计制作的泥塑服饰很美。有的同学手颤颤巍巍的，很长时间才能完成一个简单的精细动作，但等他们制作完成自己的橡皮泥服饰时，会比妈妈给他们买了件新衣物还要开心，他们会端详好一会儿，然后赶紧去和同学分享自己的快乐。在以后的生活中他们都会记住当天自己成功完成的作业的色彩，并用于选取、搭配自己的服饰。

玩橡皮泥可以培养儿童独立的性格，同时也带动了其在生活上的独立性，多数中重度智力障碍儿童动手能力也因此得到了发展。通过精细动作和协调能力的锻炼，他们能更好地独立穿脱衣服、扣扣子、穿鞋子、系鞋带、折叠衣服等。

2. 食

平时在做真的食品之前，可以让儿童先玩橡皮泥。根据分层教学的需要，

每人分发两至三块橡皮泥，看谁能把橡皮泥变成好看的、好玩的、大家喜欢吃的食物。爱玩是每个儿童的天性，只要一提到玩，他们就会“炸开了锅”，宣布开始后，同学们便兴高采烈地小手忙个不停。虽然有的同学不知忙的是什么，但也会积极参与。一会儿工夫，不太规整的作品就出来了，“饼干”“油条”“小面包”“小糖块”……五花八门，还真有点儿像那么回事。中重度智力障碍儿童之间也会互相比较，互相模仿，做了一个又一个，直到活动结束还兴致勃勃。在他们兴趣未减的情况下，教师再由整体到个别进行教学辅导，帮他们调整泥塑食品的形象，调整一些泥塑步骤，使中重度智力障碍儿童在短时间里能通过玩橡皮泥掌握一些常见食品的基本制作方法，既免去了教师、家长出于安全考虑的担心，也让儿童摆脱了“只能空想，不敢实现”的束缚局面。手工课上的活动让智力障碍儿童都能大胆地实现自己的“梦想”，使得他们在校本课程“生活适应”和“劳动与生活”课堂上制作真食品时能得心应手、游刃有余，在培养儿童创新意识的同时，也增强了动手动脑的能力。

3. 住

用橡皮泥制作与住有关的元素时，儿童能学会自己动手设计和美化“宿舍”“教室”等，独立性得到了增强。玩橡皮泥这个司空见惯的活动，既锻炼了中重度智力障碍儿童独立思考的能力，又让他们一改以往万般依赖的坏毛病，能够独立完成住的方面的种种元素的创造。

4. 行

学习制作与行有关的元素时，儿童能认识一些生活中常见的交通元素，如红绿灯和一些常见的交通标志，为他们每天的上下学或每次月假的来回提供一定的帮助，深得家长的好评。

在通过泥塑活动培养智力障碍儿童的生活能力时，主要采取了以下综合训练策略。

（1）由简到繁，循序渐进

泥塑学习是个渐进的过程，在这一过程中应放手让儿童尽情地玩，而不提任何要求，不做任何示范。爱因斯坦曾经说过：“兴趣是最好的教师。”儿童做感兴趣的事情时往往注意力最集中，感知能力最强，掌握知识技能的速度最快。智力障碍儿童认知能力发展迟缓，而幼儿期是最富有创新精神的阶段，他们会无拘无束地表现童心、童趣，较少受各种成规戒律的束缚，他们如果随意联想、拟人，随意“张冠李戴”，教师也不会觉得怪异。笔者观察到中重度智力障碍儿童在玩泥过程中也表现出了极强的创新精神。比如，儿童随手用橡皮泥搓几下，搓出个长条，他们就叫它“甘蔗”，多搓几个，就叫它“手指饼干”，再多搓几个，又称之为“面条”，放到一个自己做出来的“碗”里面，就可以“吃”了；搓几个球，就变成一个个“汤圆”；用模具里的小刀把一块长橡皮泥切去几刀，变成了一辆“小面包车”；等等。在这种“过家家”式的泥塑游戏中，不管是中度还是重度智力障碍儿童，其学习兴趣都会很浓，也能做出不少自己生活中常见的物体来。

在指导儿童的泥塑活动时，要做到有的放矢，适当引导。例如，在塑造“动物乐园”时，教师通过让儿童看实物、看图片、讲故事以及绘画等方法，引导他们观察动物的外形、颜色、大小等基本特征，再讨论塑造方法，并鼓励他们做得和别人不一样。在活动中，笔者发现儿童能用铅笔头压出小动物的眼睛，用剪刀剪出小鸟的翅膀、动物的脚爪，用牙签或棉签做松鼠的尾巴，捏出神态可掬的熊猫、小猪、小白兔、小青蛙等。在儿童完成作品后，教师不失时机地进一步引导儿童将自己塑造的作品摆上桌面，添上背景，如大马路、太阳公公、小花、小草等，然后结合背景进行故事创编，鼓励儿童做多样性、独创性的讲述。

（2）放慢脚步，螺旋上升

要从中重度智力障碍儿童生活中最熟悉、最简单的物体入手，儿童掌握单个形体的基本捏法后再扩展到某个或某类物体。前面的泥巴游戏已经激起了儿童强烈的学习欲望，但是由于他们经验和技法很有限，教师应放慢脚步。经过一阵子的搓来捏去之后，他们会觉得做出来的每样东西都差不多，比如汤圆、萝卜、小汽车等。这时候，他们会迫不及待地希望教师能教给他们新的学习内容、新的表现技法。此刻不宜直接按照儿童的要求去做，而应根据中重度智力障碍儿童的认知特点，小步子、多循环地进行教学，促进儿童的思维慢慢地向纵深发展，学稳学牢，即猜测他们在想些什么，琢磨出不同认

知层次的儿童思维处于什么阶段，思维活动中还存在什么矛盾。在此基础上，才能根据儿童的思维特点进行相应的个别指导，鼓励每个儿童自己动手操作。有时候，重度智力障碍的儿童根本不能一下子运用经验产生创造性思维，他们会主动提出要求："老师，这个怎么捏？""老师，是这样做的吗？""老师，你帮我做吧！"……于是教师因势利导，从他们熟悉的小鸡、小鸭开始，先让儿童思考它们是从哪里来的，引导儿童说出"蛋里孵出来的"；接下来可以让儿童先把橡皮泥搓成一个蛋形，然后从蛋形身体上拉出脖子，再捏出嘴巴，最后"长出"双脚和尾巴。这样，一只蹒跚学步的小鸡或小鸭就做出来了。他们会乐滋滋地端详，而后拿去与别人分享，一起交流、比较。教师可以趁着这个时候引导他们去思考：小鸭与小鸡有什么异同之处？比较分析后，他们会把小鸡、小鸭做得更像，制作小鸟、鸽子等的时候就可以半扶半放了。

在安排教学内容时，也可以把相同或相似类型的物体安排在同一个主题单元里进行训练。经过这样一系列的分析比较练习后，不但让中重度智力障碍儿童比较方便地掌握了同一类型或相似类型物体的基本捏法，而且也提高了儿童的观察能力、分析能力和比较能力。同时，可以使儿童联想数字造型或相似形体造型，以儿歌的形式把塑造形体的步骤、要领说出来，从语言感知到形象思维再到具体操作，训练中重度智力障碍儿童手部精细动作和泥塑技巧的发展。例如，在制作一只红苹果时，可以先让儿童一起来观察苹果的造型，苹果上方像趴下的数字"3"或苹果像发胖的爱心形，再把做红苹果的要领编成儿歌——红泥巴，搓圆它，长得像个爱心呀。在制作组合造型小鸡和小鸭时，也可把要领编成儿歌——椭圆身上捏尾巴，圆圆头上黏眼睛，捏个尖嘴给小鸡，扁扁嘴巴给小鸭，小鸭背小鸡，过河找妈妈，妈妈夸我们长大了！

（3）分层分组，共同参与

智力障碍儿童的智力障碍程度具有差异性，个体发展具有不平衡性，教学时要根据其差异性，给儿童不贴标签地分层分组，并且让大家共同参与学习基本的泥塑技能，如揉、捏、拍、搓、团、压、黏合等。先让他们熟悉橡皮泥的特性，并鼓励他们尝试简单的变形，然后有意识地进行扩散思维训练，以泥塑活动“常吃的水果”为例。首先，让儿童欣赏不同颜色和形状的水果——苹果、香蕉、西瓜、葡萄、橘子等。其次，引导儿童根据自己的能力选择实物，模仿其形体进行塑造，使完成的作品各具特色，制作起来也特别开心。最后，把儿童的作品集中放在手工区，使其变成一间品种丰富的水果店，小朋友看到自己开的水果店会非常高兴，当家长来学校接送的时候，儿童会很自豪地把自己的作品介绍给家长，家长看见儿童的作品也兴趣盎然。

组织儿童集体创作，不仅能激发幼儿对创作的热情，也能促进儿童想象力、创造力的进一步提升。因此，在泥工活动中，没有限制某个同学塑造某个东西，而是让全班同学分成几个小组，团队合作，一起商量构思，集体完成泥塑作品。

（4）合理评价，树立自信

合理评价，保护每个儿童学习的兴趣。在实践中，除了为儿童创设操作性强的环境，还需根据中重度智力障碍儿童发展水平的差异提供不同的操作、实践平台，并进行合理的评价。

首先，笔者认为不同的儿童需要在不同的时间得到不同的评价，而且泥塑创作不会在同一时间完成，对于不够自信的儿童，在他创作作品的过程中要抓住其中的闪光点不断给予肯定、鼓励，让他们从中获得成功和快乐。其次，鼓励先完成作品的儿童互相介绍自己的作品，或找出别人作品中值得学习的地方，然后在活动结束后的适当时候集中评价。在展示评价过程中，只要把儿童的作品放在视频展台上，让他们看到大屏幕上出现了自己的作品，他们心里就会特别高兴、特别自豪。而教师主要点评儿童有创意的表现，引导儿童在学习借鉴的基础上想象和创造，引导儿童观察创造性强的作品，并从一些不起眼的作品中发现优点，让儿童感受到进步的喜悦，促进中重度智力障碍儿童塑造技能的提高与表现水平的飞跃。

通过尝试，每位儿童对泥塑活动都有了新的认识。首先，儿童的兴趣提高了，他们不仅发现自己很能干，还能看到自己的作品在游戏中所起的作用，尤其是那些平时动手操作能力较差的儿童，明显地增强了自信心，以从未有

过的积极情绪投入活动中。其次，儿童动手操作的能力明显提高了。泥塑作品都会展示在大家面前，让同伴、教师及家长前来观赏，儿童之间、家长与儿童之间难免要进行一番评价，这就有效地鼓励和促进儿童努力去完成每一次作业，从而大大促进他们生活能力的快速提高。

在这一过程中，中重度智力障碍儿童既学习了与生活紧密相连的新知识，同时也锻炼了手部精细动作能力；儿童的造型能力、色彩感知能力很快得到提高，儿童能在短时间内体验到学习的快乐。通过日积月累，中重度智力障碍儿童的生活能力也得到了提升。

第三节　智力障碍儿童生活能力培养途径——课外

智力障碍儿童生活能力培养途径除了前面所介绍的专门课程、学科聚集外，还有许多课外培养途径，如寓于活动、环境熏陶、家校协同、校外支持等，都能起到很好的效果。

一、寓于活动：补充课堂，延伸教学

培智学校的课外活动是指在课堂教学之外对智力障碍儿童实施的有目的、有计划、有组织的多样化教育活动。它是整个教育体系中的一个重要组成部分，是有效完成教育教学任务必不可少的重要途径，具有课堂教学所不能替代的独特作用。智力障碍儿童以直观、形象思维为主，视野狭窄，生活经验极为贫乏，故开展丰富多彩的课外活动对于培养智力障碍儿童生活能力尤为重要。它不仅可以巩固和延伸教学，培养儿童实践运用能力，还可以开发潜能、补偿缺陷，让每一个智力障碍儿童的生活能力得到应有的发展。

（一）课外活动拓展了课堂教学的内容

培智学校除了正常进行课堂教学外，还会在校内开展丰富多彩的课外活动。如依据儿童的个性、兴趣、特长等，开设折叠餐巾、编丝网花、烹饪、种植等一系列特色性的课外活动。这些活动不仅锻炼了儿童的协调能力，开

发了儿童的潜能，丰富了儿童的校园生活，还使儿童人人有“特长”，让每一个中重度智力障碍儿童的能力得到最大限度的发展。

此外，学校针对智力障碍儿童学习知识时不易接受、遗忘快，且不愿意主动进行训练的特点，每月设置比赛项目，如系鞋带、穿衣服、整理床铺、厨艺等，进行生活技能掌握情况的验收竞赛。儿童为了取得好名次，就会自觉地反复进行强化练习。通过比赛增强了儿童的荣誉感，而验收合格也使他们尝到了成功的喜悦。每学期结束，还可以进行生活技能大赛，让儿童参加竞赛，并评出优秀奖。这些验收竞赛，极大地提高了儿童自我强化训练的意识，通过不断地进行反复训练，儿童的能力得到了巩固和提高。

作为教师，也可以在竞赛过程中通过横向和纵向的比较，观察记录儿童的表现，了解哪个儿童哪些方面较弱，哪个项目需要补课，从而开展有针对性的教育训练，进一步提高教学效果。

（二）课外活动有利于在真实情境中学习生活技能

智力障碍儿童思维不够灵活，迁移能力弱，他们面临的最明显的困难就是课堂上学到的知识与技能不会迁移运用，这就意味着他们还没有全部接受和掌握所学的知识和技能。根据特殊教育相关理论，对于中重度智力障碍儿童而言，教学情境和氛围与现在或者将来实际的环境越相似，则其教学越有效。这就需要教师把智力障碍儿童带到真实自然的情境中，让其亲自尝试去解决实际生活中遇到的问题。例如，在教授校本教材《劳动与生活》四年级上册中的课文《过马路》时，教师带领儿童走上街头，看行人、车辆怎么走，观察十字路口的红绿灯是怎样控制行人、车辆的；在观察的同时，让儿童学会过马路，学会躲避其他车辆，了解交警如何指挥交通，理解并学会交警常用的几个手势，帮助交警在路上做好协管员，体验交警工作的辛苦，从而做到自觉遵守交通规则，并在社会上宣传交通法规，宣扬珍爱生命的观念。

大自然是人类赖以生存的基础。走进大自然，和大自然进行亲密接触，不仅可以让儿童感受大自然的无限魅力，还能锻炼他们的实际生活能力。在课外活动中，教师可以和智力障碍儿童一起走到田间、地头，投入大自然的

怀抱。例如，带领高年级的儿童深入农户家庭，了解本地农作物的种植、收割及加工等过程；带领中年级的儿童跟农村老奶奶学习掰玉米；带领低年级的儿童摘豆荚、剥豆子。这些活动不仅锻炼了儿童的生活技能，还使儿童切身感受到每一粒粮食的珍贵，并自觉养成节约粮食、不糟蹋一粒米的好习惯。

此外，还可以通过开垦、翻地，把学校的空地开辟成“开心农场”种植园，让高年级的每个班都有一块“自留地”。在教师的带领下，在不同的季节，儿童在“自家地”里种不同的植物，如夏天种上黄瓜、茄子、四季豆等。师生每天悉心管理照顾，如松土、杀虫、锄草等。等到收获的时候，每个班都拿出丰收的果实来分享，每个儿童的脸上都洋溢着欢快的笑容和成功的喜悦。中低年级每个班级的走廊里都开设了“种植角”，供儿童种植各类植物。让儿童每天观察植物的生长过程，认真记录。教师也经常指导儿童为自己的小苗浇水、晒太阳等。小苗在儿童的细心呵护下渐渐长高，儿童从中体验到成长的快乐、劳动的艰辛和收获的喜悦。这样的种植活动不仅开阔了儿童的视野，还锻炼了他们的动手能力和生活能力。

（三）课外活动提升了儿童的生活适应能力

特殊教育的最终目的是适应社会发展的需要，从社会的实际需要出发，培养智力障碍儿童成为有用的人，使其最终回归并服务社会，实现自己的价值。这就要求培智学校利用好现有的社会资源，让智力障碍儿童多与社会接触，鼓励和组织他们参加各种社会活动。这样既能使他们形成积极的生活态度，积累一定的社会经验，还能为儿童获得成功打下基础。例如，学校在植树节时组织儿童参与植树活动，绿化环境；在“爱护我们的地球”活动中，组织儿童进行扫马路、捡垃圾之类的简单劳动。在民间组织义工联合会的大力支持下，一群可爱可敬、具有无私奉献精神的爱心人士每个月来到学校带领儿童一起走出校门，走进商场、菜场、派出所、邮局、银行等社区场所，大大增加了智力障碍儿童在社区出现的频率和体验社区生活的机会，激发了儿童热爱生活的情感，提高了儿童的社会适应能力。另外，学校还联络了一些工厂、饭店、超市，每学期轮流安排一次见习活动，带领高年级的智力障碍儿童了解和学习职业技能，为智力障碍儿童将来成为自食其力的劳动者做好准备。

通过此类课外活动，中重度智力障碍儿童锻炼了对知识的综合运用能力，提高了学习效率，获得了生活经验与能力，为他们将来更好地适应生活、适应社会，更好地融入社会打下了坚实的基础。

二、环境熏陶：刺激感官，感染习得

联合国教科文组织指出，21 世纪教育的使命是帮助儿童学会做人、学会生活、学会学习、学会共处。生活技能是一个人适应社会生活最基本的能力。从某种意义上讲，它是适应一切的基础，对于智力障碍儿童来说，学会生活显得更为重要，这也是智力障碍儿童适应社会生活所必需的条件。学会生活自理、提高生活适应能力，应该成为特殊教育学校教育教学的重中之重。智力障碍儿童由于能力有限，他们的学习持续性较短，记忆力较差，应用能力较低，学习的动机较少出于自发，抽象思维欠缺，领悟力和理解力较弱，学习转移能力不足，不能灵活运用所学的知识和技能。这些特点决定了智力障碍儿童的生活能力并不能在短时间内获得，将有一个艰难且漫长的学习过程。因此，应该利用身边的资源，为智力障碍儿童创设能够激发其兴趣、培养其劳动意识和参与劳动的习惯、乐于生活自理的学习生活环境。

教育家陶行知说过："一草一木皆关情。"环境的教育力量是无穷的，人创造环境，同样环境也塑造人。生态学家巴克经过大量实证研究指出："人总是通过调节自己的行为来适应环境，而环境为人的行为方式提供了线索，但还应提出，人不仅能适应环境，还可以改变环境，创造有利于自身发展的环境，而良好的环境又会给人以积极的影响，如此形成人和环境之间不断提升的作用。"环境对人的影响是无时无处不在的，应该力求"让每一面墙壁都说话，让每一个角落都有生活"。在平时教育教学中，应根据智力障碍儿童的身心发展规律，充分挖掘各科教学教学内容中有关生活技能的因素，密切联系智力障碍儿童的生活经验，尝试通过教室、宿舍、食堂等区域的环境布置，培养儿童基本的生活和劳动能力，让儿童在平时的学习生活中学习现

在和未来生活所必需的基本知识和基本技能，为儿童将来融入社会、适应社会、奉献社会打下良好的基础。笔者在实践中发现，环境对儿童的教育是“润物细无声”的，大部分智力障碍儿童在良好的学习环境中都可以学会基本的生活技能，劳动能力也可以得到长足的发展。

（一）教室环境的布置可培养儿童参与劳动的意识

教室是儿童在校学习期间最重要的活动场所，教室环境的布置能让儿童在潜移默化中受到教育和熏陶。学校的教室环境布置坚持“简洁、节俭、适合、有效”的原则，结合学校特点，显示出与智力障碍儿童的特点和学校特色相结合的风格，让儿童时刻都有学习的资源，激活儿童的思维，陶冶儿童的情操，让儿童的劳动生活能力和社会适应能力在轻松、活泼的环境中发展。兴趣是最好的教师，这在儿童劳动与生活能力的培养中同样适用。一盆花、一块展板、一个标志、一期黑板报、一面墙，用心选择儿童感兴趣的内容，设计成儿童喜闻乐见的形式，灵活展示儿童的学习过程和学习成果，都可以为激发儿童学习兴趣、展示学习风采、巩固学习成果、拓展知识面提供“窗口”。

黑板报是班级环境建设的主阵地，在美化班级环境、进行品德教育、培养儿童能力等方面起着十分重要的作用。在平时工作中，教师可以根据儿童生活能力培养的阶段性目标和劳动与生活课程教学内容，结合时事、季节、健康教育、安全教育等，围绕提高儿童生活适应能力这一主线不定期地更换黑板报内容，如开设“知识天地”“安全伴我行”“灵巧的小手”“五彩的花”“我快乐，我成长”“讲卫生”“劳动最光荣”等栏目，介绍班级儿童学习过程中的点滴进步和成绩，让儿童每时每刻都能感受到学习和劳动的快乐。同时，在教室前方黑板的右上角设置“本周重点训练内容”，时刻提醒儿童认真学习本周的生活技能训练内容，每周一个重点，如擦黑板、扫地、擦桌子、洗袜子、做简单饭菜等，并对每一个儿童的掌握情况进行跟踪。

让每一块墙壁成为会说话的教师。在教室墙壁上，运用绚丽夺目的色彩合理布局，采用活泼大方的形式设计多种栏目。例如，“我学会了”栏目将儿童学习的内容和成果展现在墙上，在学习“春夏秋冬”时，将各个季节具有代表性的景色、花卉等以图片的形式布置在墙上；学习常见农作物时，将常见的农作物图片布置到墙上，便于儿童认识，在巩固知识的同时激发儿童的学习兴趣。“我能做、我会做”栏目将儿童生活技能学习成果的图片展示出来，调动儿童的学习积极性，让儿童感受到成功的喜悦。“我最棒”“表扬栏”栏目将儿童学习过程中的操作步骤拍下来放到墙上，让基础弱的儿童可以随时巩固学习，同时也将儿童在学习中的互助活动展现出来，鼓励儿童在学习过程中互相帮助。“班级值日表”栏目张贴每天值日的儿童的照片，提醒儿童做好值日工作，同时每天对值日同学进行表扬鼓励，调动儿童劳动的积极性，促进基本劳动技能的掌握。

在走廊设置绿化角，培养儿童的爱心、耐心和责任心。让儿童亲自动手，尝试将生活中的废弃物做成花盆、鱼缸等，并亲手栽些常见的花草和农作物，养一些小鱼、小蝌蚪，观察它们的变化。绿化角平时的管理都分配给儿童来做，既调动了儿童参与劳动的积极性，促进了儿童自主学习能力的提高，又培养了儿童的动手能力、耐心、爱心和责任心。

（二）宿舍环境的布置有助于提高儿童的自理能力

生活自理，简单地说就是自我服务，自己照顾自己，它是一个人应该具备的最基本的生活技能。自理能力对智力障碍儿童来说是十分重要的，儿童的自理能力对其在校学习和将来步入社会都有重要的影响。事实上，智力障碍儿童由于先天或后天的因素，大脑受到了损伤，身心发展出现了障碍，许多家长感到自己亏欠了儿童，便用加倍的爱来偿还，为儿童包办一切，不要求他们做任何事情，最后造成的结果便是儿童严重缺乏自理能力，更糟的是儿童渐渐也将父母包办视为理所当然。

杜威说：“想要改变一个人，必先改变他的环境，环境改变了，他就被改变了。”环境具有潜移默化的影响作用。儿童宿舍是儿童生活的重要场所，也是儿童生活自理能力提高的重要依托。自理能力就是独立料理自己生活的能力，它是通过自我服务性劳动来进行培养的。因此，可以在宿舍环境布置

中注意让每一间宿舍的墙壁都有内容，帮助儿童学习基本生活技能。将有关的教学资源、儿童实践操作流程和儿童生活技能训练成果加以整理，激发儿童的劳动兴趣，培养儿童树立正确的劳动观，端正儿童积极参加劳动的态度，促进生活自理能力训练效果的提高。

培养儿童的生活自理能力需要持之以恒。教师可以教育学生：尽量不给家人和教师添麻烦，一定要提高自己的生活自理能力，做到自己能做的事情自己做，为自己将来步入社会、适应社会做好准备。例如，在宿舍张贴“穿脱衣服”“叠被子”“洗漱用品摆放”等的流程图，同时安排生活教师每天指导儿童训练，儿童参照流程图日复一日地练习，有的儿童要反复练习大半个学期才能正确掌握基本操作。在盥洗室张贴“洗手”“洗脸”“刷牙”“洗衣服”等的流程图，帮助儿童了解这些基本技能的操作步骤，遇到不清楚的动作可以及时练习加以巩固，让儿童在做中学，在学中做。儿童掌握了基本要领后往往过一段时间又遗忘了，这时就可以通过图片及时进行复习。经过生活教师的认真指导和儿童的反复训练，争取让所有寄宿儿童都能够掌握穿脱衣服、洗脸、刷牙、叠被等生活自理技能。

（三）食堂环境的布置可促进儿童劳动能力的发展

苏霍姆林斯基指出：“只有创造一个教育人的环境，教育才能收到预期的效果。”儿童食堂是儿童生活的重要场所，是培养儿童良好行为习惯的重要阵地，是培养儿童生活能力不可或缺的重要组成部分。学校在食堂的餐厅立柱、墙壁、楼梯楼道两侧、洗碗池等位置张贴一些基本生活技能的流程图，让儿童在自理生活过程中遇到问题时，能及时按照流程完成相应活动，让儿童在生活中学习、获得技能。

例如，在食堂立柱上悬挂以文明礼貌、勤俭节约、安全卫生、健康饮食等为主要内容的图片、标语，对儿童进行劳动教育和节约教育，进行正面影响教育，教给儿童适应社会所必需的珍惜粮食、尊重劳动、爱护环境等文明习惯，帮助儿童树立正确的劳动观。在食堂墙壁、楼梯楼道两侧张贴“扫地”“拖地”“擦桌子”等的流程图，帮助儿童时刻学习基本生活技能。在食堂洗碗池旁的醒目位置张贴"洗碗步骤"等图片，帮助儿童学习洗碗等基本生活技能。食堂的烹饪室是儿童学习做简单饭菜的重要场所，室内墙壁布置"煮饭""炒菜""煮鱼""烧肉""烧汤"的流程图，帮助儿童学习煮饭、炒菜。有赖于这些时时处处的提醒与帮助，大部分儿童都掌握了扫地、拖地、擦桌子、做简单饭菜等生活技能，不仅如此，很多儿童还养成了节约粮食、尊重他人劳动的良好习惯。

特殊教育学校的特殊之处，除了儿童特殊之外，校园环境的布置也应有其特殊之处，切不可忽视环境布置这一内容。特殊教育学校教师可以在环境布置上多动脑、多思考、多研究、多实践，为智力障碍儿童学习基本生活技能、培养参与劳动意识、提高生活自理能力、发展劳动能力营造良好的教育环境，真正做到以景育人、以境教人。

三、家校协同：加强沟通，家校合力

苏霍姆林斯基说过："家庭是儿童的第一所学校，父母是儿童的第一任教师。"由此可见，在儿童的成长过程中，家庭教育发挥着重要的作用，对于特殊儿童来说更是如此。如今，特殊教育学校招收的智力障碍儿童基本上是以中重度智力障碍为主，通过对这些智力障碍儿童家庭情况的了解，可以发现在儿童的家长中普遍存在着以下三种不同的育儿观念：第一种类型是溺爱型，一些家长认为儿童出生后出现这样或那样的障碍，本来就很不幸了，所以要处处保护他，不能让他受苦受累，事事包办，导致儿童饭来张口，衣来伸手；第二种类型是放弃型，有部分家长认为儿童是不正常的，什么都学不会，于是就放任不管，任其自生自灭；第三种类型是有心无力型，这部分家长也想将儿童培养好，但是没有好的教育方法，不知道该怎样教育儿童，急功近利，恨不得儿童一下子就能学会很多的东西，结果导致儿童什么都学不会。家长的不同心态直接影响了他们教育智力障碍儿童的理念，特殊教育工作者必须帮助家长树立正确的儿童教育观，传授有效的教育方法。那么家长如何在家庭教育中培养智力障碍儿童的生活能力呢？通过近几年的工作，笔者认为可以从以下几个方面进行。

（一）端正家长的教育观念

儿童是家庭的希望。如果教育得当，智力障碍儿童同样能够拥有美好的明天。如何做好智力障碍儿童的家庭教育，使儿童得到良好的康复和发展，是每一位家长期望解决的问题。随着经济、文化、教育、科技的发展，以及人口素质的不断提高，这一问题也越来越受到社会和每一个家庭的关注。家庭是儿童最初的生活环境，是儿童最重要的成长摇篮。儿童的社会交往活动，最先从与父母的交往开始，而且他们与父母交往的频率最高，他们的第一任教师就是家长。由于各种原因，智力障碍儿童较健全儿童更需要父母的主动帮助和教育。然而，由于家长不正确的教育观念、对家庭教育知识的缺乏以及教育方法的偏差等原因，家庭教育往往走入了误区，给智力障碍儿童的身心发展带来了很大阻碍。

要端正智力障碍儿童家长的教育观念，先要让家长明确认识智力障碍儿童教育的特殊性。智力障碍儿童的终极教育目标是让其学会生存，适应社会生活。补偿缺陷是手段，为适应社会服务；适应社会生活，才是最终目标。通过教育和训练，要为智力障碍儿童成为适应生活、自食其力的社会主义公民打下基础。由于智力障碍儿童的特殊性，对他们进行教育的艰巨性、复杂性、多变性，家长要有足够的理性认识和充分的思想准备。对他们的教育要求应适当，要着眼于鼓励他们树立强大的自信心，相较于教给他们某种技能，这对他们今后的发展更加有用；要着眼于培养他们适应性生活技能，为回归社会服务。

同时，要树立对智力障碍儿童教育的信心。尽管智力障碍儿童学习掌握知识技能要比健全儿童付出多得多的时间和精力，但他们仍然存在着很大潜力，应树立坚定的教育信心。古往今来，像孙膑、司马迁、海伦·凯勒（Helen Keller）、爱迪生（Thomas Edison）、张海迪等，都是身残志坚的榜样。只要受到良好的教育和训练，残障儿童也能成长、成才、成功。家长要树立起“千年铁树能开花”“鸡窝里能飞出金凤凰”的坚强信念，只要肯下功夫，花大力气，有的放矢地进行教育训练，就一定能让智力障碍儿童学有所得、学有所获。

（二）教给家长有效的训练方法

1. 训练内容贴近儿童特点

在实践中，笔者发现大部分的健全儿童到了五六岁时，已经能够掌握最基本的生活技能了，基本上能做到自己的事情自己做。而中重度智力障碍儿童由于思维能力低下、运动能力不协调等原因，很多在入学后还不能做到生活自理。一些家长比较着急，恨不得一下子就让儿童学会所有日常生活自理技能，一会儿让儿童学习穿衣服，一会儿让儿童学习自己吃饭，完全不考虑儿童是否已经具备自己穿衣、吃饭所需要的能力。其结果就是儿童什么都学不会，还让儿童产生了消极态度。

那么家长在家庭教育中该如何选择适合儿童的生活技能进行训练呢？首先，要对儿童的残障程度进行综合评定，看看他们的智力水平、粗大动作能力、精细动作能力和身体协调能力能否达到进行生活技能训练的要求。如要进行吃饭训练，就要看儿童的手指握力、手腕的灵活性、手臂朝向中线的能力和手眼协调能力能否达到要求。其次，根据儿童的生理、心理特点选择与之相适应的生活技能进行训练。训练的内容也要由易到难、循序渐进。比如，在进行穿鞋训练时，先让儿童练习穿拖鞋，再穿布鞋，逐步训练到穿带扣子的鞋，以及系鞋带的鞋。

2. 言传身教

良好的家庭教育对儿童的成长有着不可估量的作用。家长与儿童接触的时间最长，儿童受家长的影响最大。儿童从出生起就生活在家长的身边，到了上学后，儿童每天也只有几个小时在学校，其余时间基本上是和家长生活在一起。不论是有心还是无意，家长的一言一行、一举一动都被儿童看在眼里、记在心里，儿童也一直在向家长学习仿效，这就是家长的言行对儿童起的潜移默化的作用。

中重度智力障碍儿童虽然智能低下，但仍具备和正常儿童同样的特点，就是模仿性强、可塑性大。长期和儿童生活在一起的家长是儿童模仿的直接对象。因此，在家庭中，父母要注重对儿童言传身教。一方面，家长可以通过语言，告诉儿童应该怎么做；另一方面，家长也可以直接通过自己的行为，

潜移默化地对儿童施加影响，让儿童主动地去接收信息、去学习、去感悟。

3. 任务分解

智力障碍儿童由于生理心理的缺陷，往往思维迟钝、注意力不集中、学习困难，他们在任何稍复杂的生活技能的学习和掌握上都会遇到许多困难。为了便于学习、理解和训练，家长应该采用“分步综合训练法”，即把一项学习任务分解成几个环节和步骤，再把各环节、步骤综合起来进行训练，形成统一的整体。而且在训练中重度智力障碍儿童生活技能时，可以将训练顺序倒置。例如，在训练儿童穿带扣子的鞋子这一生活技能时，可采用小步子多循环的方法，先训练儿童扣扣子，然后再教儿童拔鞋后跟，最后教儿童将脚伸入鞋内。在训练过程中注意由易到难，由帮到扶，最后到独立操作。安排的内容应是他们力所能及的，不论是传授生活技能，还是让儿童制作什么东西，都不要急于求成，要让儿童反复练习，螺旋上升，使每一次重复都能达到新的要求。不断地反复训练，使儿童较牢固地掌握基本知识和技能，并提供尽可能多的成功机会，激发其学习、实践的兴趣，增强自信心，形成良好的个性心理。

4. 激发兴趣

兴趣是儿童最好的老师。对于中重度智力障碍儿童来说更是如此，他们的思维迟钝，注意力易分散，不能集中精力做好一件事情。如果家长在训练儿童学习一项生活技能时，总是让他们重复去做某一个动作，他们很快就会不耐烦，而且容易产生抵触情绪，就更不愿意再去学了。因此，在训练儿童掌握生活技能时，应该通过多种途径来激发儿童的学习兴趣，让他们愿意学、主动学。可以用生动有趣的儿歌激起幼儿学习生活技能的兴趣和愿望。比如，在训练儿童穿裤子时，可以将“穿裤子”编成儿歌：撑开大口袋，一只小脚钻山洞，另一只小脚钻山洞，裤子往上提，盖上小肚皮。此外，还可以通过游戏的形式激发儿童的学习兴趣，如训练儿童吃饭时，可以进行“给小动物喂食”的游戏：用硬纸板剪成各种可爱的动物（如小猫、小狗等）头部形象贴在鞋盒上，并把嘴巴部位挖空，让儿童先舀黄豆、小麦等“食物”给小动物喂食，再进行自己吃饭的练习。很多中重度智力障碍儿童喜欢看动画片，教师就可以通过看动画片的形式让儿童跟着学，比如引导儿童观看动画《巧虎》，让儿童跟着巧虎一起学，这样他们就在看动画片的过程中学会了生活技能。

（三）做好家校沟通，同步教育，提升训练成效

《中国教育改革和发展纲要》中提出："全社会都要关心和保护青少年的健康成长，形成社会教育、家庭教育同学校教育密切配合的局面。"事实也是如此，儿童的成长仅靠家长的力量是不够的，把责任全部推给学校，效果也不会好，不考虑社会因素，关起门来教学也是不行的。只有家庭、学校、社会配合起来，互相补充，形成合力，才有利于儿童的教育与发展，这也是教育和康复中重度智力障碍儿童的重要途径。

及时有效地做好家校沟通，有利于家长和教师共同讨论制订儿童的生活技能训练计划。通过家长与教师的密切联系，可以使家长和教师全面地了解儿童在学校和家庭的情况，全面了解儿童所处的环境和在学校、家庭受到的教育，全面了解过去在教育儿童时获得的经验、存在的问题和教训，并在此基础上制订出切实可行的学校教育和家庭教育计划，有利于提高教师和家长的教育水平，提高教育质量，促进儿童的最优化发展。

家校同步教育，提升训练成效。教师应向家长传授科学的教育方法，帮助家长克服教育中的盲目性，有针对性地对儿童进行教育训练。家长应多方面支持配合学校工作，儿童生活技能的训练更多的是要在家反复练习，家长要尽心尽力支持学校，与学校密切配合，共同完成对儿童的生活技能训练目标。家长和学校教师对儿童实施同步教育，将大大提升儿童生活技能的训练成效。

家庭教育关系着中重度智力障碍儿童的成长和发展，关系着儿童的未来和一生。陪伴儿童成长最重要的人物就是他们的父母，父母的教育态度决定了儿童的发展方向，父母的教育方法决定了儿童的成长高度。家长在训练儿童的生活技能时要做到"五心"，即要树立对儿童一生负责的责任心，指导儿童学习生活技能要耐心，培养儿童的生活技能要细心，配合教师教育儿童

要有恒心，时刻不忘帮助儿童树立信心。

四、校外支持：结队帮扶，适应社会

社区是具有某种互动关系和共同文化维系力的人类群体及其活动区域。一般来说，农村社区就是指自然村或行政村；城镇社区常指住宅小区，或指居民委员会，如家庭、学校、商场、居委会都属于社区。

随着社会的发展，智力障碍儿童逐渐走出家门，进入社区，参与社区生活。这是智力障碍儿童自身发展的需要，是衡量其生活质量的重要指标，也是构建和谐社会的需要。社区生活能力的高低直接决定智力障碍儿童的社会参与度，因此培养和提高社区生活能力显得越发重要和迫切。

（一）智力障碍儿童社区生活能力的内涵

社区生活能力就是个体在社区中生活所需要的能力。美国学者认为，社区生活能力是指个体在身体与心理上适应社区生活，进行社会交往，参与社区文体、休闲和经济生活等活动，最终融入社区的能力。我国学者认为，社区生活能力通常指人在社区独立生活所需的行动、使用交通、采购、就餐、休闲等能力。总而言之，智力障碍儿童的社区生活能力主要指其进行社会交往和使用社区的能力。

智力障碍儿童的社会交往能力是指他们与个体或群体交往的能力，包括认识社区环境，适应社区环境，利用社区资源、设施、单位服务于自身生活的能力。此外，社会技能还包括结交朋友、表达情感、团体适应、求助助人。

对于智力障碍儿童来说，他们生活的范围不广且相对固定，所生活的社区的环境、资源，以及社区中单位及设施不尽相同。因此，在教学中，社区生活能力的培养要针对智力障碍儿童自身特点，以满足其适应基本社区生活必需能力为基础，强调基础性和必需性。

（二）智力障碍儿童社区生活能力影响因素

通过对培智学校智力障碍儿童社会生活能力的调查发现，智力障碍儿童在社会生活能力方面整体水平薄弱，适应环境的能力低，在安全、社交人际、环境适应、特殊行为四个方面能独立完成的分别为 30 %、25 %、28 %、23 %，均不足 1/3。

结合调查和查阅相关文献，笔者认为影响智力障碍儿童社区生活能力的因素主要有自身、家庭、学校和社会几个方面。

1. 智力障碍儿童自身因素

（1）智力障碍

美国智力与发展性障碍协会提出：“智力障碍是指智力功能和适应行为都明显受限而表现出来的一种障碍。适应性行为表现为概念性、社会性及应用性技能；智力障碍出现在 18 岁以前。”我国把“智力显著低于一般人水平，并伴有适应行为障碍”界定为“智力残疾”。从定义上可以看出，智力和适应性行为障碍是智力障碍的两个核心特征。智力障碍影响儿童认知、语言、运动、情感、自我决定等各方面的发展，智力障碍儿童在这些方面均落后于正常儿童，成为影响其社区生活能力的主要因素。

（2）生活自理能力差

智力障碍儿童生活自理能力一般弱于健全儿童。研究认为，学前期轻度智力障碍儿童行为与正常儿童差别不大；中度智力障碍儿童只能从某些生活自理能力训练中获益，需要中等程度的监护；重度智力障碍儿童一般来说不能从生活自理训练中受益，交流能力极差。智力障碍儿童生活自理能力随着障碍程度的加深而下降，一定数量的儿童甚至完全不能自理，很难参与到社区生活中去。因此，智力障碍儿童生活自理能力状况直接影响社区生活能力的发展。

（3）伴随障碍

在中重度智力障碍儿童中，有些伴随着肢体障碍、情绪障碍、孤独症倾向等症状，这些症状尚未达到一定的标准，但事实上影响着他们参与社区生活，限制其社区生活能力的发展。

2. 家庭因素

（1）家长认识不到位

有家长认为学习文化知识重于生活能力，羞于带智力障碍儿童到社区活动；也有家长溺爱儿童，认为自己欠儿童的，事事代劳，不给儿童学习和成

长的机会；甚至还有家长认为教育是学校的事，与自己无关。这些都限制了智力障碍儿童的生活范围，使得他们缺少实践的机会。

（2）受教育水平低

某校的中重度智力障碍儿童家长受教育程度调查显示，这些儿童父母受教育水平都比较低，初中及以下学历的父亲占 58.1 %，母亲高达 80.7 %。还有极少数的家长本身存在一定的智力障碍或其他障碍。知识水平影响家长的继续教育和教养方法，他们一般不会主动地学习和了解特殊教育方法，也不能正确指导儿童提高社区生活能力。

（3）生活压力大

家长给中重度智力障碍儿童治疗康复，前期已花费大量的人力和资金，此类家庭一般有两个儿童，供两个儿童学习生活，承担着比一般家庭更大的经济压力。受传统世俗观念的影响，家长容易产生心理负担。经济和心理的双重压力让家长忙于生计，只顾着思考为儿童以后的生活提供经济保障。

3. 学校因素

（1）学校保障缺失

出于安全等因素的考虑，目前教学一般只是在学校进行，很少有机会将儿童带入社区中进行教学。学校缺少社区仿真教学资源，虽建构了模拟场所，但无法提供儿童学习所需的所有场所和机构。教学评估缺乏依据，随意性大，总在“标准”和“个别化”中摇摆。

（2）教师认识模糊

有人认为智力障碍儿童居家生活都不能自理，谈何发展社区生活能力；也有人认为智力障碍儿童生活能够自理后，社区生活能力自然水到渠成。

（3）缺少同伴支持

智力障碍儿童同学多不在一个社区，且他们一般不愿主动与同伴交往。普通学校儿童由于学习时间安排、态度等因素影响，更是不愿与智力障碍儿童交往，帮助其发展社区生活能力。因而，智力障碍儿童很难得到同伴的支持，难以在活动和游戏中提高生活能力。

4. 社会因素

（1）政策层面难保证

很多城市将重度智力障碍儿童纳入最低生活保障，客观上提高了重度智力障碍儿童的生活质量。但目前政策仅限于在经济上对重度智力障碍儿童的帮助，缺乏参与社区生活的支持保障措施。

（2）公众认识

部分社区居民对智力障碍儿童存在偏见和歧视，在物质和经济上能给予一定的帮助，但在教育训练儿童社区生活能力上社会参与度不高，并存在一定程度上排斥智力障碍儿童的情况。

（3）社区康复服务少

我国提出的残疾人“人人享有康复服务”的目标正逐步实现，但目前社区康复机构少，质量低，康复和服务很难到位。通过接受康复训练，让智力障碍儿童参与社区生活，融入社区生活，还有很长的路要走。

（三）智力障碍儿童社区生活能力培养策略

1. 评估

没有评估就没有教学。教学都是以评估开始，也以评估结束。因此，首先要评估智力障碍儿童的当前能力，进而确定社区生活的教学目标和学习内容。居家生活自理能力是儿童从居家生活到社区生活的前提和保障，一个智力障碍儿童如没有一定的生活自理能力，就难以走进社区，融入社区。

（1）科学评估

整合相关适应行为量表，从中整理出社会交往和使用社区的评估内容，对智力障碍儿童的社区能力进行真实科学的评估。

（2）过程评估

过程评估贯穿教学始终，跨越多个时间点。进行过程评估时，教学与评估相结合，关注智力障碍儿童现状，了解其是否掌握所学的社区生活知识和技能，如儿童掌握，可进行下一内容的教学；如儿童未掌握，则调整教学计划，可使用同伴教学等方式支持协助教学，直至完成任务。

（3）评估衔接

在进行某一内容的教学后，要及时做好评估以进行下一内容的学习：一是通过观察、问答、展示等方式评估儿童的掌握情况；二是通过家长、亲友、邻居等熟悉者间接了解儿童社区生活能力；三是通过其他接触者，如使用公共交通工具一项，教师可联系驾驶员、售票员或同行者，通过表格检测儿童使用交通工具的能力。

2. 课堂教学

（1）教学特征

研究认为，智力障碍儿童，尤其是较重度智力障碍儿童的教育计划，通常包括三个特征：系统教学、使用真实材料在真实情境中进行教学、功能性行为评估和积极行为干预与支持。对于培养智力障碍儿童社区生活能力的课堂教学也是如此。

（2）教学模式及手段

智力障碍儿童社区生活的教学可采用“情境导入—任务分析—模拟操作—实践强化—考核评估”的模式，教师可采用生活中的小故事引入教学主题，或播放真实的社区情境，揭示教学内容；通过图示、简洁的文字说明加上图画说明，让儿童知晓在某一社区活动中所要掌握的技能和步骤，然后让儿童在创设的情境中进行展演、强化，如儿童未能掌握某一知识点，教师再加上适当的提示，最后通过作业单进行教学评估。

针对智力障碍儿童的特点，进行功能性行为评估和积极行为干预与支持，采用行为矫正技术正向训练儿童的社区生活能力。

（3）主题情境教学

教师将每一个阶段的教学主题在教室中加以呈现，可与生活语文、生活数学等学科紧密联系；便于家长进行辅助教学，教师在一个主题教学结束后要通过家校联系手册与家长联系，强化教学内容。

智力障碍儿童所学的知识和形成的能力要运用到真实情境中，做到“教学做三合一”。“将教学移到社区中进行”这种教学模式需要的支持保障措施多，难以大范围移植，难以在日常教学中推广。多数学校在校园内创设模拟、仿真情境进行教学，再由家长带到社区中补充辅助教学，有些内容可由教师和助教（志愿者）带到真实情境中实践。例如，教师利用学校的模拟超市开展“购物”教学，然后带儿童到社区中的超市进行实践。由于农村与城镇超市或商店在布局、收银方式上等有所不同，教师很难将每个儿童带到他们生活的社区实践，最终还是需要在家长的帮助下迁移和强化。

3. 家庭教育

（1）发挥家长积极的教育作用

对于家长而言，除了养育智力障碍儿童，还必须承担教育的责任。学校开展家长学校，让家长了解智力障碍儿童的身心特点和教育方法，教师通过家长联系单等形式反馈当日教学内容，提高教学效果。

（2）制订个别化家庭训练计划，动员家长带儿童参加社区活动

由于每个儿童生活的社区不同，有城镇，有农村，所处的区环境各不相同。教师和家长应共同分析儿童的社区生活能力，制订合适的家庭个别训练计划，并与学校的个别化教学计划相互补充、相互促进。

（3）建立网络，互相帮助，共同提高

教师通过帮助建立班级 QQ 群、微信群等方式，方便家长间及时交流儿童教育训练心得，互相支持，教师同时提供心理和技术支持，促进中重度儿童社区生活能力的提高。

4. 社会支持

（1）建立支持保障体系

智力障碍儿童参与社区生活需要建立起支持保障体系，由家长、邻居、亲友、志愿者和社区工作者等构建支持力量，协助儿童参与社区生活。

（2）利用社区资源

一是要利用好已有的社区资源；二是要调整环境，增加标志，以便于智力障碍儿童认识、适应社区。例如，在“购物”教学中，儿童要知道附近商场在何处，商场附近有何明显标志，要让他们熟记这些标志，这样他们才能出得去、进得来，过着有质量的社区生活，最终才能融入社区。

（3）营造包容接纳的社区环境

要通过宣传教育，让社区居民包容接纳智力障碍儿童，知道如何给他们提供帮助；当发现他们一个人在社区时，要关注询问，进行指导，了解他所要做的事，让他知道家在何处，或要寻找的处所；发现异常及时与家长联系，避免意外的发生。正常儿童在休闲和游戏活动中要接纳智力障碍儿童，与其进行互动，促进智力障碍儿童社会交往能力和社区生活能力的提高。同时，通过教育训练，提高智力障碍儿童的情绪控制能力，使其养成良好的行为习惯，这样有利于社区居民接纳他们。

提高智力障碍儿童社区生活能力，是让其平等地融入社区的必由之路。学校要加强与家庭、社区的沟通与联系，通过真实科学的评估，创设仿真模拟情境，挖掘社区资源，并将教育教学延伸到社区中。家庭及社区要给予学校人力、资源支持，三者形成合力，通过专业的作业治疗等技术支持及制度保证，进行积极行为干预，最终促进智力障碍儿童现在及将来不断适应社区生活，提高生活质量，保障智力障碍儿童享受作为一个社会公民应有的权利。

第四章　智力障碍儿童生活能力培养策略

中重度智力障碍儿童智力明显低下，其认知、情感、沟通、自我服务、社会适应能力明显落后，除此之外，他们往往还伴有言语障碍、肢体障碍等多重障碍。个体之间的差异性也很大，在生活能力培养的过程中需要特别讲究方法和策略。这里所讲的策略就是在教育、教学、训练过程中，教师为实现特定的目标，完成教育、教学、训练任务，依据主客观条件，特别是中重度智力障碍儿童的实际，而采取的方法与技巧。它是对所选用的教学顺序、教学活动程序、教学组织形式、教学方法和教学媒体等的总体考虑。

下面主要介绍笔者在教学实践中采取的一些有效的教学策略，如科学进行学科统整、灵活创设教学环境、合理运用信息技术、精准实施个别计划、强化社区认知训练等。

第一节　科学进行学科统整

《培智学校义务教育课程设置实验方案》要求，培智学校的教育教学要从“以学科知识的学习为主”转变为“以生活为核心”，培养出能适应社会生活的合格公民。随着特殊教育的发展，在校智力障碍儿童的障碍程度和类型发生了变化，中重度智力障碍儿童在班级和学校中所占的比例越来越高。如何密切联系中重度智力障碍儿童的生活，挖掘各科教学内容中生活技能的因素，将中重度智力障碍儿童生活能力的培养融入各项教学活动中，成为每个从事特殊教育的教师必须思考和研究的问题。为此，笔者在学科统整和主题教学方面进行了一些探索。

一、进行学科统整

杜威将教育的本质归纳为三句话：“教育即生长”“教育即生活”“教

育即经验的持续不断地改造”。在杜威看来，一切事物的存在都离不开与环境的相互作用，人不能脱离环境，学校也不能脱离眼前的生活。学校应该将现有的生活情境作为其教学的主要内容，而不是依靠教科书。“教育即生活”虽然不能全部反映教育的真正本质，但它有利于教育与生活结合起来，对于进行中重度智力障碍儿童生活能力的培养来说，具有启迪和指导意义。儿童是起点，课程是终点，两者之间的连接线就是儿童生活。怎样做才能使所学习的各项科目对中重度智力障碍儿童生活本身来说有价值？怎样做才能使教学建立在中重度智力障碍儿童的生活经验之上，并有机地相互联系？怎样做才能适当满足每个中重度智力障碍儿童的生活能力需要？怎样做才能使中重度智力障碍儿童的学校、家庭和社区的生活密切联系？这就需要将现行的课程进行统整。

学科统整，就是根据儿童的需要，把不同学科、不同领域的知识、技能或经验统整为同一主题活动的课程设计方法。例如，在教学实践中发现，对于中重度智力障碍儿童来说生活适应课与劳动技能不应完全分开，于是笔者将两者整合成一门综合课程——“劳动与生活”。这样设置对中重度智力障碍儿童生活更有价值，也更能让中重度智力障碍儿童的学校生活和家庭社区生活密切联系。

二、设计主题教学

主题教学是课程统整中的一种具体形式。它是根据儿童学习的特殊需要，以主题为中轴，整合不同学习（学科）领域的知识和技能展开教学的一种策略或方式。这种教学方式更有利于中重度智力障碍儿童生活技能的习得。以“洗碗”主题教学单元为例，在“劳动与生活”的“洗碗”课上学习和练习洗碗的步骤和动作技能；在“生活语文”的“学洗碗”课上学习字、词、句，理解句子的先后顺序；在“生活数学”课上学习数量及解决问题的简单策略；在“唱游与律动”课上学习歌曲《洗碗》，学会演唱歌曲，表现歌曲。中重度智力障碍儿童生活能力的培养将受益于这些跨领域或学科的学习，跨学科教学中所学到的技能和相关的概念在不同情境中获得不断强化。因为对于中

重度智力障碍儿童来说，技能的功能性就是生活化，每一项生活技能的习得都需要时间反复练习，需要基于生活经验，还需要融于自然情境，要跟生活联系在一起。

设计主题教学，培养中重度智力障碍儿童生活能力，要先确定好主题目标，根据中重度智力障碍儿童生活技能学习的需要选择主题教学的类型。

（一）主题目标的确定

必须先评估中重度智力障碍儿童生活能力的发展水平和学习特点，尤其是他们的功能性表现水平及其最需要发展的具有最高优先权的技能，以便制订个别化教育计划和具体的教学计划。

1. 进行生态评估

生态评估是一种通过观察与评估，对儿童在家庭、学校及社区等环境中表现出来的各种能力进行分析，以利于设计教学目标与教学内容的过程。生态评估的目的是教导个体适当的社会性行为，协助个体社会化。生态评估以儿童为中心，强调对儿童与其周围环境互动关系的了解，通过观察、记录、晤谈等方法及正式或非正式的测量工具，收集儿童在环境中的发展情况，并进行生态分析，在此基础上确定主题目标、设计教学内容和实施教学。生态评估为教师设计教学方案提供了参照，能使教师真正从儿童已有的生活经验和知识出发，结合实际的生活情境和条件，引导中重度智力障碍儿童去体验、去实践，帮助他们慢慢获得提高和发展。

2. 发展优先技能

优先技能是指在评估的众多技能项目中对于儿童或其家庭来说相对重要的、有优先发展意义的技能。中重度智力障碍儿童受到的功能限制多，在同一时段、同一领域中会同时存有许多需要学习的技能，这就需要在对中重度智力障碍儿童进行生态评估时，将技能按照中重度智力障碍儿童在生活中运用的优先级别进行排列，运用“功能性技能评估量表”评估中重度智力障碍儿童今后进入成人生活时有无必须获得的、关键性的生活技能，评估他们拥有技能的类别和程度，以及需要促进改善的情况。例如，在“生活领域”里的“个人照料”子领域中的“穿衣”这一项，需要掌握5个技能，分为三级，第一级包括两个技能（脱衣、穿简单的衣服），第二级包括两个技能（扣纽扣、穿佩饰物），第三级包括一个技能（选择合适的服饰），而其中优先级最高的就是第一级技能中的两个技能。

需掌握的5个技能有：①脱衣（比如解拉链、纽扣、搭扣或使用辅助纽扣）；②穿简单的衣服（比如内衣、衬衫、宽松长裤、长裙、短裙、鞋）；③扣衣服（比如拉拉链，扣纽扣、搭扣或使用辅助纽扣）；④穿佩饰物（比如腰带、领带、袜裤）；⑤选择合适的服饰（比如干净的、整洁的、适合天气/活动的衣服）。

（二）主题教学设计类型

1. 领域式主题教学设计

领域式主题教学设计是以某一学科技能领域为主题进行的单项活动的整合教学设计。以主题教学“乘车”为例，在“生活语文”课上学习认识车站名；在“生活数学”课上学习用钱币购买车票；在“劳动与生活”课上学习乘公交车的技能。在领域式主题教学的整合设计中，不是不要学科分类，而是以其中的功能性学科劳动与生活为主，将各项功能性技能生活化。这种根据中重度智力障碍儿童的水平与需要以及教师本人的经验进行的再开发的课程内容，特别重视各学科知识、技能的整合，要求遵循这样的原则：根据目标，区别有度；小组教学，分清差异；把握主次，有所取舍。

2. 单元式主题教学设计

单元式主题教学设计是指围绕主题内容，设计一组连续又相对独立的教学活动，从而形成一组单元。单元式主题教学一般具有两个或以上时空的活动分割，可以重复一周以上，但又是整体单元活动的一部分。以“种植胡椒苗”（劳动与生活）单元式主题教学为例。胡椒苗是当地常见的植物，生长速度快，开花结果周期短，既易于向儿童解释植物如何吸收水分和营养，以供自身生长的，又便于让儿童了解植物生长的全过程。另外，胡椒苗对环境的要求低，易于栽培，成活率高。这一主题教学可分解为以下活动。

活动 1：种植胡椒苗。

活动 2：给胡椒苗浇水。

活动 3：测量胡椒苗的生长高度。

活动 4：胡椒苗生长高度的比较。

活动 5：观察胡椒苗的花。

活动 6：摘胡椒，观察胡椒。

活动 7：制作胡椒的生长图。

（三）需要注意的问题

在中重度智力障碍儿童生活能力的培养中，进行主题教学时要注意以下问题：①慎选主题，考虑全面；②建立预知结构环境；③教学与年龄相适应；④主题之中也有主题；⑤切莫为整合而整合。

对于中重度障碍儿童来说，他们更需要把所学的知识与自身的生活和社会实践相联系，做到学以致用、独立生活。因此，注重把知识、经验与生活相联系，强调课程内容的整合性，是满足中重度智力障碍儿童生活能力培养需要的必然要求。密切联系中重度智力障碍儿童的生活，根据儿童的需要，把不同学科、不同领域的知识、技能或经验统整为同一主题活动的课程设计，这样的设置对中重度智力障碍儿童生活更有价值，也更能让中重度智力障碍儿童的生活能力得到发展和提高。

第二节　灵活创设教学环境

著名教育家陈鹤琴先生提出：“凡是儿童自己能做的，应当让他自己做。”“让儿童学会生存”，要求必须从小培养儿童的生存能力，而生活自理能力又是一个人应该具备的最基本的生存技能。中重度智力障碍儿童面对的是一个充满挑战的时代，对于他们来说，生活自理能力的形成，有助于培养其责任感、自信心以及自己处理问题的能力，对中重度智力障碍儿童今后的生活也会产生深远的影响。

中重度智力障碍儿童由于大脑受损、智力低下，常常遭受冷遇、讥笑、讽刺、挖苦，久而久之，他们容易产生自卑心理，在生活中缺乏勇气，不敢与人交往，不敢去尝试。因此，在教学中教师要采用灵活多样的教学方法让他们去实现自身的价值和体验成功，补偿其缺陷，开发其潜能。经过劳动与生活教学实践研究，笔者认为，在劳动与生活课中实施情境教学，是实现有效教学的重要方式之一。所谓情境教学，是指在教学过程中，教师有目的地引入或创设具有一定情绪色彩的、以形象为主体的生动具体的场景，以引起儿童一定的态度体验，从而帮助儿童理解教材，并使儿童的心理机能得到发展的教学方法。下面笔者将结合教学实践，谈谈在劳动与生活课中实施情境教学的方法。

一、精设真实的生活情境，促进智力障碍儿童积极参与学习

中外教育名家的经验给予我们的启示是：教育要通过生活才能发出力量而成为真正的教育。因此，在教学中要加强教学与社会生活的融合，使生活融入教学，使教学走进生活，使儿童学会生活。这就需要在教学中围绕教学目标，创设贴近儿童生活实际的真实情境。

在真实的情境中教学，能产生亲切感，使儿童有身临其境的体验，能激发儿童探究问题的潜能。比如“认识厨具”一课，教师带着儿童走出教室，进入烹饪室，在烹饪室中有课前准备好的上课所需的厨具，智力障碍儿童进入烹饪室后会被自己感兴趣的厨具吸引，这会让教学达到事半功倍的效果。在家庭生活中家长往往拒绝儿童进入厨房，只希望智力障碍儿童好好做着不要添乱，这样儿童往往不能接触到厨房里的东西。在学校的烹饪室中儿童离开了教室，没有了课堂的束缚感，更愿意去认识厨具，也比较容易达成教学目标。

在真实的情境中教学，能激发儿童的好奇心，提高学习动机和学习兴趣。比如“认识超市”一课，智力障碍儿童跟着教师的步伐来到学校的模拟超市，让智力障碍儿童看高年级的儿童怎样模拟购物。这样“一石激起千层浪”，智力障碍儿童很快就会进入角色，积极观察，他们的想法绝对会让人大吃一

惊。智力障碍儿童观察后，结合平时逛超市的经验，能了解超市的构成以及大概的购物方式。这比单纯地传授知识更能激发智力障碍儿童的兴趣，促进智力障碍儿童主动参与，同时也使儿童形成将科学知识应用于生活、应用于实践的意识。

在真实的情境中教学，智力障碍儿童能够有机会将自己的学习成果进行迁移，更好地解决生活和生产中的问题，如最平常的刷牙。智力障碍儿童在生活中每天早晨起床后都要刷牙，教师可以让智力障碍儿童展现自己刷牙的过程，然后教师再适当地进行提醒，哪里做得不好就纠正哪里，让其在处理具体问题时学习刷牙的本领，这样就可以少走弯路。回到家庭生活后，潜移默化之间形成对刷牙本领知识的迁移，纠正自己错误的刷牙方式。

可见，在课堂上精心创设真实的生活情境，能让儿童感到亲切、自然、真实、可信，更容易唤醒智力障碍儿童对过去美好时光的追忆和对未来的憧憬，激发出智力障碍儿童心里的社会责任感和道德要求，启迪智力障碍儿童对问题的自发质疑和求知欲，使整个课堂到处是思想的碰撞、心灵的交融和彼此的理解与接受，让儿童在真实的生活中学会生存和发展，过健康而有意义的生活。

二、巧设游戏活动情境，指引智力障碍儿童主动体验生活

学习过程也是一种认识过程，认识的一般规律是由感性认识上升到理性认识，由具体到抽象。劳动与生活课的教学内容既不像小说里那样有趣、吸引人，也不像影视剧那样具有生动的直观性和形象性，对欠缺抽象思维能力的中重度智力障碍儿童来说，理解这些教学内容是有困难的。

劳动与生活课堂中有很多认知方面的内容，要让儿童学得好，关键在于使他们乐意学，使他们感到成功、进步的快乐，也使他们从学习的内部获得学习的动力。传统的被动式学习方式严重压制了儿童学习的积极性。儿童体会不到学习的乐趣，课堂学习沉闷、机械，儿童有较大的负担和压抑，缺乏自主性、参与性和愉快感，课堂学习效率较低。

随着新课程的深入实施，笔者越来越深刻地感受到，将智力障碍儿童置

身于游戏活动情境当中学习，不仅丰富了教师的教学方式与儿童的学习方式，而且对于激发智力障碍儿童的学习主动性，促进智力障碍儿童理解、内化知识，发展思维，提高智力障碍儿童的综合素质等都是颇有成效的。玩乐是儿童的天性，在教学中，教师总是根据智力障碍儿童的心理特点、认知规律和已有的知识经验，设计丰富、合理的游戏活动情境，既有助于儿童体力、智力、交际能力的发展，又有利于激发儿童的学习兴趣。以游戏为基本活动，寓教育于各项活动之中，在玩中学，学中玩。如通过“给娃娃扣纽扣”“喂娃娃吃饭”“给娃娃洗脸”等角色游戏来巩固智力障碍儿童的生活自理能力；运用琅琅上口的儿歌，介绍穿衣的方法，如穿套头衫儿歌“钻进小山洞（下摆），钻出小山洞（领口）”，穿开襟衫儿歌“先抓领子，再盖房子，伸出袖子，再扣扣子，理好领子”；等等。智力障碍儿童边念边操作，不知不觉中就熟悉了穿衣的技能技巧。

乔治·波利亚（George Polya）说：“学习任何知识的最佳途径是由自己去发现，因为这种发现理解最深刻，也最容易掌握其中的内在规律、性质和联系。”在教学中，教师要根据不同的教学内容，恰当地创设探索性的游戏活动情境，使智力障碍儿童感悟到知识的存在，并激发其挑战的欲望，使智力障碍儿童积极、主动地投入学习、探索的活动中，让智力障碍儿童在实践中去感受知识。

三、妙设问题情境，引导智力障碍儿童自主探究

巴尔扎克说过：“打开一切科学大门的钥匙都毫无疑义的是问号，开发儿童的潜能，必须鼓励儿童从质疑开始。”儿童有了疑问才会去进一步思考问题，才能有所发现，有所创造。在劳动与生活课教学中，创设一定的问题情境，鼓励智力障碍儿童通过活动自主质疑，发现问题，并且大胆发问。这样智力障碍儿童就可以由过去的机械接受向自主探究发展，有利于其创造力的发展。

所谓“问题情境”，是指教师根据教学内容和教学需要，创设以问题为核心因素的教学情境，把儿童置于研究新的未知的问题气氛当中，使儿童在

提出问题、思考问题、解决问题的动态过程中发现新问题、学习新知识、获得新体验。在问题情境中，以问题为主导，问题的提出和解决要为培养儿童能力服务；以情境为补充，情境为问题服务，起着烘托情感、铺垫知识和激发学习兴趣的作用。问题情境不同于简单的发问，而是通过情境的烘托，使问题的提出能与智力障碍儿童的情感有效结合，并且符合儿童的认知规律和心理状态，使儿童愿意克服思维障碍，主动寻求解决问题的方法，不断把思维引向更深层次，有效避免“卡壳”现象，从而改善课堂教学效果。

儿童是学习的主体，教师在课堂教学中，要做到精心设问、巧于提问，尽量让儿童多思，使其“入境”。以“不跟陌生人走”一课为例，首先可以设置情境表演环节：陌生人接触了三个儿童，三个儿童做法不同。然后，观看情境表演后引导智力障碍儿童自主探究：你觉得哪个儿童做的是对的，为什么？让智力障碍儿童展开小组讨论交流，教师趁势进行引导。如此教学，一下子把儿童带到了新奇的情境之中，便于儿童理解掌握，从而实现较好的教学效果。

教学实践证明，适时创设问题情境，能够促使儿童综合自己已有的知识经验，自觉寻找问题、发现问题、分析解决问题，从而在头脑中形成新的暂时神经联系，组成新的认识系统，促进认识的新发展。

总之，教学有法，教无定法。在劳动与生活课的教学中，创设情境的方式方法是多种多样的，然而并非越多越好。教师应根据智力障碍儿童的实际情况、教材的不同内容及教师自身的具体情况与条件灵活运用，创设出适合儿童而又富有感情的教学情境，在做中教，让智力障碍儿童在做中学，培养智力障碍儿童的生活自理能力、简单家务劳动能力、自我保护能力，激发他们爱自己、爱家庭、爱生活的热情，使之尽可能成为独立的人。

第三节　合理运用信息技术

智力障碍儿童思维发展慢，有意注意时间短，记忆慢且遗忘快。这些特点决定了他们学习新的知识很困难。信息技术在教学过程中的合理运用，为他们的学习和发展提供了有效的支持。在教学中，教师充分合理地运用现代信息技术，有利于提升教学水平，提高教学的有效性。

一、运用信息技术，激发学习兴趣，提高教学有效性

信息技术可以使教学更直观、生动、形象，使教学内容更丰富、教学容量更大。在生活语文课堂教学中，教师运用音频、图片、视频等制成多媒体课件，展示意趣横生的人物，创设生动形象的情境，可以有效地吸引儿童的注意力。例如，在教儿童“雨”“雾”等字时，利用课件为儿童展示“雨”“雾”景象。在课上，儿童思维活跃，表现出色。在教学鸡、鸭、鹅、猫、狗等各种动物名称的生字时，制作多媒体课件，让各种动物“活”起来，并让儿童找出这些字的共同特点（表示同类动物名称的字有相同的部首）。看着一个个可爱的小动物，儿童的注意力被吸引过来了，语言能力发展较好的儿童直喊着“鸡、鸭、鹅……”，语言障碍的儿童也能认真模仿着教师的口型，努力呼唤眼前这群活蹦乱跳的动物。可见，信息技术的合理运用，激发了智力障碍儿童的学习兴趣，提高了教学效果。

二、运用信息技术，突破教学难点，提高教学有效性

教学中信息技术的合理运用是教师突破教学难点的有效手段。由于智力障碍儿童思维发展缓慢，理解能力差，他们对知识的理解存在很大的困难。在教学过程中，一些难点用传统的教学方式难以让儿童深刻理解。信息技术的合理运用，能较容易地突破难点，使儿童对难以理解的词语、句子等都有较好的理解。例如，在教学“滑滑梯、坐电动飞机、跳蹦床”时，教师利用多媒体动画（设计、制作了滑滑梯、坐电动飞机、跳蹦床的整个过程）为儿

童提供了生动、活泼、具体的情境，帮助儿童分清“滑”“坐”“跳”这三个动作，准确理解了词语的意思。整个教学过程文图并举，降低了儿童学习的难度，让儿童在轻松、愉快的氛围中学到知识。这样的演示比教师生硬地讲解、反复地强调有用得多。多媒体课件的运用有效地降低了教学难度，便于儿童理解和掌握，提高了教学的有效性。

三、运用信息技术，突出教学重点，提高教学有效性

教学的重点是指学科或教材内容中最基本、最重要的知识和技能。信息技术在教学中的合理运用能够突出教学的重点，有助于儿童高效地掌握知识点，提高教学效果。例如，在课文教学中要学习用句式“……有……，有……，还有……”仿写句子，教师根据儿童的生活实践制作课件，为儿童提供大量熟悉的素材。当儿童正为再多造几个句子发愁时，便立刻将一幅描绘商店的图片通过投影仪展示在大屏幕上，学生看着图上琳琅满目的商品，会情不自禁地喊出它们的名称，一个个新的句子就悄然“诞生”了。接着，教师将描绘动物园情景的图片展示在大家面前，又一个个句子脱口而出。信息技术的合理运用使儿童在熟悉的生活情境中学习知识，突出了教学重点，取得了很好的教学效果。

四、运用信息技术，培养儿童思维，提高教学有效性

信息技术的运用可以给儿童展示千姿百态的世间万物，使儿童观察到平时不易看到的事物。信息技术的运用，使教师可以有的放矢地进行思维训练，培养智力障碍儿童的思维能力，发展智力障碍儿童的智力水平，提高教学的有效性。在教学中，要注重把握儿童的思维导向，在儿童的学习过程的转折之处运用信息技术手段恰当地予以及时点拨、提示，使儿童思维少走弯路，提高思维训练的有效性，促进儿童思维的发展。例如，在教学“红绿灯”一课时，利用多媒体引导儿童观察红绿灯前路人有序通过十字路口的情景，儿童通过观察初步懂得红绿灯的作用以及怎样看红绿灯过马路。教学不仅仅要指导智力障碍儿童学习生活知识，更重要的是教给儿童学习的方法，引导儿

童学会通过自己的观察去思考、去学习和掌握生活知识。

信息技术是学科教学的辅助性教学手段，教师在进行学科教学时应科学、合理地运用信息技术，使其与学科教学有机融合，更好地促进教与学的结合，大力提高教学效果，帮助智力障碍儿童得到发展。

第四节　精准实施个别计划

智力障碍儿童教育是特殊教育中较为复杂、难度较大的教育。由于智力障碍儿童间的发展差异较大，普通教育的班级授课制以及特殊教育中的分层教学远远不能满足中重度智力障碍儿童的教育需要。我国现在的智力障碍儿童教育模式以学科教学为主。对中重度智力障碍儿童而言，现在的教育内容、教育方法非常不适应他们的发展。为了更好地开展智力障碍儿童的教育教学工作，必须对智力障碍儿童进行个别化教学，即根据《培智学校义务教育课程设置实验方案》要求和智力障碍儿童的不同情况，量体裁衣，制订切合不同儿童实际的个别化教学方案，采用不同的教学资源、不同的教学方法和不同的评价体系进行教学，提高智力障碍教育教学的有效性，从而促使智力障碍儿童得到最大限度的发展。

一、以儿童为本，合理选用、使用教材

2007 年，中华人民共和国教育部出台了《培智学校义务教育课程设置实验方案》。2016 年，《培智学校义务教育课程标准》正式颁布，统一了培智教材，取代了在此之前许多学校编写的生活语文、生活数学、生活适应等教材。由于智力障碍儿童个体差异很大，发展不平衡，这些教材难以适用于所有智力障碍儿童，因此选用教材内容要适应不同程度的儿童，教学时教师应采用分组教学、个别化教学方式，对不同的儿童提出不同的教学要求，也便于不同组的儿童家长课后指导。另外，教材仅仅是一个方面，教师还应根据班级和儿童的实际情况，依据《培智学校义务教育课程标准》的精神，适当地选用、改编现有教材，合理地删减与增加教学内容。一切以儿童为本，考虑儿童的

生活学习需要，在教材的选用中注意系统性、实用性和有效性。可以这样说，教师对教材的选用，特别是再加工的重要性，远远大于教材本身。

二、推进个别化教育，提高教学效率

学校应全面推进个别化教育，为每个智力残疾儿童制订和实施个别化教育计划；应将课堂教学与个别教育训练相结合，针对儿童的个体需要安排一定时间的个别训练，为有需要的儿童提供补充教学，满足不同儿童的发展需求。1994 年，在世界特殊教育大会上发表的《萨拉曼卡宣言》指出：“每一个儿童都有独一无二的特点、兴趣、能力和学习需要，教育体系的设计和教育方案的实施应充分考虑到这些特点与需要的广泛差异。”实施针对智力障碍儿童的个别化教学，使智力障碍儿童接受适合他们身心发展水平和特殊需要的教育，这不仅是智力障碍儿童本身的需要，也是社会发展的需要。

（一）研究儿童，制订个别化教育计划

个别化教育计划是指为单个儿童制订的教育计划，实施这种计划可以用典型的个别教学方式，也可以用集体教学中的个别辅导方式等。个别化教育计划及其实施是实现有效的因材施教即个别化教育的一种途径、方法或手段。制订个别化教育计划是实施个别化教育的基础，直接决定着个别化教育实施的效果，因此教师应重视个别化教育计划的制订。个别化教育计划应包括如下基本内容。

1. 儿童的基本状况

儿童的基本状况包括儿童自然情况（姓名、性别、年龄、家庭状况及联系方式）、生理状况（智商、特殊的疾病等）和发展状况（记忆、注意、思维、想象等能力情况），其中发展状况是对儿童最有价值的判断资料，是儿童基本情况中不可缺少的内容。

2. 儿童现有的知识水平

儿童现有的知识水平主要指制订个别化教育计划时儿童身心方面所达到的实际水平，尤其是在学科方面的能力及成就水平。

3. 长期教学目标和短期教学目标

长期目标是根据儿童实际情况而制定的本学期应该达到的目标。短期目标是根据长期目标而制定的儿童某一时期或学习某个单元要达到的目标。

4. 教育的计划、时间、形式和内容等

表 9 由班主任填写，每个儿童一份；表 10 由各科任教师填写，每学科每个儿童各一份。教师应在对各儿童进行深入研究了解的基础上填写。

表 9　某市特殊教育学校个别化教育计划表（一）

<table>
<tr><td colspan="6">基本情况</td></tr>
<tr><td>姓名</td><td></td><td>性别</td><td></td><td>出生日期</td><td></td></tr>
<tr><td>残障类别</td><td></td><td>残障程度</td><td></td><td>特异体质</td><td></td></tr>
<tr><td>年级</td><td></td><td>班主任</td><td></td><td>填表时间</td><td></td></tr>
<tr><td colspan="6">现状分析</td></tr>
<tr><td>认知特点</td><td colspan="5"></td></tr>
<tr><td>非智力因素</td><td colspan="5"></td></tr>
<tr><td>优势智能</td><td colspan="5"></td></tr>
<tr><td>前期评估及发展建议</td><td colspan="5"></td></tr>
<tr><td>家长意见</td><td colspan="3"></td><td>考核小组意见</td><td></td></tr>
</table>

表 10　某市特殊教育学校个别化教育计划表（二）

<table>
<tr><td>儿童姓名</td><td></td><td>科目</td><td></td><td>任课教师</td><td colspan="2">起讫时间</td></tr>
<tr><td>前期评估及发展建议</td><td colspan="3"></td><td rowspan="2"></td><td colspan="2" rowspan="2"></td></tr>
<tr><td>长期目标</td><td colspan="3"></td></tr>
<tr><td>期末评估及意见</td><td colspan="3"></td><td colspan="3">考查人：
时　间：</td></tr>
<tr><td rowspan="2">起讫时间</td><td colspan="3" rowspan="2">短期目标</td><td colspan="3">完成情况</td></tr>
<tr><td>自评</td><td colspan="2">考核小组评估意见</td></tr>
<tr><td></td><td colspan="3"></td><td></td><td>考查人：
时　间：</td><td></td></tr>
<tr><td></td><td colspan="3"></td><td></td><td>考查人：
时　间：</td><td></td></tr>
</table>

（二）实施计划，提高个别化教育效果

1. 采取灵活多样的教学方法，提高教学效果

课堂是实施个别化教育计划的主要阵地，在课堂教学中实施个别化教学必须采取灵活多样的教学方法，如单元教学法、活动教学法、情境教学法、分类教学法等。

智力障碍儿童的教育，最终目的在于培养他们的生活适应能力，帮助他们走向自主自立。智力障碍儿童的单元教学法要求课程内容及形式以日常生活经验为核心，把生活环节分成不同的教学单元。单元的核心主题可按智力障碍儿童的兴趣、认知需要及年龄发展需要确定。例如，设置单元内容“我的卧室”，在教学中，教师引导儿童学习卧室、床、被子、台灯、衣柜等字词并认识这些物品，同时引导儿童掌握整理卧室、开窗通风等生活性的知识技能。

活动教学法的目的是提高智力障碍儿童的学习积极性，发挥他们的主动性，帮助他们理解知识，增强对学习内容的记忆。通过游戏的形式，让儿童在活动中学习，以增加教与学的愉快气氛，也可提高儿童个人的满足感，并建立自我概念和成就感，促进儿童情绪与社交等方面的发展。凭着有系统、有目的的活动，让智力障碍儿童直接吸收多重感官刺激，进而获得知识。例如，在学习“蔬菜”一课时，教师课前准备好白菜、萝卜、西红柿等，课堂教学中，通过摸一摸、尝一尝、说一说的互动形式，在眼、口、耳等感官的共同参与下，儿童获得了蔬菜的有关知识，知道这些常见的蔬菜是什么样子，它们的什么部位可以吃，取得了很好的教学效果。

情境教学法是利用自然情境或创设相似的情境对儿童进行教学。在儿童个别化教育计划的目标中大部分可以利用情境来教学。在实施中教师要预先列出每天或每周进行情境教学的时间和内容。情境教学又可分为自然情境和设计情境两种。自然情境是在生活中自然发生的情境；设计情境是在生活或环境中，特别设计的情境。

2. 课外个别辅导，提高个别化教育效果

课外实施个别化教育计划具有灵活性、针对性强的特点，更能体现个别化教育计划的特点，因此教学效果可能更好。在制订个别化教育计划时，有些短期目标在课堂上的训练时间较少，训练不到位，这时就可以根据需要利用课外时间，适当进行补充教学，以巩固课堂上未能达到预期效果的某项技能。

3. 家校结合，提高个别化教育效果

家庭中，父母是儿童的第一任教师，智力障碍儿童也不例外。智力障碍儿童感知缓慢、反应迟钝、接受能力低，学得慢，忘得快。因此，特殊教育中的家庭教育训练是很重要的。学校对培养、训练中重度智力障碍儿童的生活自理能力是相当重视的，像穿衣、刷牙、系鞋带等技能与日常生活是密切相关的，所以在家庭训练中，加强一些生活能力的巩固练习，非常有利于儿童熟练掌握所学技能，有助于提高他们的生活能力，使其能够快速适应社会生活。例如，在学习“煮饭”时，教师可以及时与家长取得联系，告诉家长儿童学习的内容，并指导家长在家庭中对儿童进行复习指导，逐步放手让儿童自己独立煮饭。经过在学校的学习及在家庭中的练习，大部分儿童都能独自煮出一锅香喷喷的米饭。

三、科学评估，促进儿童的有效发展

教学评价既是对前一个教学活动的价值判断，又是下一个教学活动的依据。学校对教学情况的评估既是对教学情况的了解，也是对教师之后教学活动的引导。教学评价应侧重于引导教师关注儿童个体发展，关注儿童生活技能、能力及习惯、情绪、态度的发展。个别化教育是一个动态的、渐进的、需要不断修正提升的过程，这就需要在实施的过程中进行经常性的评估，如单元评估、学期评估等，根据评估的结果及时修订目标和方案，以使个别化教育计划更加合理、更加科学。在笔者的个别化教育计划表中，短期目标、长期目标都设置了评价的环节。这种评价是教师自评与考核小组评价相结合的评价方式，是对每一名儿童逐一进行评价。考核小组成员有学校负责人、教导处人员、教师及家长代表。这样的评价是比较全面、客观且有积极作用的。在评价中，可以重点评价个别化教育计划是否能准确反映儿童的实际需

要；短期目标能否如期实现；教学策略和方法是否有效；儿童在发展进程中是否有新的情况出现以及应对措施；教师在执行个别化教育计划过程中有无困难和建议等。

个别化教育计划的评估是其实施过程中不可缺少的一部分，它无须与同级的儿童做相互比较。首先，让儿童展示、介绍自己的学习进度。其次，通过教师自评与考核小组的评价，教师能够正确认识个别化教育过程中存在的问题、取得的成绩，并对计划进行相应的调整，根据评估的结果不断修正个别化教育计划，使其不断完善，真正提高个别化教育的效果。例如，三年级“20以内的加法”这一单元学习结束之后，笔者进行了评估。卞同学能很熟练地掌握20以内的加法，而顾同学是在教师的指导之下通过数小棒的方式进行了计算。对照个别化教育计划，进一步了解儿童之后，教师认为，这一教学目标对于卞同学来说偏浅，而对于顾同学来说却偏高、偏深。三年级数学教师听取了考核小组的意见，对教学计划进行了适当的调整，儿童的学习效果得以明显优化。

对智力障碍儿童开展个别化教育是儿童获得符合其发展需要的教育的保证，是一个系统性的工程，需要学校的正确引导，还需要教师全身心地投入。只要教师开展好个别化教育工作，就一定能促进智力障碍儿童更好地发展。

第五节　强化社区认知训练

众所周知，智力障碍儿童的智力水平一般比同龄儿童低得多，发展迟缓且不平衡，并伴有各种行为方面的障碍。笔者比照韦氏智力量表对本校儿童进行测量，发现儿童的智商值基本为20～49。他们的显著特点是：智力低下，表达不清楚，不能与人正常交往，没有基本的生活自理能力，不能适应社会生活；注意力的广度狭窄，注意力不稳定、不集中；缺乏自信心，胆小，意志薄弱，不会关心他人。

在智力障碍儿童的学习生活中，社区、学校和家庭三位一体的整体教育非常重要。其中，学校教育一定要和家庭、社区联系起来，努力把实践活动放在真实的社区活动中来进行。本校根据《培智学校义务教育课程设置实验方案》，已经开设了生活语文、生活数学等课程。在教育教学方面，更注重对他们进行生活技能和社会适应的训练，通过多种方法和手段把最实用的知识和最基本的技能教给他们，从易到难，从简单到复杂，把书本知识、技能与真实生活联系起来，让他们能学以致用。因此，为使智力障碍儿童掌握一定的生活技能，并能与人正常交往，较好地适应现代社会生活，教师一方面要做好基本的知识传授，另一方面要通过模拟生活环境和真实环境来让儿童进行体验和练习，然后不断强化这些知识技能，以期补偿智力障碍儿童的身心缺陷，提高其适应能力。

为了提高儿童的社会适应能力，近年来任课教师开展了丰富多样的、适合智力障碍儿童的社区认知活动，如带儿童到商场超市购物、逛公园、看电影、参观博物馆、学习乘坐公交车等许多贴近生活、有实际操作意义的活动。通过强化社区认知活动，儿童在各个方面都比以前有了较大的进步，这是单靠学校传授知识难以达到的。笔者开展活动的步骤通常是：制订计划、评估、训练、模拟、实践、总结。在总结时，把结果放进成长记录袋，与家长进行交流，让他们了解儿童学会了什么，还有什么不会的，以便以后教学时进行查阅和参考。通过这些真实的社区认知活动，儿童的生活能力提高了，知识也得到了巩固。社区认知活动的益处具体体现在以下四个方面。

一、真实体验，获得认知快乐

由于社会的偏见和歧视，许多智力障碍儿童的家庭常常不愿意把他们带出去，也不愿意与其多交流，他们几乎没有机会接触外面的社会。他们仅有的认识大多是通过大人的谈话和电视上得来，但他们内心是非常渴望去认识和了解外界的。社区认知活动对智力障碍儿童非常有吸引力，儿童的积极性很高。他们在活动中得到了真实的生活体验，不但扩大和加深了他们对一些知识的认识和理解，而且发展了其动作和动手能力，增强了记忆力，激发了想象力。同时，他们的集体意识和团队合作意识也进一步增强，学会了友好相处和互相尊重，矫正了不良行为习惯。

二、巩固课堂知识，形成良好互促

智力障碍儿童的学习能力有很大局限，记忆力差，往往不会对知识进行迁移，很难举一反三。因此，所教知识一定要真实，要可以触摸，可以真实体验，要尽量通过实物、图片和视频来帮助他们理解与获得知识。例如，健全儿童因为有看过动物的经验，他们一看图片就能准确说出动物的名字和习性，但智力障碍儿童必须到公园或动物园参观，才能清楚地认识并进行表达。同时，真实的社会环境有着图片所没有的新奇、新鲜、内容丰富的特点，能激发儿童的好奇心，令儿童养成学会观察的好习惯。社区认知活动不但巩固了课堂知识，而且能与课堂教学相互促进。

三、试水参与社会，强化认知及生活技能

智力障碍儿童享有平等参与社会活动的权利。为帮助儿童真正参与社会生活，可以开展“超市购物”等活动。通过这类活动，他们可以了解商场特定人物（售货员、保安等）、物品（商品的种类、用途、价格等）和环境（如商场、洗手间标志等）等知识，认识钱币，掌握简单的购物方法和技巧。通过不断地练习和强化，智力障碍儿童的认知能力和社会生活技能能得到强化。

四、真实角色扮演，提高社会适应能力

为了让儿童体验真实的生活，笔者组织他们到快餐店真实用餐，进行真实角色扮演，让儿童做一个文明的用餐者。在去快餐店之前，教师教儿童一些点餐以及用餐的礼仪知识，鼓励儿童大胆地到柜台与服务员进行沟通、付款，并表达谢意。通过真实扮演，儿童学会了与正常人沟通，学会了表达自己的想法，儿童的社交能力、沟通能力等方面都取得了较大的进步。

总之，社区认知活动是培养智力障碍儿童适应社会生活、融入社会生活的重要途径，是学校、家庭教育的重要补充。社区认知活动的开展，能很快帮助儿童学会有效的生活知识，获得真实的生活体验，提高社会适应能力，让他们更快地融入正常的社会生活。

第五章　智力障碍儿童教育的教学原则

第一节　智力障碍儿童教育教学原则概述

一、教学原则

教学原则是根据教育目的和人们对教学规律的认识而提出的用以指导教学工作的基本要求。这些基本要求贯穿各项教学工作和教学过程。它既指教师的教，也指儿童的学。它反映了人们对教学活动本质性特点和内在规律性的认识，是教学工作有效进行的指导性原理和行为准则。在教学活动中正确和灵活运用教学原则，对提高教育教学质量和教学效率起着重要的保障作用。科学的教学原则在人们的教学活动的实践中灵活有效的运用，对教学活动的有效顺利开展，对提高教学活动的质量和效率都会有积极的作用。首先，它对于制订教学计划和教学大纲具有指导作用。因为教学计划和教学大纲是教育目的的进一步具体化，在这一具体化的过程中就要受到教学原则的指导。其次，教学原则对教学内容的选择和使用也具有较强的指导价值和实际意义。在具体的教学过程中应该选择和使用什么样的教学内容都要考虑教学原则所提出的一些具体要求。最后，教学原则对于教学方法的选择和各种教学组织形式的运用也具有指导意义。巴拉诺夫指出："教学论原则决定教学方法。选择教学方法和论证其效果有赖于作为这些方法基础的教学论原则。教学论原则体系，就是对学习和掌握教材的基本途径的总的说明。"

二、制定智力障碍儿童教育教学原则的依据

（一）依据对智力障碍儿童不断进行教育的实践过程

普通教育的教学原则是人们在长期不断的教学实践经验的基础上逐渐

总结和提炼出来的。在中国，公元前6世纪，孔子提出的“不愤不启，不悱不发”的教学思想和要求实际上就是在教学中通过观察得来的经验。在国外，17世纪捷克教育家J. A. 夸美纽斯（J. A. Komensky）在《大教学论》（1632）中提出了37条教学规律和原则；19世纪德国教育家A. 第斯多惠（A. Diesterweg）在《德国教师培养指南》（1834）中，总结了33条教学规律与教学规则，这些教学原则和规律实际上都是他们从实践经验出发得出来的，并且随着后天教学实践的不断发展而逐渐加以丰富和完善。也就是说，教学原则的制定本身就有一个发展的问题，它是一个由不完备到完备、由不太科学到科学的过程。而智力障碍儿童教育教学原则的制定同样经历了这样一个发展过程。在不同的历史发展时期，由于人们对智力障碍儿童的认识水平不一样，因此提出的教育训练的原则要求就有所不同。随着科学技术的不断发展，人们对智力障碍儿童认识水平的不断提高，以及教育训练的不断深入，人们会开始提出一些更加适合他们身心发展特点和规律的、更加科学有效的教学原则和要求，也就是说教学原则是具有一定的实践性和空间性的。

（二）依据对智力障碍儿童进行教育的目的

由于教学原则是为了更好地实现教育目的而制定的，是在教学中必须遵循的基本要求，因此教学原则的制定必须依据对智力障碍儿童进行教育的目的。对智力障碍儿童进行教育的目的就是补偿他们的身心发展缺陷，最大限度地使他们的身心获得发展，为使他们将来走向社会，能够达到或基本实现自食其力奠定基础。因此，在制定智力障碍儿童教育原则和要求时就要始终贯穿这一教育目的。

（三）依据对智力障碍儿童教学客观规律的反映

教学原则既是教学中应遵守的基本要求，同时是教学的客观规律的具体反映。人们对教学规律的认识不同，所提出的教学原则就不同。但只有在充分了解和认识智力障碍儿童身心发展特点和规律的基础上提出的教学原则才会更加科学和有效。任何脱离智力障碍儿童教育实际和教学规律的原则要求都将是没有任何理论指导和实践价值的。

对智力障碍儿童进行教育的特点为制定教学原则提供了理论依据。目前在智力障碍儿童教育方面的特点可突出地表现在以下几个方面：

第一，充分调动智力障碍儿童学习的积极性、主动性、自觉性和独立性，培养和发展他们的自信心、自尊心。

第二，重视对智力障碍儿童情感的培养，形成和发展他们的良好情感。

第三，充分考虑儿童的个别差异，最大限度地进行个别化教学。

第四，根据儿童身心发展特点采取灵活多样的教学手段和方法。

第五，教学内容的选择方面与正常儿童相比更加直观生动、具体形象，教师在教学内容的选择和确定方面具有较大自由度。

第六，将教学内容与游戏活动紧密结合，将学习寓于游戏之中。

第七，将智力开发和缺陷补偿紧密结合，注重智力和体力的协调发展。

第八，教学内容更具有现实性、针对性和应用价值。

第九，给智力障碍儿童提供尽可能多的和健全儿童一起活动的机会。

在后面将要学习的缺陷补偿原则、个别化原则、直观化原则、充分练习原则等都是对智力障碍儿童教育规律的最真实写照和反映，是要求在教育训练中必须遵循和实现的。

三、普通教育的教学原则和智力障碍儿童教育教学原则的关系

普通教育的教学原则反映的是教育的一般特点和规律。智力障碍儿童作为儿童的一个有机组成部分，他也有着和健全儿童相同的发展规律和特点，因此对智力障碍儿童的教育同样也要受这些教学原则的指导，即智力障碍儿童教育在某种程度上要遵循这些教学原则。但智力障碍儿童的特殊性又决定了对其进行教育的教学原则又不可避免地带有自己的特点，也就是说，普通教育的教学原则又不能完全代替智力障碍教育的教学原则。要想使智力障碍儿童的身心得到尽可能的发展，还必须制定适合他们身心发展特点和规律的教学原则。二者可以互为补充，是一般和特殊的关系，互不矛盾。

第二节　智力障碍儿童教育的教学原则

一、教学中应遵循的一般教学原则和要求

在具体对智力障碍儿童的教育训练过程中，国内外一些学者、专家结合自己的教学实践经验提出了一些切实可行的具体要求和做法，这对于智力障碍儿童的教学具有较强的指导意义。

（一）我国学者提出的教学原则和要求

1. 银春铭提出的 7 条教学原则

①科学性和思想性相结合的原则。②矫正儿童身心缺陷的原则。③自觉性和积极性相结合的原则。④针对儿童的不同特点区别对待的原则。⑤直观性原则。⑥以教师为主导的原则。⑦巩固性原则。

2. 王和等提出的 7 条教学原则

原杭州大学心理系王和等从智力障碍儿童教育的特殊性出发，提出了在教学中应遵循的以下 7 条原则：①激发智力障碍儿童学习的积极性。②因材施教。③热爱儿童，严格要求。④重视直观性教学。⑤强调小步子程序训练。⑥充分练习，不断巩固。⑦重视教育内容的基础性和系统性。

3. 许家成等提出的 9 条教学原则

许家成等结合智力障碍儿童的认知特点和性格特点提出了 9 条智力障碍儿童的教学原则。

（1）提供成功的机会和条件，让儿童获得成功

其目的是激发智力障碍儿童学习的主动性和积极性，逐步增强他们的自信心和学习的动机。

（2）提供反馈，使用正强化反应

其目的是让智力障碍儿童及时知道自己学习的结果，并对于正确的学习结果给予强化，使学习结果得以巩固加强。

（3）适当控制教学步骤和内容

要求课程教学要按步骤进行，在进行下一步学习之前要明确儿童已掌握前面学过的知识；转移的步子要限制在较小的尺度内；要限制在一节课里所学习的概念数量，不能让儿童一次识记过多的知识而造成对学习内容混淆；注意一种刺激只与一个反应相联系，避免同时用一种符号识记多种反应。

（4）提供变式，促进知识的正迁移

这要求在教学中，在各种情境和各种关系中讲解和练习同一概念和知识，以便较好地实现知识的迁移。

（5）使用过度识记，以达到知识技能的巩固

在学习一种材料时，在达到完全正确的再现或背诵后仍继续学习即过度学习，过度学习量以原学习量的 150 %为最佳。

（6）教材编排、课堂教学设计应具有吸引注意的特征

在教学中要为智力障碍儿童提供与学习内容相关的、具有吸引力的多种刺激，以集中稳定他们的注意力。

（7）采用个别化教学

要根据每个儿童的不同特点设计出适合每个儿童的个别化教育计划，并在教学中认真贯彻实施。

（8）提供最少限制的学习环境

保证智力障碍儿童有尽可能多的时间和机会与健全儿童接触，为将来走向社会创造条件。

（9）教师在组织教学活动中必须具有爱心、耐心和信心

要求教师要以极大的热忱和爱，以诲人不倦的耐心对待这些儿童，并配以科学的教育原则和方法使教育获得成功。

4. 台湾学者孙沛德提出的 3 条教学原则

台湾学者孙沛德根据智力障碍儿童身心发展特点和可能的学习能力提出了以下 3 条教学原则：①个别化原则。②统整的原则。强调教学要关注智力障碍儿童身心两方面的发展，要以全面发展为目标确定教学内容。③兴趣原则。强调教学要从智力障碍儿童的兴趣、需要和发展出发。

（二）国外学者提出的教学原则

1. 伊塔德（Itard）、谢根（Sequin）、蒙台梭利（Montessori）等提出的教学原则

①要满足智力障碍儿童在学习方面的特殊需要。②要从智力障碍儿童已有的学习水平和经验出发，为他们建立一个适当的、连续性的教育训练计划。③要根据智力障碍儿童的学习风格和特点提供一种以上的教学方法。④给智力障碍儿童安排合适的学习环境，让他们通过自然探索而学习。⑤给智力障碍儿童提供丰富的感官刺激。⑥对智力障碍儿童正确的学习结果要立即给予反馈。⑦对智力障碍儿童进行功能和技巧上的指导，要相信每个儿童都有极大的接受教育和训练的潜能。

2. 美国的柯克（Kirke）提出的 14 条教学原则

①让智力障碍儿童经历成功。②给智力障碍儿童提供反馈。③及时强化智力障碍儿童正确的反应。④找到智力障碍儿童的最高学习水平。⑤系统地对智力障碍儿童进行教学。⑥将学习的一个步骤向另一个步骤转移，变迁限制在最低限度，以促进学习。⑦促进智力障碍儿童知识的正迁移。⑧给智力障碍儿童提供足够的重复内容。⑨分散进行材料重复，不要在短时间内集中练习。⑩在初学阶段，要求智力障碍儿童只注意一种刺激，或提示只与该种反应相联系。⑪ 激发智力障碍儿童进一步努力的动机，调动他们学习的积极性。⑫在一节课中要限制给智力障碍儿童所讲授的概念的数量。⑬课文编排要有吸引智力障碍儿童注意力的提示。⑭给儿童提供成功的机会和条件。

二、智力障碍儿童教育的教学原则

对健全儿童进行教育的教学原则也同样适用于智力障碍儿童，要求教师在对智力障碍儿童进行教育训练时也必须遵守。除此之外，根据智力障碍儿童身心发展需要，在对他们进行教育训练时还常用到以下教学原则，即缺陷补偿原则、个别化原则、直观化原则、充分练习原则、积极创设情感情境原则和趣味性原则等。

（一）缺陷补偿原则

1. 什么是缺陷补偿原则

缺陷补偿原则是指在对智力障碍儿童进行教育教学的过程中，要最大限度地补偿智力障碍儿童的身心缺陷，使他们的身心机能两个方面得到协调一致的发展，又可称作身心机能协同发展原则。矫正和补偿智力障碍儿童的身心缺陷，这既是对智力障碍儿童进行教育的目的，也是使智力障碍儿童身心得到最大限度发展的根本途径，因此它是智力障碍儿童教育所遵循的首要原则。

智力障碍儿童在身心发展方面往往存在着或多或少的脱节现象，并且这种现象随着智力障碍程度的加重而不断加剧，即身心脱节程度与智力障碍的程度成正比。智力障碍儿童身体的发展要早于其心理的发展，他们生理发展的速度和水平要高于心理发展的速度和水平，尽管他们的生理年龄发展了，但他们的心理年龄仍停留在比健全儿童低的发展水平上，经过同样一个心理发展阶段，智力障碍儿童所用的时间要远远长于和多于正常儿童。如一个十几岁的轻度智力障碍儿童，在外观上虽然和同年龄健全儿童差不多，但他的心理发展水平却大大落后于同年龄健全儿童，可能仅仅相当于健全儿童的 7 ～ 8 岁水平。而一个十几岁的重度智力障碍儿童，他的心理发展水平可能仅仅相当于健全儿童的 3 ～ 4 岁水平。

智力障碍儿童不仅在心理发展方面迟缓落后，并且大都在行为方面与健全儿童相比也存在着明显的障碍和缺陷，如刻板行为、多动行为、退缩行为、攻击行为、自伤自残行为等，并且其生活自理能力和社会适应能力低下。因此，对智力障碍儿童进行教育的首要目的就是要最大限度地促使他们的身心机能获得协调一致发展，这也是将来他们走向社会、更好地适应社会生活所必须具备的条件。智力障碍儿童身心机能的发展和缺陷的矫正与补偿是一个相辅相成的有机过程，智力障碍儿童的身心机能得到协调发展了，那么他们的缺陷就能得到有效补偿和矫正；同时缺陷补偿的过程是促使他们身心机能协调发展的过程，缺陷补偿的好坏也直接影响他们身心机能的同步发展。

2. 实施缺陷补偿原则的基本要求

在教学过程中，教师在贯彻实施这条教学原则时应该做到以下几点。

（1）教师要树立正确的缺陷补偿观

要将缺陷补偿和学科教学内容有机结合，将缺陷补偿贯穿智力障碍儿童教育的始终。这就要求教师在教学过程中要高度重视对智力障碍儿童的缺陷补偿，把对智力障碍儿童的缺陷补偿与知识的学习和技能的掌握同等对待，并且智力障碍的程度越重，缺陷补偿就越重要，对于中度以上的智力障碍儿童来说，要以缺陷补偿和康复训练为主，科学文化知识的学习与掌握为辅。

各任课教师在教学中要密切结合学习内容，认真挖掘和开发对智力障碍儿童进行缺陷补偿的因素和内容，对他们进行有的放矢的补偿和训练，并将缺陷补偿贯穿各科教学的始终和整个智力障碍儿童教育的始终。如语文学科的教学，可补偿智力障碍儿童在言语表达能力、言语理解能力方面的缺陷，还可以通过写字练习，培养儿童小肌肉的运动能力及视动协调能力和具体形象思维能力；数学课的教学可补偿智力障碍儿童的抽象逻辑思维能力、空间想象能力和动手操作能力等；一些活动课如唱游与律动、绘画与手工、运动与保健等学科的教学可以补偿智力障碍儿童在身体运动能力方面的缺陷，发展他们身体的协调能力、平衡能力及增强肌肉的力量。

（2）教师要树立正确的智力障碍儿童发展观

教师要正确地看待智力障碍儿童的发展，既不要不切实际地过高估计他们的发展，对他们充满幻想，又不能过低估计智力障碍儿童的发展，认为他们什么也不行、一无是处，过分悲观失望。而正确的做法应该是既要看到他们的优点和长处，相信经过教育和训练，他们在文化知识的学习、生活自理能力的培养、劳动技能的训练，以及社会适应能力的发展等方面都能获得不同程度的发展；又要看到这种发展是有一定限度和局限的，不可能无限制地发展，也不可能达到和正常儿童一样的发展水平；同时，要想促进智力障碍儿童身心得到最大限度的发展，首先就要使教学走在智力障碍儿童的“最近发展区”内，使教学内容不要太难或太简单。太难，智力障碍儿童很难掌握学习内容，他们就无法得到发展；太简单，又不能满足他们身心发展需要，也无法达到促进他们身心发展的目的。教师在选择教学材料、内容时，要真正着眼于他们的发展，既要注意选择能促进他们知识技能发展的材料，又要

注意选择能促进他们身体机能发展的材料。

（3）教师要充分了解智力障碍儿童的缺陷，并借助特殊的手段矫正他们的缺陷

教师必须对智力障碍儿童的身心发展缺陷情况有充分了解，并且要明确对不同的缺陷应如何加以纠正和补偿。教师除借助一般的教学手段和方式尽可能矫正智力障碍儿童的缺陷外，对有些较为严重的缺陷的矫正还必须借助一些特殊的手段或活动才有可能完成。如开设专门的感知—肌能训练课、言语训练课、感觉统合训练课、劳动训练课，以及利用行为矫正的原理与技术等来进行。

（4）给智力障碍儿童提供尽可能多的实践机会

给智力障碍儿童提供尽可能多的、适合他们身心发展水平的实践活动，在实践活动中矫正他们肌体运动能力障碍，提高他们的社会适应能力。

（二）个别化原则

1. 什么是个别化原则

个别化原则是指在教育教学过程中，教师针对每个智力障碍儿童的兴趣、爱好、能力和需要等情况，为他们设计能够完成或达到的基本学习量，然后采取适合每个儿童自身特点的方法或手段进行教育训练，从而最大限度地促进儿童身心发展。

智力障碍儿童不但和正常儿童之间存在明显的个体差异，而且智力障碍儿童的个别差异也非常明显。这种差异既包括智力障碍儿童个体间的差异，也包括个体内的差异。

智力障碍儿童个体间的差异主要表现在以下几个方面：①智力障碍程度的差异，如轻度、中度、重度、极重度的差异等。②智力障碍形成原因的差异，如先天性、后天性智力障碍的差异；遗传性和文化家庭性因素导致的智力障碍的差异等。③智力障碍儿童神经活动类型的差异，如兴奋型和抑制型智力障碍儿童的差异等。④学习能力的差异，如有的儿童在语文学习方面成绩较好，能力较强；而有的儿童则喜欢唱歌或喜欢画画，在艺术方面表现出较高的天赋等。⑤需要、兴趣的差异，如有的儿童对吃特别感兴趣，特别喜欢吃，更多的是满足个体低级的、原始的生理需求，只要吃好喝好就行；有的儿童对某件玩具特别感兴趣，不管什么时候都将该玩具带在身边；还有的儿童特别希望得到别人的拥抱或喜欢让别人拍他的肩膀等。

智力障碍儿童个体内差异主要表现在个体自身内部的身体和心理之间、各心理成分之间的差异。例如，有的智力障碍儿童身体素质较好，运动能力较强，但心理发展水平却很低；有的语文学习能力较好，但数学学习能力却很差；等等。

智力障碍儿童差异的存在就要求教师在教学过程中必须充分认识并照顾到这种差异。

2. 实施个别化原则的基本要求

在教学过程中，教师在贯彻实施这条教学原则时应该做到以下几点。

（1）教师要全面细致地了解智力障碍儿童

教师要全面细致地研究和了解智力障碍儿童，真正全面了解他们的基本情况，这是开展个别教学的前提条件和整个教学工作的出发点。要求教师不仅要了解儿童的基本家庭情况（如父母姓名、职业、年龄、文化程度等）、致病原因、智力障碍的程度、爱好、特长等；而且还要对他的学习能力、言语能力、运动协调能力、心理特点，以及存在的行为缺陷等了如指掌，只有这样才能在教学中更具有针对性和说服力。

（2）应使教学处在儿童的“最近发展区”

儿童新知识的学习是以已有的经验、表象为基础的，如果儿童在学习某方面知识时还不具备一定的基础，即没有这方面的相关的经验积累，那么在学习该方面知识时不要对他们提出硬性的、过高的要求，否则会挫伤儿童学习的积极性。教学应处在儿童的“最近发展区”内，这个“最近发展区”在某种意义上就是儿童学习的准备区，教学只有处在儿童的“学习准备区”内，才能收到最好的效果。

（3）针对个别差异制订个别化教育计划，进行个别教学与辅导

为促使每个智力障碍儿童在原有的基础上获得最大的进步和发展，教师

要尽可能从个别差异出发为他们制订个别化教育计划，在儿童已有经验的基础上提出合适的短期与长期发展目标，并采取恰当的措施方法进行教育训练，最大限度地进行个别教学。在教学过程中，教师还要针对每个儿童的特点采取不同的教育措施。例如，对于兴奋型的儿童，教师应首先采取先抑后扬的方法稳定他们的情绪，然后让他们在搞清楚教师提出的有关问题的基础上经过思考再进行回答。这类儿童往往在还没有搞清楚问题时就急于抢着回答问题，对于他们回答问题的积极性要肯定，但同时对他们急躁的情绪要予以矫正。相反，对于抑制型的儿童则要采取相反的策略，鼓励他们积极大胆地表达自己的想法和愿望。在教学中加强对儿童进行个别辅导，既提倡在课堂教学中在集体教学的同时进行有针对性的个别辅导，也提倡课后对儿童进行个别辅导。教师还要根据班级内儿童的实际情况开展分组教学和分类指导，以提高教学效果。

（三）直观化原则

1. 什么是直观化原则

直观化原则是指在教育教学过程中，教师从智力障碍儿童认知发展的水平出发，采取各种直观手段，丰富他们的知识表象和感性知识，增强表象之间的联系，加深对事物的认识，从而使他们掌握知识、形成能力。

智力障碍儿童的具体形象思维占优势，抽象逻辑思维能力薄弱，特别是对于低年级的智力障碍儿童来说，教学中单靠教师的抽象的言语讲解很难使他们掌握知识、形成能力。因此，通过直观化的教学手段可促进儿童对知识的了解，找出事物之间的内在联系。可以说直观化的本质就是发现主体已有的认知结构和外界所提供图式之间的相似点或联系点，从而唤起主体的认知结构去同化相应的外界图式，从而更好地理解知识并形成心智技能，其中直观教具起到一种桥梁的作用。

常用的直观教学手段主要包括以下几种。

（1）实物直观

它是一种实物图式，是通过实物进行的，直接将实物呈现在儿童面前。

实物可以直接引起儿童的视觉兴奋、触觉兴奋、嗅觉和味觉兴奋，实物直观能够最为真实有效和充分地为儿童提供理解、掌握所必需的感性经验，实物在智力障碍儿童的教育教学中所起的作用更大，效果最好。

（2）模型直观

它是一种简约的实物图式，保留了实物的本质特征，仅改变了实物的非本质特征（如大小、厚薄、重量等）。模型能把看不见、摸不着的实物“有形化”，并使之活灵活现。虽然实物直观具有真实有效的特点，但往往由于受到实际条件的限制而无法使用，模型直观则能够有效地弥补实物直观的缺憾。

（3）语言直观

语言直观是教师运用自己的语言、借助儿童已有的知识经验进行比喻描述，在儿童头脑中建立或唤起相应的形象。与前两种直观相比，语言直观可以最大限度地摆脱时间、空间、物质条件的限制，是最为便利和最为经济的直观手段。当然语言直观的运用效果如何主要取决于教师本人的素质和修养等条件。

2. 实施直观化原则的基本要求

第一，根据教学目的要求和智力障碍儿童认知发展的水平，选择恰当的直观物。首先，选择的教具要符合教学目的。使用教具不是目的，它仅是一种手段，即通过这种手段完成教学任务。因此，教师在使用教具的过程中，不可以做教具展览，而是要真正发挥教具对教学的促进作用。其次，教具的使用要符合儿童的认知发展水平和接受能力。对于低年级的儿童，可多使用实物教具，而随着年龄的增长和思维水平的提高，可多使用语言直观，通过语言直观培养他们的抽象逻辑思维能力，避免形成对实物直观的依赖性。

第二，在教具使用过程中，要控制无关刺激物的干扰，以免分散儿童的注意力而影响教学效果。

第三，要注意使用多重感官教具，并让每个儿童都能反复感知教具。多重感官教具能同时调动儿童的多种感官参与感知认识，如既能看、又能摸、还能听的教具等。它有利于儿童多方位、多渠道地认识事物，更利于形成对事物的全面整体认识。在使用多重感官教具时，教师要注意让儿童有目的

地对教具进行反复感知，并逐渐从一种感知过渡到另一种感知，即让他们在认识了一种属性后，再去认识另一种属性，不要一下子让他们同时认识几种属性。

第四，将教具的直观和语言直观密切结合。智力障碍儿童的第一信号系统和第二信号系统发展不协调、不同步，第二信号系统发展落后于第一信号系统发展，因此教师在教学中要注意矫正智力障碍儿童的这一缺陷，重视语言直观的作用，用形象、生动、具体的语言来描述事物形象，让儿童通过形象的语言描述来感受知识，从而增强这两种信号之间的联系，提高学习效果。

（四）充分练习原则

1. 什么是充分练习原则

充分练习原则是指在智力障碍儿童教育教学过程中，特别是在形成智力障碍儿童动作技能和心智技能的过程中，为防止学习过的知识技能出现大面积遗忘，教师要指导他们进行及时练习、反复练习或过度学习，从而促使他们获得相应的知识，形成相应的技能。该原则又可称为过度学习原则。

儿童动作技能的形成往往要经过以下三个阶段：一是掌握局部动作阶段。在这一阶段，儿童只能掌握整个动作系列中的某一部分，即某一个别动作，并且不能控制动作的细节。二是动作的交替阶段。在这一阶段儿童已掌握了一系列局部动作，只是从一个动作向另一个动作过渡时结合还不密切，先集中注意力做出一个动作，然后再集中注意力做出另一个动作。三是动作的协调和完善阶段。在这一阶段各个动作自动联合成一个有机的系统，达到自动化的程度。研究表明，在将动作由第一阶段向第二、第三阶段过渡时，要依赖不断的练习才能完成，并且不仅动作技能的形成有这样的特点，心智技能的形成也同样如此。

另外，新的条件联系的形成和巩固依赖刺激—反应的不断重复，只有这种重复达到一定的程度时，新的条件联系才能形成和巩固下来。而这种刺激—反应的重复过程实际上就是一种不断练习的过程。同时，由于儿童在技能形成的过程中，往往在一定时期会出现高原现象，即在学习初期进步较大，但随着学习的不断深入，进步就会逐渐缓慢下来，进步程度会明显下降，甚至停滞不前。而要想克服这一现象就要进行充分练习或过度学习。并且由于智力障碍儿童的学习速度比健全儿童慢，掌握起来更加困难，因此技能的形成更需要充足的练习或过度的学习。这表明充分练习在智力障碍儿童教育中所起的作用更大，也更为重要。

2. 实施充分练习原则的基本要求

（1）教师的示范要清楚、准确，儿童的练习方法要正确恰当

教师在指导儿童练习之前，不管儿童掌握情况如何，首先都要给儿童进行示范，并且示范一定要清楚准确，让儿童有一个好的模仿学习的对象或榜样，使儿童对练习内容有一个清晰的感知和理解，然后再让儿童进行练习。教师要对儿童的练习过程加以监督和指导，避免一开始就出现练习的错误。否则，技能一旦形成之后，便成为一个固定的“自动化系统”，如果练习方法不正确，那些错误的活动方式便随形成的技能固定下来，以后就较难改正。因此，对智力障碍儿童来讲，无论做何种内容的练习，开始时教师都要给儿童做正确的示范，宁可牺牲练习速度也要保证练习的正确性。

（2）练习要及时，并且要注意方法的多样化、科学化

及时练习既是学习技能的关键一步，又是防止遗忘的重要手段。因此，每当知识技能学过以后，教师就要组织儿童及时加以练习，并且练习的方法要灵活多样，如将集中练习与分散练习有机结合，通过集中练习让儿童掌握方法，通过分散练习让儿童形成技能。练习时还要避免一味地进行简单的机械重复，要将枯燥的练习和有趣的活动结合起来，调动儿童练习的积极性，提高练习的效果。

（3）练习要遵循由易到难，小步子、大循环的原则

要求在练习时，要做到由简单到复杂、由易到难，并且练习的前后知识之间的幅度不要过大，在练习后一部分知识之前，要先回过头来对前面已练习过的知识进行复习，以后逐次类推，不要因太急而影响练习效果。

（4）每次练习的量要适中

在每次练习时，教师要根据智力障碍儿童特点和练习内容的多少确定合

适的练习量，练习量既不要过多又不要过少。如果练习量太少，不仅导致智力障碍儿童“吃不饱”，而且会浪费时间，降低练习的效率；如果练习量过大，又会引起智力障碍儿童的抑制性反应，导致他们不容易掌握，同样也会浪费时间，影响练习效果。因此，教师应针对每个儿童的实际情况制定出合适的练习量，以提高练习效果。

（五）积极创设情感情境原则

1. 什么是积极创设情感情境原则

积极创设情感情境原则是指教师在智力障碍儿童教育教学过程中，要从期待儿童的发展出发，运用一切可能的教学条件，积极创设教学所需要的情感情境，并引导儿童积极参与到情境当中来，使他们体会到教师的爱，体验到成功的愉悦，从而促使智力障碍儿童身心技能得到更好、更快的发展。

1968 年，美国心理学家 R. 罗森塔尔（R. Rosenthal）等人所做的著名的罗森塔尔效应实验表明：教师对儿童的期望和对儿童发展的认可是他们发展的巨大动力，也是提高教学效果的巨大动因，并且儿童的年龄越小（心理年龄越小），这种效果就越明显。

另外，我国近年来开展的愉快教育、赏识教育的实验也表明愉快的学习情境是提高教学效果的重要手段。这对于智力障碍儿童来说就更为重要。因为智力障碍儿童在日常学习生活中更多地感受到的是失败带来的痛苦、打击，很少体验或感受到成功的喜悦，所以长期失败的打击使他们产生了一种“预期失败”的心理，也就是说在事情还没有做之前他们首先想到的是失败而不是成功，这种不健康的心理使他们对自己丧失信心，从而加剧事情的失败。因此，通过创设良好的情感情境，使儿童体验到教师对他们的爱，体验到成功的欢乐，对于培养他们的自信心、发展他们的能力是非常重要的。教师的态度在智力障碍儿童教育中起着非常重要的作用，教师对智力障碍儿童的期待和爱是打开他们智力大门的钥匙。

2. 实施积极创设情感情境原则的基本要求

（1）教师要树立高尚的人道主义的儿童观

智力障碍儿童尽管有这样或那样的缺陷，但他们作为人就有维持人生存所具有的一切权利，在任何方面都是与健全人等价和平等的。“自然赋予我形体，就赋予我爱，赋予我一切。”教师只有具有了正确的智力障碍儿童观，才不会在心灵深处将智力障碍儿童打入感情的另类，才可能将自己的感情倾注到智力障碍儿童心灵中，并将这种情感不自觉地贯穿到对智力障碍儿童的教学活动中去。

（2）教师对儿童要有“四心”

“四心”，即爱心、耐心、信心和恒心。爱心是搞好智力障碍儿童教育的关键和出发点，爱是最好的教师。教师要从生活、学习的各个方面时时处处关心他们、爱护他们、体贴他们、帮助他们，做他们的良师益友。而耐心、信心和恒心则是智力障碍儿童教育成功与否的保证，教师要多看到儿童的长处，要用发展的眼光看待他们，要时刻期待他们的发展，对他们充满信心，要多鼓励、多表扬，少批评、少打骂，要让儿童体验到教师对他们的一片爱心、关心和诚心，使他们更多体验到获得成功的喜悦。同时，还要认识到工作的持久性和艰巨性，做到持之以恒，不放弃、不抛弃、不言弃。

（3）教师要重视生活情感情境的创设

在教学过程中，教师要紧密结合儿童生活实际，积极创设各种生活情感情境，让儿童在各种生活情境中学会日常生活知识和能力的同时更多体验到家的温暖，使他们时常处在一种浓浓的爱意之中，被爱所包围，使他们得到爱的满足。

（4）教师应紧密结合教学目的和教学内容创设情境

教师所创设的教学情境是为完成教学目的、使儿童更好地掌握教学内容服务的，因此教师必须结合不同的教学内容尽心组织和布置不同的教学情境，并尽量避免与教学无关因素的干扰。

（六）趣味性原则

1. 什么是趣味性原则

趣味性原则是指在教育教学过程中，教师要将教学内容与游戏、娱乐密切结合，通过各种教学手段增加教学的趣味性，以激发儿童的学习兴趣，提

高学习的积极性、主动性，从而提高教学效果。

智力障碍儿童的注意力短暂，不够集中，容易分散，无意注意占优势，有意注意发展缓慢，并且大多缺乏良好的学习动机，对学习不感兴趣，很少积极、主动地参与学习活动，在学习过程中极易疲劳。教学过程是一个师生相互活动的过程，在这一活动中，儿童是活动的主体，教师起主导作用。这个过程如果没有儿童主动、积极的参与是很难取得好的教学效果的。因此，在教学过程中教师要想方设法增加教学的趣味性，以吸引他们的注意力，调动他们学习的积极性，让他们积极主动地参与到学习过程中。增加教学的趣味性是智力障碍儿童教育获得成功的一个重要因素。

2. 实施趣味性原则的基本要求

①教学内容的设计要注意激发儿童的好奇心。②要从儿童的兴趣、爱好和特长出发来选择教学材料及教学内容。③尽量让儿童自己动手操作、尝试，在丰富多彩的实践活动中提高兴趣。④要让儿童体验到成功的乐趣，在不断的成功当中提高他们的学习兴趣。⑤教学方法要灵活多样，注意激发他们的学习动机。⑥教学时还要注意引导儿童由低级的兴趣向较高级的兴趣转变，积极培养他们形成高级的兴趣。

第六章　智力障碍儿童教育的教学方法

第一节　智力障碍儿童教育教学方法概述

一、教学方法的含义

教学方法是指教师和儿童为了完成教学任务在教学过程中所采用的相互作用的手段和一整套工作方式。它既包括教师的授课方式，也包括儿童的学习方式，是教师授课方式和儿童学习方式的有机统一。它通常有三种含义。

一是广义的理解，是指为实现教学目的、完成教学任务所使用的一切手段和途径。既包括教学原则，又包括课堂教学、课外辅导等一系列内容。

二是指在教学原则指导下所采取的具体的课堂活动措施，这一含义已与教学原则区别开来，但还未与教学组织形式区分开来，上课、辅导等仍旧称作教学方法。

三是专门指在一节课上教师教授某一具体内容时所使用的方法，如讲授法、演示法、练习法等。这时的教学方法不仅与教学原则区别开来，而且与教学组织形式等也区别开来。

本章所阐述的教学方法主要指第三种含义。

教学方法解决的是教师如何教、儿童如何学、教与学之间的相互作用及其相互调节的问题。教学方法的选择在某种程度上决定着教学质量的高低，好的教学方法能使儿童获得扎实的知识和技能，使他们的身心得到健康全面的发展；不好的教学方法不仅不能引起儿童的学习兴趣，而且损伤儿童学习的积极性、主动性和自觉性，不利于儿童身心的健康发展。因此，选择恰当的教学方法对于提高教学质量具有重要意义。

二、选择教学方法的依据

教学有法，教无定法。教师可以根据教学的主客观条件恰当地选择教学方法。在选择教学方法时主要依据以下几个方面进行。

（一）教学原则

它是选择教学方法的首要依据，因为教学原则是整个教学过程中必须遵循的基本要求，它指导着教学过程的各个方面。教学方法作为教学过程的一个有机组成部分，必须要受教学原则的制约。

（二）教学目的和教学内容

教学方法是为教学目的服务的，教学目的不同，教学方法也就不同。大多数新授课，一般都是用讲述法来讲解的，而在复习课中，讨论、归纳、儿童动手实验等方法的效果就要比教师“重讲”几次要好得多。

教学方法的选择还必须依据教学的具体内容。教学内容不同，所采用的教学方法就会不同。如果把需要实验的内容改为讲述，那么效果一定会很差；如果不观察实验就去讨论，则会导致毫无根据地乱说一气；需要观察的内容就应组织儿童多进行观察；需要做实验的内容，教师就应该和儿童一起多做实验；对于一些生活常识内容，教师在教学时就应把讲解与讨论密切配合；对于一些社会常识内容的教学，教师应给儿童提供更多的亲自尝试、实践的机会等，只有这样才会取得好的教学效果。

（三）智力障碍儿童的身心特征和学习的可能性

一般而言，不管是哪一学科的教学，对于刚入学的或低年级的智力障碍儿童，教学中都应多采用具体、生动、直观形象的教学手段和方法，如游戏法、情境法、快乐教学法等。随着智力障碍儿童年龄的增长和知识接受能力的增强，教师应注重对他们进行抽象逻辑思维能力的培养，为此在教学中可多用观察法、实验法、发现法等方法进行教学。

（四）教学的主客观条件

依据教学的主客观条件选择教学方法时，一是要强调从教师自身的条件

出发加以选择。如有的教师善于动手制作教具，那么在教学过程中可多使用直观教具；有的教师擅长制作幻灯片，那么在教学中应更多考虑使用电化教学；有的教师言语表达能力强，言语浅显易懂，善于描述，就可更多地配合以讲授为主的教学方法。在教学方法的选择上，教师要力求扬长避短。二是要强调从学校的条件出发。农村学校和城市学校的条件是不同的，即使同一城市内的学校教学条件也各不相同。因此，有些教学内容在一个地方是随时随处都可见到的，而在另外的地区则要借助挂图、标本等进行教学。并且各学校的教学配备设施也不尽相同，有的仪器设备齐全、档次较高，而有的现代化的教学设备较少，这就要求教师必须从学校实际出发，综合各种条件选用恰当的教学方法组织教学，最大限度地发挥主客观条件对教学的积极推动作用。

第二节　智力障碍儿童教育的教学方法

一、智力障碍儿童教育常用的一般方法

智力障碍儿童学校（班）常用的一般方法与普通学校教学所用的方法是相同的，主要包括讲授法、参观法、练习法、观察法、演示法等。

（一）讲授法

这是在智力障碍儿童教学中广泛应用的一种方法，是指教师运用语言对各教学内容进行分析和讲解，向智力障碍儿童较系统地传授文化科学知识的方法。

这种方法要求任课教师在分析教学大纲、教学参考书及深入细致地钻研教材的基础上对教学内容进行科学的、合理的组织。讲授法可以充分发挥教师的主导作用，使智力障碍儿童能够在较短的时间内获得较多的知识，同时教师还可结合教学内容及时向儿童进行有目的、有计划的思想品德教学。但讲授法也有它的不足之处，如果教师运用不当，容易出现“满堂灌”的现象，

使儿童处于消极被动地位，不利于他们想象能力、思维能力和创造能力的培养和发挥。因此，在教学中教师必须处理好教与学的关系，充分调动儿童学习的积极性、主动性。

讲授法具体包括讲述、讲解、讲读等方式。①讲述。教师用简洁、生动的语言，直截了当地向智力障碍儿童叙述事实材料或描绘所讲的对象的一种方法。②讲解。教师用论证、解释等分析教学内容的一种方法。③讲读。由读、讲、练等几方面的活动共同组成的一种教学方法。

运用讲授法进行教学时要求做到以下几点。

1. 知识的讲授要具有科学性和思想性

教师在讲授原理、概念、观点时不能出现科学性错误，这是保证教学质量的首要条件。同时，要结合教学内容和儿童接受能力及时对他们进行情感培养和思想教育，使他们形成良好的情感，使心理得到健康发展。

2. 知识的讲授要有系统性、连贯性

教师在讲授教学内容时要做到重点突出、条理清楚，前后知识之间要具有较强的系统性和连贯性，这样才会使儿童更好地理解和掌握知识，形成技能。

3. 教师在讲授时的言语要求

要做到言语清晰、简练、准确、具体生动，要通俗易懂，速度快慢适中，具有一定的艺术性。

4. 要恰当适时地运用板书

教师要结合授课内容及时恰当地予以板书，通过有计划、有条理、层次分明的板书，帮助儿童更好地理解讲授的内容。现代化的多媒体教学手段不能完全取代教师板书在教学中的作用。教学是一门艺术。教学板书是指教师根据教学的需要在教学用具（黑板或投影片）上以书面语言或符号的形式，给予儿童视觉上的书面信息或符号信息，进行表情达意、教书育人的活动。通过板书，可以把教学内容形象精炼地呈现在黑板上，对儿童理解教学内容、启发他们的思维、发展他们的智力起着重要的作用。同时，板书具有较长时间向儿童传授知识和示范与审美的作用。因此，教师在教学过程中要将板书与现代化教学手段有机结合、相得益彰，给儿童以智慧的启迪和视觉上美的

冲击与享受。

（二）参观法

参观法是教师根据教学目的，组织智力障碍儿童对实际事物（包括自然现象、社会现象）进行观察研究，从而获得新的知识或巩固、验证旧知识的一种方法。它能有效地使教学和实际生活紧密地联系起来，帮助儿童更好地去领会学习的知识，能扩大儿童的眼界，激发他们的求知欲，使他们在接触社会生活的过程中受到生动活泼的思想教育。

1. 参观法分类

根据教学任务的不同，可将参观法分为以下三种。

（1）准备性参观

准备性参观是为了帮助儿童学习新知识，教师在课前指导儿童进行的参观，目的是让他们通过参观积累感性知识，以利于帮助学习新知识。

（2）并行性参观

并行性参观是指为了使儿童把学习的理论知识与实际生活相联系，加深对理论知识的理解，教师在讲授新课的过程中直接带领他们到生活现场对某一事物进行参观。

（3）总结性参观

总结性参观是为了巩固和加深儿童对所学知识的理解、掌握，在学习完新课后教师指导儿童进行的参观。

2. 参观法步骤

利用参观法进行教学时，一般要按如下步骤进行。

（1）参观前的准备工作

它包括制订参观计划，明确参观的目的、对象、时间、地点、步骤，以及对儿童提出的具体要求等。

（2）进行参观时的工作

要求在参观时要按预先设计好的计划进行。教师除做好具体的指导工作外，还要给儿童提出一些启发性的问题让他们思考、回答；让他们按教师提出的要求参观，同时教师要注意保护好儿童的安全，以防止意外事故的发生。

（3）参观后的总结

参观后，教师把参观中出现的问题以及收获等进行全面总结，肯定成绩，找出不足；同时，教师还应指导儿童通过一定的形式对参观进行相应的总结。

（三）练习法

练习法是指智力障碍儿童在教师的指导下，通过相应的方法反复多次地完成某些动作或活动方式，以巩固完善所学知识，形成技能技巧的教学方法。如果练习的方法得当，它会使儿童较牢固地掌握已学过的知识，形成相应的技能、技巧。这种方法对于智力障碍儿童来说尤为重要。

练习的内容主要包括以下几个方面：一是说话练习，如语文和数学教学中的朗读、口述和回答问题练习等；二是解答问题练习，如数学教学中的应用题解答练习等；三是绘画、绘图练习，如绘画与手工课教学中的应用与练习；四是运动与文娱技能、技巧的练习，如在体育课、音乐课上的应用与练习等。

1. 练习法的教学步骤

首先，教师向儿童提出练习的任务，说明练习的要求和方法，并做出必要的示范，使他们知道怎样去做，如何去做。

其次，由儿童自己独立练习，教师对儿童做相应的指导，发现问题及时纠正、解决。

最后，教师在检查儿童练习的基础上进行分析、总结和评定，指出优缺点，提出改进的方向和改进的要求。

2. 应注意的问题

使儿童明确做练习的目的、要求，掌握练习所需要的基本知识。在练习时只有目的明确了，儿童才可做到有的放矢，才感觉到有事要做，形成一种紧迫感，提高练习的自觉性和针对性。儿童也只有具备一定的知识准备，才能有信心，相信自己能完成。例如，让儿童进行解题练习，首先就要审题，弄清楚解题的要求和已知条件，否则就不能正确地解题；儿童解题时发生错误，往往是审题不仔细或者对教师要求的理解不正确造成的。

使儿童掌握正确的练习方法。教师可先通过讲解，使儿童明白应该如何

去做，然后做出示范，让他们加以模仿，知道具体该怎么做，最后在教师的指导下让儿童尽量独自去完成。

教师不仅要及时向儿童反馈练习的结果，还要及时予以强化，同时要让儿童养成进行自我检查的能力和习惯。对于儿童的练习情况，教师要通过一定渠道向儿童进行及时反馈，让他们得知练习的对与错。对儿童正确的做法，教师要及时予以表扬奖励，通过正强化巩固儿童良好的行为、做法。教师要有意识地将检查与儿童的自我检查结合起来，如口头提问某一儿童后让其他儿童口头评议或到黑板上去纠正；挑选有代表性的典型错误引导儿童展开讨论，让他们真正了解错误的原因和正确的结果。

教师要有计划地选择练习内容、布置练习作业。教师为儿童选择练习的内容和作业要具有针对性、典型性，要有利于使他们所学的知识融会贯通。练习内容的难易程度要符合大纲要求和儿童的实际情况，要遵循循序渐进的原则，逐渐提高要求。对于较复杂、困难的技能可分成若干比较简单的局部内容进行训练。例如，智力障碍儿童的简单写作技能就是通过听话、说话、看图说话、听说故事、造句及命题、写简单记叙文等一系列练习而逐步形成的。阅读和表达的技能也是按由易到难的程序进行练习的，即先要求儿童说词、说较为完整的话，然后再训练句子的主谓结构，在此基础上就可以通过观察、看图说话等途径训练他们划分段落、概括段意以至概括中心思想的技能。

要正确掌握练习的速度和质量要求，并正确安排练习的时间。为保证练习的正确性，在刚开始练习时速度可放慢一些，然后根据儿童练习情况逐步加快速度；将分散练习与集中练习有机结合，根据练习内容的难易与多少合理安排练习时间。

练习的方式要灵活多样。在练习时，教师要组织儿童灵活运用各种练习方法，要把口头的和书面的、回答的和实际操作的、个人的和集体的、课内的和课外的练习方式结合起来进行。灵活多样的练习方法不仅可以引起儿童的学习兴趣，摆脱因单纯使用某一种单调练习方式引起的厌倦情绪，还可培养儿童灵活运用知识的能力，提高他们的应用水平。

（四）观察法

观察法是教师指导智力障碍儿童用视觉器官直接感知事物的现象、特征，获得感性知识的一种教学方法。

科学的观察具有目的性和计划性、系统性和可重复性的特点。观察一般利用眼睛、耳朵等感觉器官去感知观察对象。因为人的感觉器官具有一定的局限性，所以人在进行观察时往往要借助各种现代化的仪器和手段，如照相机、录音机、显微镜、录像机等来辅助观察。

观察法又具体包括自然观察法和实验室观察法。

观察法的主要优点表现在以下几个方面：①由于它是通过观察直接获得外界信息，不需要其他任何中间环节，因此通过观察获得的资料比较真实、可靠和有效。②通过观察特别是在自然状态下进行的观察，能够使儿童获得更加具体、直观、生动、形象的外界信息资料。③观察具有及时性的优点，它能立即捕捉到正在发生的现象。④观察能搜集到一些无法用语言进行表达和描述的材料。

观察法的主要缺点有以下几个方面：①受时间的限制，某些事件的发生是有一定时间限制的，过了这段时间就不会再发生。②受观察对象的限制，有些内容是无法被人观察到的。③受观察者本身的限制。一方面，因为儿童的感官具有一定的生理局限性，超出这个限度就很难靠个体感官直接观察；另一方面，观察的结果也会受到个体主观思想、主观意识的影响。④观察者只能观察客观事物的某些外表现象和结构，不能直接观察到事物的本质和人们的内心世界。

智力障碍儿童的观察能力是在不断的实践过程中逐渐培养起来的，教师要善于根据教学内容和儿童实际情况，教给他们正确观察的方法。教师在组织儿童观察时要注意以下几个问题：①观察前要使智力障碍儿童明确观察的目的、内容、要求，以便使观察有步骤地进行。②观察要紧密结合教学内容和教学需要进行。③观察时教师要通过提问加以引导和督促，帮助儿童抓住重点。④要将观察和其他方法结合起来进行。

（五）演示法

演示法是指教师在上课时，配合讲授或者谈话等方法，把实物或其他直观教具展示给智力障碍儿童看，或者向智力障碍儿童做示范性实验，使他们通过观察演示的内容获得知识的一种方法。

演示法在智力障碍儿童教学中使用广泛。它的作用表现在能使儿童获得感性知识，加深对学习材料的认识，把所学理论知识同实际事物联系起来，使儿童较容易形成正确的概念；能吸引儿童的学习兴趣，调动他们学习的积极性，巩固已学过的知识。

演示的内容方式有多种形式，按演示的教具来分，它可包括三种形式：实物、标本、模型的演示；图片、图画、地图的演示；实验的演示；幻灯片、录音、教学电影、录像等的演示。按教学的要求可分为两种：演示单个的物体或现象；演示事物的发展过程。

教师在运用演示法进行教学时要注意以下几点。

第一，要使全班每一个智力障碍儿童都能清楚感知到所演示的对象，并且要根据教学内容的要求尽可能动用儿童的多种感觉器官参与活动。

第二，要指导儿童注意观察教师所演示的对象的主要特征：教师在进行演示前要向儿童提出具体的要求，告诉他们要观察什么、注意什么，同时要边演示边向儿童提出思考的问题，以便吸引他们的注意力。

第三，为使儿童获得较深刻、完整的印象，教师要让他们详细观察所演示的事物的变化、发展过程。

第四，演示教具要恰当适时。教师要结合教学内容，需要用到教具时就要及时将教具拿出，利用教具对教学内容进行讲解，用完后就要及时将教具收起，放到儿童看不到的地方，而不要把它继续放在讲台上或挂在黑板上，导致分散儿童的注意力而影响教学效果。

第五，要把演示法同讲解、谈话等方法密切配合起来进行。

二、智力障碍儿童教育常用的特殊方法

在对智力障碍儿童的教育中，除了上述方法被广泛运用以外，还有一些

针对智力障碍儿童的实际而采用的一些特殊的教学方法。这些教学方法主要包括游戏法、任务分析法、情境教学法、现场教学法等。

（一）游戏法

游戏法就是指教师通过游戏的方式向智力障碍儿童传授知识和技能的一种方法。教师在教学中，把具体的学习内容寓于一定的游戏之中，通过游戏来吸引儿童的注意力，提高儿童学习的积极性、主动性，让他们在轻松愉快的气氛中获得知识、形成能力。其中，游戏只是一种形式，它仅是为完成教学任务而采取的一种教学手段，而实现学习任务才是真正的目的。儿童自发游戏往往是在假设和想象中完成的，是把想象和现实相结合的一种形式。在游戏教学法中所使用的游戏不仅要利用儿童自发游戏的特点，而且还要人为地设计一些游戏，如言语接力游戏、图画游戏、教学连锁游戏、角色扮演游戏等。教师要根据具体的教学内容选择恰当适合的游戏形式。

1. 游戏法教学注意事项

教师在利用游戏法教学时应注意以下几点：①让智力障碍儿童自由想象、自己动手，充分发挥他们的创造力、想象力和思维能力。②要做到教师少讲，让智力障碍儿童多做。在游戏活动中，教师不宜多讲，要放手让儿童自己在自然探索中学习知识，培养他们的独立性。同时教师要给予儿童恰当的指导和督促，以保证他们将更大的努力积极投入游戏活动中。③对智力障碍儿童的表现要多鼓励、多表扬。教师对儿童在游戏中的做法要多加鼓励，以增强他们战胜困难的信心和成功感。④教师要照顾全体，给每个智力障碍儿童提供表演的机会。在游戏中，教师要让每一个智力障碍儿童都有表演的机会，不要每次游戏只让某几个表现好的儿童去表演，置其他几个较差的儿童于一边而不顾。⑤教师要做到因材施教。教师既要允许智力稍好点的儿童超前做，又要让智力差、动作迟钝、腿脚不灵便的儿童重学或重做。同时教师也可以根据每个儿童的爱好与特长把同一教学内容通过不同的游戏表现出来。⑥在教学时可适当配合音乐进行。在游戏活动时，教师可播放一些轻松、舒畅、欢快、节奏感强的音乐配合进行，让儿童在轻松、和谐的旋律中完成游戏，使他们既学到了知识，又愉悦了身心。⑦培养儿童养成良好的行为习惯。教

师要注意在游戏活动中培养儿童爱护公物、互相关心、礼貌待人等文明行为，及时对他们进行情感教育，同时要教育儿童在游戏中学会保护自己，注意安全，避免意外伤害事故发生。

教师利用游戏法进行教学时，首先要对游戏的特点、功能和类型有所了解。其次，确定游戏的内容，也就是将教学内容综合整理为游戏的内容，设计好游戏的步骤、游戏的角色及人员配备，准备好做游戏的用具。在做游戏时，教师要向儿童讲清游戏的名称、规则等，并且要对在游戏中出现的问题及时加以指导、纠正。

2. 游戏法教学实例

如在语文教学中，教师在教儿童学习发音说话、用词及培养听力等方面都可使用游戏法进行教学。具体做法如下。

教师说出一个词或词组，让儿童立刻做出与之相适应的动作，如跑、跳、坐、高兴、洗脸、梳头、生气等。

教师做出某一种动作或讲出一件事，让儿童立即用词汇表达出来，如教师可做出非常生气的样子、做出抚摸状、走来走去、做痛苦状等让儿童用词表达出来。

教师可作为喊话人，让儿童做出与教师所指定的东西相反的动作，如喊“坐下”，儿童就要站起来；喊“举右手”，儿童就要举起左手；喊“大笑”，儿童就做出“大哭”的样子；等等。喊话人也可指定让某一儿童去做，在活动中，如果某一个儿童做错了，那么就让他来代替原来的喊话者。

再如，为训练儿童的说话能力及对语言的反应能力，教师可以组织开展“说话接力”的游戏，即先由教师或某一儿童说出一个词，然后让其他儿童依次按上述儿童所说出的词的词尾组成一个新的词，如“早上—上课—课间操—操练—练字—字画—画笔—笔记本—本事……”。在活动时可准备一个玩具，谁把话接对了就把玩具给谁。

在数学教学中，学习诸如“8 － 5 =？”的 10 以内的减法题目时，教师可和儿童一起做“8 个苹果，被某同学悄悄拿掉了 5 个，还剩下几个？”的游戏等。

（二）任务分析法

任务分析法就是指教师在教学中把要学习任务分解成一个一个的步骤，或叫小步子，然后按照一定的顺序有计划地进行教学的方法。它在教学及日常生活指导中应用较多，特别是对于中重度智力障碍儿童来说，使用该方法进行教学效果会更为明显。

1. 穿衣训练

教师在教学中，当确定了某一阶段的目标后，就要对教学任务进行详细分析，确定应该具体分成哪几个步骤，然后再分步进行教学。如教师在教儿童穿上衣时就可采用任务分析法将穿上衣的整个过程分解成如下步骤来进行教学训练：①拎起上衣。②衣领向上把衣服拿好。③一只手伸进一个衣袖。④另一只手伸进另一个衣袖。⑤拉好衣领。⑥拉齐两片前摆。⑦拉好拉链或系好纽扣。

2. 汤匙进食训练

这一方法不仅适用于穿衣训练，而且可用于吃饭、喝水等一系列生活自理行为的训练。如教儿童用汤匙进食可分为以下 16 个步骤，然后指导儿童依次加以练习：①将手伸向汤匙。②手摸到汤匙。③手抓住匙。④手拿起汤匙。⑤将汤匙伸向盘子。⑥汤匙碰向盘子。⑦用汤匙舀上一些食物。⑧将盛满食物的匙从盘中拿出。⑨将汤匙举起在盘子上。⑩将汤匙向嘴靠近。⑪ 将汤匙举到离嘴两指的地方。⑫将汤匙举到离嘴一指的地方。⑬将满匙食物送进嘴，而没有外溢（假如外溢，要继续训练该步骤）。⑭将满匙食物放到嘴里而没有跌落（有跌落时，要重复练习这个及前面的几个步骤）。⑮将汤匙重新伸向盘子。⑯重复所有步骤，直到学会用汤匙进食。

3. 缝纫机训练

在对中年级或高年级智力障碍儿童进行职业技能训练时，也可以采用任务分析法来进行教学。例如，在教智力障碍儿童学习使用缝纫机时，就可以分成如下步骤进行。

①无针踏空车。要求能启动、停下，并能较均匀地连续踏转，无倒车现象发生。

②有针无线踏车。教师事先要把针给安好；让儿童在纸上练习踏直线，线要直、行距要均匀；在这过程中，要求儿童用双手、双眼和双脚协同活动，双手在机上将纸往前送，双脚均匀踏，机器运转正常。

③有针无线踏碎布片。要求与有针无线踏车相同。

④穿针引线。教师事先将线穿进针中。要求儿童穿针方向要正确。

⑤有针有线在碎布片上来回踏直线。

4. 语言训练

在语文课教学中，教师在训练儿童学说完整的一句话时，也可采用任务分析法进行训练：第一步，先让儿童学说句子中的某一单词；第二步，学说有两个单词连接在一起的句子；第三步，学说有多个词连接起来的句子；第四步，学说完整的一句话。

如教一个中度智力障碍儿童说“我的名字是李娜。”这句话，可采用如下步骤进行。

①教师：“我的名字是……”生：“李娜。”

②教师：“我的名字……”生：“是李娜。”

③教师：“我的……”生：“名字是李娜。”

④生：“我的名字是李娜。”（教师只提问，让儿童回答整句话）

5. 教师运用任务分析法教学的注意事项

教师在运用任务分析法进行教学时要注意以下几点。

（1）要注意教学内容的内在联系和规律性

教师在对教学内容进行分解与编排时，必须服从于内容本身的系统性、完整性及连贯性，而不是凭主观想象来任意分解，导致教学内容前后知识之间的割裂或脱节。

（2）要注意儿童的可接受性

教师对学习内容的分解要从智力障碍儿童心理发展水平的实际情况出发，对轻度智力障碍儿童来说，分解的步子可粗些、大些，而对于中重度智力障碍儿童来说，分解的步子可更细小些。

（3）训练方式要灵活机动

教师在对任务进行分解后，在训练时既可从第一步开始由前往后逐步进行，也可以从中间某一步做起，分别向前或向后进行，还可以从最后一步做起，由后向前逐步进行。训练的方式可灵活机动，不一定千篇一律。

（三）情境教学法

情境教学法是指教师在教学中根据教学内容、教学目标创设一定的情境，使儿童在相应的情境中掌握知识、形成能力的一种教学方法。

教师所创设的情境是由教学内容和教学目标确定的。它通常包括文化知识学习的情境和生活自理能力的形成情境。情境教学往往和游戏教学结合起来。

教师在运用情境教学法进行教学时要注意以下几点。

1. 教师必须结合教学内容，用精心设计的言语进行指导

教师的言语要言简意赅、生动形象，要由浅入深、由表及里地把教学内容具体化、形象化；教师的言语要能激发儿童的联想，唤起他们头脑中已有的知识和经验。

2. 教师要充分重视教具在情境教学中的特殊作用

智力障碍儿童由于经验贫乏，在头脑中形成的表象少并容易忘记，而情境教学有利于唤起儿童在头脑中已形成的、还没忘记的表象参与活动，使他们头脑中已有的旧的知识与新学习的知识之间达到统一。如果再及时恰当地配合以教具来进行教学，效果会更好。因为教具一般具有形象、色彩鲜艳、活动性强、对比性强、与实物的比例大小恰当等特点，在使用时容易被儿童认可、接受，也容易调动他们学习的积极性和激发学习兴趣。因此，要想提高情境教学的效果，教师要尽可能地使用教具进行教学，把对教具的演示与具体创设的情境以及言语的精心指导密切配合。

3. 要重视生活情境在智力障碍儿童教学中的特殊作用

儿童生活经验的多少直接影响他们学习成绩的好坏。对于生活经验极其贫乏的智力障碍儿童来说，在教学中，一方面，要通过学习来丰富他们的感

性生活知识，为以后的学习奠定基础；另一方面，要尽可能地利用他们已有的哪怕是很少的生活经验，把教学内容和生活情境的创设两者巧妙地结合起来，把学习的内容变为能直接看得见、摸得着的活生生的现实生活情境。

例如，在语文课教学中可让儿童按课文描述分别扮演不同的角色，同时按课文内容要求去履行自己所扮演的任务。以学习“掩护”一词为例，教师就可设计一个“老鹰捉小鸡”的情境游戏。教师先对游戏过程、游戏要求进行讲解，然后在教室内或操场上做老鹰捉小鸡的游戏。教师可和儿童一起参与游戏活动。由教师充当老母鸡的角色，护着身后的小鸡；让一名灵活的儿童充当老鹰，围着小鸡转来转去；其他儿童就充当被老母鸡保护的小鸡，在老母鸡的掩护下跑来跑去，避免被老鹰捉去。游戏结束后，教师就游戏当中老鹰、母鸡、小鸡等的动作、表现结合课文内容再做讲解、阐述。由于儿童亲自参与了游戏的过程，在活动中有了亲身体会，因此在理解“掩护”这一词时就较为透彻、深刻，不再感到困难。

再如，在对儿童进行生活适应的教学中也可更多地采用这一方法来进行。如指导儿童认识商店和到商店购物时就可以创设如下的教学情境。以教师的讲桌为柜台，上面摆放一些儿童经常用的学习用品，如本子、铅笔、橡皮等，教师扮演售货员这一角色，而让儿童扮演顾客，依次排队到商店内买自己所需的东西。在整个过程中，让儿童自己提出要求，并且要求每个儿童所购买的物品不能与其他儿童购买的物品相同。对每个儿童所提出的不恰当的要求或者不恰当的表达方式，教师要及时给予纠正，直到每个儿童都能以较正确的表达方式提出自己的要求、购买到自己所需要的物品为止。

另外，在数学课上数的认识部分的教学中，也可采用创设问题情境的方式进行。

（四）现场教学法

现场教学法是指教师把儿童带到指定现场，结合现场内容直接进行教学的一种教学方法。它是课堂教学的一种辅助形式和手段。

教师在采用该方法组织教学时，既可以把全班儿童带到现场进行教学，也可以有计划地把班级儿童划分成几个小组，然后分别轮流带到现场进行教学。

现场教学法具有许多优点，它具有具体、直观、生动形象的特点，它把教学和社会生活、生产劳动和科学实验等活动有机地融合在一起，它既可以给儿童提供大量的、丰富的第一手材料即直接经验，又可以帮助儿童很好地理解和掌握在课本上学习的知识。该教学法把教学内容寓于一定的具体现实生活之中，因此又可以培养儿童把学习到的理论知识应用到实际当中、与实际密切配合的能力。

使用现场教学法组织教学时，一般是和参观法结合在一起进行的。

1. 现场教学法教学注意事项

（1）要有明确的教学目的

现场教学是为了让儿童加深对教学内容的理解消化和巩固所学知识，因此必须与教学内容紧密配合，避免随意性。它不仅要求教师明确教学的目的，而且还要让儿童也明白学习的目的和任务，并且教师要根据所学内容给智力障碍儿童提出现场参观、学习时的具体要求，让他们带着问题、任务去参观学习。只有目的明确了，儿童学习时才能有的放矢，避免盲目性，同时也可以调动他们学习的积极性和主动性。

（2）充分发挥教师主导作用的同时取得现场工作人员的支持和配合

教师在现场教学中起主导作用，教师要面对现场实际，结合课本教学内容，有计划、有目的地进行讲解；教师要充分发挥现场教学具体、生动、形象、直观等优点，调动儿童的学习兴趣，并及时向他们提出一些启发性的问题，让他们根据实际进行回答。

由于现场教学需要与现场的具体工作人员打交道，因此教师要事先与他们取得联系，取得他们的支持和配合。并且由于有些内容单靠教师一人无法完成，还需要工作人员帮助给予讲解。对此要求教师事先就某些问题与现场工作人员进行磋商，以便让他们也来承担一部分教学内容的备课，这样教学效果会更好。

（3）教师要事先对现场进行统筹安排

现场教学是为实现教学内容服务的，因此采用现场教学法时，教师一定要事先按教学内容的要求对现场进行安排，或请有关人员协助安排，以便使教学有步骤、有计划地进行。

2. 生活现场的教学

对于智力障碍儿童而言，现场教学应更多地倾向于生活现场的教学。一方面是由他们的身心特点决定的，另一方面是实现教育目标的要求。在进行生活现场教学时应按以下步骤进行。

（1）调查了解

主要是结合教学内容确定并了解现场情况，以便做到心中有数。

（2）确定教学目标

教学目标包括文化知识学习的目标、现场操作目标、缺陷行为矫正目标等。

（3）集体教学

教师面向全体智力障碍儿童说明教学目标，讲解教学内容，并做一定的练习。

（4）进入现场

教师带领智力障碍儿童到现场进行观察、分析，进一步理解教学内容。教师可根据情况进行分组或个别指导。

（5）组织现场实际操作

教师指导智力障碍儿童动手进行实际操作，并进行个别或分组辅导，同时注意对儿童不良行为的矫正。

（6）集体教学

教师面向全体智力障碍儿童，结合现场进行直接观察和操作，使智力障碍儿童进一步理解、把握教学内容。

（7）自动作业

教师根据每个智力障碍儿童的情况再进行个别或分组辅导。

（8）在组织现场实际操作

如教师指导智力障碍儿童学习“烹饪”操作时就可按如下步骤进行：第

一步，教师可调查了解学校食堂情况，考虑计划好怎样观察；第二步，具体教学“烹饪”或“菜谱”，并对这两个词进行认、读、写等练习；第三步，领他们到食堂观察炊事员的烹饪，并帮助炊事员做一些力所能及的事情；第四步，教师跟他们一起共同总结烹饪的几个基本过程，讨论日常生活所见到的菜的种类、能做出哪些菜等；第五步，让他们回家或具体观察父母的烹饪情况；第六步，教师再组织他们进行一次形式灵活多样、丰富多彩的烹饪活动，如野炊、聚餐等。

第三节　中重度智力障碍儿童的教育训练

对于中重度智力障碍儿童来说，由于他们的智力缺陷程度较为严重，并往往伴有不同程度的行为缺陷或肢体运动障碍，因此在对中重度智力障碍儿童进行教育训练时，必须针对教学目标和他们的身心发展特点采取更适合他们的一些教学手段和方法策略。

一、循序渐进，小步子、大循环

由于中重度智力障碍儿童的短时记忆能力较差，他们学过的知识在很短的时间内就会忘记。为了使他们能够更好地、较长时间地保持所学知识，在教学时必须采用小步子、大循环的教学方法，把所学内容有计划、有步骤地分解成比轻度智力障碍儿童教学内容更为细小的步子，然后按步骤循序渐进、由易到难，由浅到深地进行学习，最后达到教育训练的目标。在学习新的内容之前，教师要指导儿童回过头来先复习以前学过的内容，当唤起他们的回忆之后，再学习少量的新内容，然后再巩固、复习前面的内容，采取这样一种将学习和复习有机结合的循环教学方法。

二、及时反馈、及时强化，更多使用行为矫正原理与技术

及时反馈是指在训练过程中，要让智力障碍儿童对自己的训练情况能够及时了解，明白哪些地方做对了，哪些地方做错了，对错了的地方要及时纠

正并能够根据情况进行自我评价。所谓及时强化，就是当儿童初步掌握了教育训练的内容后，教师就要给予及时表扬、肯定，也就是给予正强化，以加深他们对学过的知识的理解和巩固。教师对智力障碍儿童在训练中的进步，哪怕是微不足道的进步也都要及时给予肯定、表扬或奖励，使他们体验到成功的喜悦，以增强他们进一步学习的信心和决心。教师所采用的强化物既可以是具体的实物，也可以采用精神上的一些鼓励，如赞许、点头、微笑、夸奖等。同时，对于智力障碍儿童存在的那些严重的、不好的缺陷行为也要根据行为矫正的原理与技术及时进行矫正。

三、教学内容及形式的简单化和低幼化

由于中重度智力障碍儿童心理发展水平低下，他们心理年龄的发展严重落后于他们的生理年龄，他们的心理年龄往往停留在较正常儿童低的水平，因此教育训练的内容和形式应该简单化和低幼化，接近正常儿童幼儿园的水平，更多的是像小学低年级或正常儿童幼儿园的组织形式，而不能是像同年龄普通儿童教学那样的教学组织形式。

四、针对缺陷进行专门的康复训练

中重度智力障碍儿童往往在生活自理能力、肢体运动能力和言语能力等方面的缺陷比较明显或较为严重。因此，教师必须针对这些缺陷，借助一定的专门康复训练设备和手段对他们进行专门的康复训练，将对中重度智力障碍儿童的康复训练和缺陷补偿当作主要的教育训练的内容和任务来完成。

第四节　智力障碍儿童教育的个别化教育计划

一、个别化教育计划（IEP）的含义

它是美国在1975年颁布的94-142公法（《全体残障儿童教育法案》）中规定的一项内容：是从个别差异出发的、以满足儿童的特殊的个别教育需要为目的的教育教学措施或计划。目的是根据儿童的个别差异更好地实现因材施教。

二、个别化教育计划的制订与实施者

（一）教师

教师是制订个别化教育计划的主要参与者，同时是实施个别化教育计划的主体。

（二）学校管理者

学校管理者一方面要协调组织有关人员制订个别化教育计划，另一方面还要从管理的角度对个别化教育计划进行评价、评估，并对个别化教育计划进行及时调整和修改。

（三）家长

智力障碍儿童家长在制订、实施个别化教育计划中起配合和辅助作用。

（四）其他专业工作者

其他专业工作者主要包括医生、心理学工作者、言语矫正师等，他们也要一起参与到个别化教育计划的制订中来。

三、个别化教育计划实施的场所

（一）班级课堂

班级课堂是实施个别化教育计划的主要场所。它主要体现在班级集体教

学中对智力障碍儿童的个别辅导、小组教学中对智力障碍儿童的个别辅导和课内对智力障碍儿童的一对一教学三个方面。

（二）课外时间

课外时间是实施个别化教育计划的重要场所，它包括在课外活动时间、班队活动时间及为智力障碍儿童设定的专门的训练活动时间到专门的训练室内接受教师的个别教学与辅导。

（三）智力障碍儿童的家庭

在智力障碍儿童的家庭内由家长按照个别化教育计划的要求对儿童进行教育训练是学校实施个别化教育计划的重要补充和延续，不可缺少。

四、个别化教育计划包含的项目

一个完整的个别化教育计划应包括以下内容和项目。

（一）智力障碍儿童基本情况

1. 儿童的基本资料

儿童的基本资料包括智力障碍儿童的姓名、性别、年龄等，智力障碍儿童家庭的状况及联系手段等。

2. 儿童的身体状况

儿童的身体状况主要包括智力障碍儿童的听力状况、视力状况、肢体运动状况、特殊的生理体征或特殊的疾病、特殊的身体形态、身体素质、身体机能的说明等。

3. 一般智力状况

一般智力状况主要包括两个方面：一是对智力障碍儿童智力测量结果的说明，如测量使用的量表、儿童的智力品质等；二是对智力障碍儿童一般认知能力的说明，如儿童在记忆能力、注意能力、思维水平、想象能力等方面的表现状况等。

4. 主要的身心缺陷或异常行为状况

主要的身心缺陷或异常行为状况包括对智力障碍儿童的生活能力状况、

交往能力状况、语言能力状况及其他异常行为状况等方面的具体说明。

5. 目前的教育学习状况

目前的教育学习状况包括智力障碍儿童目前在各学科文化知识的学习方面实际达到的水平和能力。

（二）基础量

基础量即确定目前智力障碍儿童已有的实际水平，也是目前儿童最主要的特殊教育需要及相应的行为水平和现状。而对目前儿童最主要的特殊教育需要及相应的行为水平和现状，需经过专门的测量来确定，测量的结果一定要准确和真实，因为这是制订个别化教育计划的起点（基础）水平，即测量的基础。

（三）目标量

目标量即从智力障碍儿童的特殊需要出发制定的教育训练目标。所制定的教学目标必须是高于或稍难于基础量的，必须是儿童经过训练能完成或达到的量，要求既不能太高，又不能太低，要处在儿童“最近发展区”内。

目标的制定可包括长期目标和短期目标，长期目标的制定可与学年或学期教学内容相联系，是以一学年或一学期为基本单位来确定的；短期目标的制定可以和单元教学要求联系在一起，是以单元为单位来确定的。

1. 制定教学目标时的注意事项

在制定教学目标时要注意以下几点。

①教学目标所描述的是教学最终要达到的结果，而不要描述为完成教学目标所使用的手段或过程。例如，用“会启动、关闭电源”，不用“学会电源的启动、关闭”。②所制定的目标量必须具体、清楚、明确。例如，要求“在十分钟内写出五个常用汉字”。③可在目标中更具体地给出评价或通过标准。例如，“在下列十个汉字旁画“×”或“√”，判断正确九个为及格。十个汉字是……”④目标中的动词使用要具体、明确。例如，“写出、列出、说出、算出”的描述要比“了解、知道、理解、掌握”的说法更具体、明确。

（2）长期目标与短期目标的关系

这两者的关系如下：短期目标既可以是长期目标的进一步的具体分解，又可以是长期目标的一部分，或者短期目标既是长期目标的一部分，同时也是分解的结果。例如，长期目标为“让儿童背出……短文”；短期目标为“会读生字—会念短文—背诵短文”。

（3）目标的基本要素

一个完整的目标应该包括六个基本要素：①“谁”—— 儿童。②“做什么”—— 可观察的行为。③“什么时候”—— 完成时间。④“条件”—— 给予什么条件。⑤“多少”—— 掌握程度（标准）。⑥“怎么评估”—— 评估手段。

（4）教学目标完成情况评价

教学目标完成情况评价包括课时评价、单元教学评价、学期或学年的评价。

评价内容包括：①执行者执行计划的能力，执行过程中是否认真，是否真正履行职责。②实施计划的地点、场所是否恰当。③教学方法是否得当。④各方人员的配合是否密切。⑤基础量是否恰当。⑥教学内容的难易程度是否恰当。⑦儿童的训练是否配合。⑧训练记录是否完整、真实。

（5）完成目标所需要的教学措施

①达到目标量所选择的教育教学内容（训练内容、行为矫正的内容），它是由教育教学目标所确定的。②教学进程，包括教学进度和训练时间的安排等。③教学方法，对在教育训练中所采用的具体方法的说明，如任务分析法、动手操作法、现场教学法、模拟法、角色扮演等。

（6）制订计划成员的签名

教师、学校管理人员、家长等同意实施的签名。

五、个别化教育计划的类型

（一）单一内容的个别化教育计划

单一内容的个别化教育计划，即教育训练的内容是针对智力障碍儿童在某一个方面的需要、补偿儿童某一个方面的缺陷而制订的个别化教育（训练）计划。例如，单纯针对智力障碍儿童在言语方面的缺陷或运动能力方面的不足而制订的教育训练计划就是单一内容的个别化教育计划。

（二）综合内容的个别化教育计划

综合内容的个别教育计划，是指为了满足智力障碍儿童多个方面的需要、补偿儿童各个方面的缺陷而制订的个别教育（训练）计划。如该训练计划既包括言语训练的内容、感知运动训练的内容，又包括社会交往训练的内容等，即在同一个教育训练计划中包括多方面训练的内容，这样的个别化教育计划就是一个综合内容的教育计划。

六、制订个别化教育计划的原则

（一）实用性原则

实用性原则又可称为效益性原则，就是指在制订个别化教育计划时，教育训练内容的确定、教学方法的选择等方面都要围绕着智力障碍儿童来考虑，要一切从智力障碍儿童的生活实际和特殊需要出发来着想，就是这些训练的内容是智力障碍儿童最迫切需要和解决的，要讲求教育训练的有效性和实用性。

（二）针对性原则

针对性原则又可称为实事求是原则，是指在制订或实施个别教育计划时，要针对每一个智力障碍儿童的特点和特殊需要，实事求是地确定教育训练的内容，不搞形式主义或一刀切，并且在实施的过程中要根据智力障碍儿童训练和掌握的具体情况及时对计划的各个方面进行修订，以便更好地适应或满足他们的实际需要，以确保训练能够顺利进行并取得令人满意的效果。

（三）资料清楚明确原则

资料清楚明确原则是指在制订或实施个别化教育计划时，对一些原始数据或资料的填写或描述要做到清楚明确，便于理解。这些原始数据或资料具

体包括智力障碍儿童基本情况、基础量、教育训练后的实达量、教育过程中的数据和资料等。

（四）形式多样化原则

形式多样化原则是指在制订或实施个别化教育计划时，要根据教师的实际情况或自身特点及智力障碍儿童的需要来选择、确定个别化教育计划的类型，以及训练的内容、时间、方法等，不可千篇一律或一个模式来套用每一个智力障碍儿童，要做到科学性和多样性。

第七章　智力障碍儿童学科教学的组织与实施

第一节　智力障碍儿童学科教学的备课

一、什么是备课

所谓备课，是教师上课前所做的各项准备工作。它是教师在充分地学习课程标准、钻研教材和了解智力障碍儿童的基础上，弄清教师为什么教、教什么、怎么教，智力障碍儿童怎么学，创造性地设计出目的明确、方法适当的教学方案（教案）的过程。

备课是一个多层面且具有丰富内涵的概念。它表现在多个方面：研究教材、撰写教案是备课，与智力障碍儿童交谈、了解智力障碍儿童情况也是备课；翻阅报纸杂志、收听收看广播电视，了解国内外形势是备课，研究教育理论、锻炼教学能力是备课；与同行交流、获取相关信息是备课，反省自己的教学行为，发现教学中的问题还是备课，而且是更高层次的备课。总之，可以说教师的一切活动都是在为上好课做准备，都可以称作备课。

二、备课中存在的主要问题

备课是上好课的前提。教师在备课时，必须明确自己的角色定位，按照课程的要求，帮助智力障碍儿童制定适当的学习目标，并确定达到目标的最佳途径；指导智力障碍儿童养成良好的学习习惯，掌握一定的学习策略；创设良好的教学情境，为智力障碍儿童提供各种便利，激发他们的学习动机，培养他们的学习兴趣；营造接纳的、支持性的、宽容的、和谐的课堂气氛，最大限度地促进智力障碍儿童身心发展；注重对智力障碍儿童情感和个性的培养，使他们形成良好、健全的人格。但是，笔者发现教师在传统的备课中却往往与上述要求有一定距离，存在一些问题。这些问题主要表现在以下几个方面。

（一）片面强调教师在教学中的作用，忽视对智力障碍儿童进行能力的培养

尽管教师在教学过程中起着十分重要的作用，但是在传统备课中却过分强调“以教师为中心”，在一定程度上忽视了智力障碍儿童作为学习主体的存在，“灌输式教学”占了主流，机械性的练习成了智力障碍儿童学习的“家常便饭”。智力障碍儿童能力发展片面，遇到解决实际问题时常常会束手无策。传统的备课很少考虑到智力障碍儿童的能力发展，只备教师的“教”，忽视备智力障碍儿童的“学”。具体表现在以下几个方面。

1. 忽视探究过程的展现和探究能力的培养

在传统的备课中，十分重视结果的获得，而不重视知识获取的过程，缺乏对智力障碍儿童主动获取知识的能力培养的深度思考。智力障碍儿童缺乏对新知识生成过程的体验，其探究能力较弱，在以后的新知识学习中往往“困难重重”。

2. 忽视对智力障碍儿童实践操作能力的培养

传统备课强调智力障碍儿童的接受学习，教案呈现的往往是智力障碍儿童“静听”的场景，接受式学习很有“市场”。传统的教学设计，不大重视智力障碍儿童操作实践的设计，更多地重视传授方法的设计，很少思考智力障碍儿童自主操作、积极实践的设计。尽管接受式学习在教育中发挥了积极的作用，但是随着课程改革的深入实施，在继承传统的有效接受式学习的同时，应更多地倡导智力障碍儿童操作实践能力的培养。它对于激发智力障碍儿童的学习兴趣和情感、培养智力障碍儿童综合能力也是十分有益的。

3. 忽视合作能力的培养

虽然智力障碍儿童的独立思考、独立探究是获取新知的重要方法，但现代学校教育是在群体状态下进行的，合作是必不可少的重要保障。因此，合作能力也是一种十分重要的、值得特别重视的能力。在传统的备课教案中很

少有考虑智力障碍儿童合作学习的活动设计，这对于智力障碍儿童合作能力的培养是不利的。

（二）过分强调教学知识、内容的预设性，忽视教学过程的动态性和教学内容的生成性

在传统备课中，教师思考最多的是教师如何“牵”，如何“引”，如何讲清楚、讲明白。教师扮演着不可替代的、绝对权威的角色，教师成了智力障碍儿童学习结果的唯一的评判者。在教师的眼里，智力障碍儿童是知识的接受者，只要认真听、认真看、认真记，顺着教师预先设计的教学思路学习就可以了。因此，所有的教学过程都在教师的控制之中，甚至问题答案都是教师设计好的，这种教学看起来智力障碍儿童是“动”起来了，“参与”了，其实质是智力障碍儿童顺着教师的设计、顺着教师的教学思路、顺着教师的期望，进行教师心中有数的“表演”。这种只重预设而忽视生成的理念是传统备课的一大弊端，必须引起高度重视和关注。教学过程不可能都是预设的，由于智力障碍儿童存在着差异，因此问题的答案也不应该是唯一的，教学应该是“预设”和“生成”的有机整合。忽视了教学的生成性，就忽视了智力障碍儿童的差异，也就忽视了智力障碍儿童的发展。

（三）更多注重知识传授，忽视对智力障碍儿童情感的激发与培养

强调知识传授是传统备课的一大特点，教师在预设教学过程时考虑最多的就是如何将新知识讲清楚、讲明白、讲透彻。因此，教师在“讲”的设计上花费了许多时间和精力，而对智力障碍儿童情感培养和兴趣考虑不多。兴趣是最好的教师。备课“备知识传授”固然很重要，但是也不能忽视在激发智力障碍儿童情感上做文章，要知道没有激情的学习是低效的。情感是课堂教学的催化剂。情感一般体现在两个方面：教师情感和智力障碍儿童情感。智力障碍儿童的情感总是在教师情感的感染下逐渐萌发，进而迸发对教师的爱以及对科学的追求，因此教师一定要在备课时考虑如何用自己的激情激发智力障碍儿童学习的热情，让智力障碍儿童充满自信、充满热情地学习。

（四）过多强调解题技巧，忽视对智力障碍儿童在实际生活中运用能力的培养

教学中教师往往对智力障碍儿童解题技巧的训练比较重视，而教材分析、学情分析、教学构思、教学理论依据、教学反思却被忽略。智力障碍儿童的实际运用能力得不到训练，智力障碍儿童的创新意识没有得到培养，创新能力也就没有得到提高。因此，教学必须密切联系智力障碍儿童实际，不能远离生活，不能远离实践，更不能远离创新。

（五）一味强调学科本位，忽视对智力障碍儿童所学各学科课程内容的有机统一和整合

传统备课考虑较多的是学科本身的基础知识和基本技能，关注更多的是如何向智力障碍儿童传授这些知识和技能，如何使智力障碍儿童掌握这些知识和技能。教师备的是本学科的知识链、训练点，对于本学科之外丰富多彩的课程资源考虑较少。这样备课既不利于提高本学科的教学质量，也不利于智力障碍儿童的全面发展。新课程方案注重淡化学科界限，强调课程的整合，把学科课程作为一种资源来开发。因此，教师要在强调学科学习的重要性的同时，强调学科的整合性、兼容性和丰富性，要引导智力障碍儿童去感悟丰富多彩的现实生活。

三、如何才能备好课

教师要想备好课，应从教材、学生、教师、教学方法和教学中可能发生的意外事件等角度入手，有效地开发和整合这些课程资源，才能形成优化的教学方案。

（一）备教材——要做到“深”

要备好课，进行有效的教学设计，首先必须与教材进行对话，备好教材。教师对待教材较为科学的态度是“用教材”而非“教教材”。把知识传授与其他育人功能结合在一起，实现教材功能的最优化。

1. 统观全局，整体把握

在备课中，教师应通读整套的教材，在头脑中建立起整套教材的印象，这是备好课的基础和前提。这就要求：一是把握教材特色，二是了解编排体系，了解整套教材的基本内容和基本结构，把握教科书的知识体系。从整套教材确切了解各个年级教学内容的分布情况，统观全面，明确各部分内容的地位、作用以及相互联系；在单元（或章节）与单元（或章节）之间“瞻前顾后”，从单元序列中看教学内容的连续性，把握教材编排的纵向联系；在单元（或章节）的内部“左顾右盼”，把握教材在知识、能力、情感态度、价值观培养方面有哪些程度上的差别。

当教师理解了教材编写者的意图，把握了教材内容的主旨，认识到了所教内容在整个教材体系中的具体位置，才能产生对教材的个性化和创造性的意义建构，进一步形成一定教学背景下的个性化的教学构想，打下展开教学的基础。

2. 重点解读，吃透教材

在整体认识教材的基础上，教师还应理清、吃透具体的教学内容，为制定相应的教学目标，预设教学活动奠定思路。

（1）要吃透具体的教材内容

在通览教材的基础上把握具体教材内容在整个单元、在全册书乃至整套教材中的地位和作用，理清这一具体内容的前后联系，把具体内容的教学纳入整个课程的教学体系之中，进行统筹规划和安排。

南宋著名学者陈善曾说：“读书须知出入法。始当求所以入，终当求所以出。见得亲切，此是入书法；用得透脱，此是出书法。”备课也有此“出入之法”。只有当教师“入”得教材，解读出其中的内涵和价值，才可能在教学中“用”好教材，这是进行备课的重要基础要求。教材解读是发现教材内容的密码和意义的过程，这个过程是教师与教材进行深入对话的过程。

只有当教师自己对教学内容有了较深的感受和体悟，才有可能在教学中游刃有余，激发智力障碍儿童的参与热情，在交流中带动智力障碍儿童进行体验感悟。否则，只能生搬硬套，肢解教材，教师难有激情，教学也了无生趣。

（2）注重知识、能力与情意的统一

在传统的教学中，教师往往过分重视智力障碍儿童的智力因素，在备课中对教材的分析只涉及各知识点及其组成的知识结构，以及掌握知识所需要的基本技能，而对教材中有助于推进智力障碍儿童兴趣、动机、意志、情趣、态度和价值观发展的内容关注太少，这对于智力障碍儿童的发展是极为不利的。这就要求在备教材的过程中不仅要关注基础知识和基本技能目标，而且要进一步整体把握教材中“物化”了的情感、态度、价值观等方面的因素，设置全面而合理的教学目标。

（3）权衡取舍，抓住重点、难点和关键点

教师应该根据教学对象来选择教学内容。在选择时应突出基础性，使智力障碍儿童在达到基本要求的前提下实现个性的发展；体现发展性，使智力障碍儿童的能力尤其是实践运用能力和创新能力能够得到有效提高；体现可接受性，教学内容的难度应处在智力障碍儿童发展的“最近发展区”，智力障碍儿童可以“跳一跳，就能摘到果实”。做到这几点，最终都集中体现在所选取的教学重点、难点、关键点上。一般来说，重点是一个相对的概念。就教材而言，是指教材内容的重点；就知识类型而言，具有理论性、基础性、结构性、典型性的知识是重点。难点指的是智力障碍儿童难于理解和掌握的内容。难点的形成，一是教材因素，二是智力障碍儿童认识和接受能力的限制。关键点是指教材中对顺利地学习其他内容，包括重点、难点，起决定性作用的知识。它是众多矛盾中的主要矛盾，抓住了关键点往往可以引导智力障碍儿童顺利理解、掌握某一部分内容或解决某一类问题的突破口，是突出重点、突破难点的中介与桥梁。

3. 加工重组，拓展延伸

（1）加工重组

教材内容不可能完全符合智力障碍儿童实际的学习需要，实际教学中教师往往需要根据自身对课程标准的理解和智力障碍儿童的实际学习需要，在吃透教材、尊重教材的基础上，根据教学目标的要求和智力障碍儿童的实际情况，发挥教师的能动作用，对教学内容进行适当的剪裁、组合、改造、创

新和重组，为智力障碍儿童提供更为合适的学习材料。对教材的加工还体现为创造性地制作教学用具，改变教材的呈现方式，使之更适合特定教学目标的需要和智力障碍儿童的实际学习需要。

（2）拓展延伸

为更好地提高教育质量和教学效果，教师在教学时要不断拓展延伸教学内容，包括向课外的拓展延伸、向其他学科的拓展延伸、利用信息技术进行拓展延伸、向生活拓展延伸等，从教材所呈现的知识、能力、情意等系统引发开去，向其他学科、其他领域开放和延伸，拓展智力障碍儿童的学习空间，扩大他们的学习范围。

（二）备智力障碍儿童——要做到“透”

智力障碍儿童是教学工作的落脚点，是备课活动的最终服务对象。备课的目标是要构建以智力障碍儿童为本的课堂教学活动，因此智力障碍儿童的学习基础、学习兴趣以及学习能力就成为教师设计教学的出发点。教师要进行富有成效的备课，就要了解智力障碍儿童的情况，认真备好智力障碍儿童，设计出符合智力障碍儿童实际需要的教学活动。

1. 激发智力障碍儿童的学习动机

美国心理学家戴维·P. 奥苏伯尔（David P. Ausubel）对智力障碍儿童在学校情境中的学习动机做了分析。他认为，智力障碍儿童的学习动机由三个方面的内驱力构成：认知内驱力、自我提高的内驱力、附属的内驱力。认知内驱力是一种掌握知识的技能，主要指智力障碍儿童的求知欲、好奇心。自我提高的内驱力指智力障碍儿童个体因自己的胜任能力或工作能力而赢得相应地位的需要，如智力障碍儿童为了在考试中名列前茅而努力学习的动机。附属的内驱力指智力障碍儿童想获得自己附属的长者（家长、教师）的赞许和认可，取得应有的赏识的欲望，如有些智力障碍儿童努力学习是为了受到教师的表扬、家长的疼爱。学习动机的三种成分，会随智力障碍儿童的年龄而发生变化。在儿童早期，附属的内驱力最为突出，到了儿童后期和青少年期，附属的内驱力有所减弱，自我提高的内驱力有所增强，因而对低年级智力障碍儿童，家长、教师的表扬及夸奖，可以很容易地转化为儿童学习的动力，而到了高年级，可以适当采取一些竞赛来激发智力障碍儿童自我提高的内驱力。

在教学中，教师不能把教学活动推迟到智力障碍儿童有了适当的兴趣和动机之后进行，要注意激发和维持智力障碍儿童学习的内部动机，把智力障碍儿童的精力集中在学习的认知方面，依靠良好的教育成绩引起的动机来加强进一步的学习。

在备课时教师可以根据智力障碍儿童的情况适当调节教学的难度，组织好教学，让智力障碍儿童取得一定的成绩，体验到学习的成功，以此来激发智力障碍儿童学习的内在动机。

2. 把握智力障碍儿童的认知矛盾

在教学中常常发现：教师精心设计了导入新课的方法，准备了许多与新课相关的图片或实物，然后满怀激情地问智力障碍儿童，想不想或愿意不愿意知道其中的奥秘，而当智力障碍儿童满怀兴奋地说“愿意”时，教师在教学时却无法激起智力障碍儿童的兴趣。造成这一现象的根本原因就在于教师关心的是新知识点以及新课所要传递的概念，而不是智力障碍儿童实际想知道什么，学习任务与智力障碍儿童固有认识之间存在实际差距，因此教学很难达预想的效果。

教学的任务是组织智力障碍儿童学习，教师备课应该准确把握智力障碍儿童的认知矛盾，把握智力障碍儿童固有的认知与新现象、新事实之间的矛盾。

从智力障碍儿童的实际出发，而不是从教材或从教师假设的问题出发。因为智力障碍儿童的学习总是在已有知识基础上进行的，尤其是有意义学习，即通过理解而进行的学习，总是通过将新的知识与已有知识建立起联系而进行学习的。

在教学过程中，教师应注意让智力障碍儿童自主发现问题，这是提高智力障碍儿童学习主动性、自主性的重要方法。教师应该学会从智力障碍儿童的直接表述中发现问题，应该学会从了解到的智力障碍儿童的认知基础与新

现象的矛盾中发现问题，通过精心设计的追问，采用启发式等去帮助智力障碍儿童实现认知与态度上的跨越。无论是智力障碍儿童自主发现问题，还是教师帮助智力障碍儿童发现问题，其前提条件都是要使教学任务切合智力障碍儿童的实际，为解决智力障碍儿童认知上的矛盾服务。

3. 尊重智力障碍儿童的差异性

智力障碍儿童是独立的个体，有自己独特的个性，每个智力障碍儿童都有独特的心理世界，有各自独特的智力倾向性，这些独特性意味着人的差异性，这种差异不仅是教育的基础，也是智力障碍儿童发展的前提。特别是由于智力障碍儿童个体差异非常明显，教师在教学中一定要充分考虑到这种差异，尊重智力障碍儿童的这种差异性，保护他们发展的最大可能性。在教学设计时，不但要针对不同的学习内容设计不同的学习方式、活动方式，而且要在同一学习任务中考虑到智力障碍儿童学习方式的差异，让不同的智力障碍儿童有不同的尝试机会，特别是在统一活动设计中，要给予智力障碍儿童选择的余地。所以在备课时，教师要努力给智力障碍儿童预留自由学习的时间和空间，让智力障碍儿童有机会进行选择。

4. 把智力障碍儿童视作课程资源

面对富有个性和特殊性的智力障碍儿童，教师在备课或进行教学安排时，应改变传统课堂教学中智力障碍儿童主要是“听中学”“看中学”的做法，把智力障碍儿童视作重要的课程资源，从智力障碍儿童的实际需要出发，为智力障碍儿童着想，引导、促进、激励和唤醒智力障碍儿童的主动性，减少教师的统一讲解，增加智力障碍儿童的自主探究，增加智力障碍儿童的分组活动，如讨论、实验、观察等。让智力障碍儿童在活动中，在操作实验或深入实际生活的过程中学习，从自己的直接经验中学习。

（三）备教法——要做到“活”

教学方法是“为达到教学目的，实现教学内容，运用教学手段而进行的，由教学原则指导的一套方式组成的，师生相互作用的活动”。人们常说的“好的教学方法”“不好的教学方法”并不是从绝对意义上讲的，某种教学方法是相对于具体的教学目标、具体的智力障碍儿童、具体的教师而言的，是与当前的教学情境相适应的，要想灵活有效地运用教学方法应做到以下几点。

1. 掌握丰富的教学方法

教学有法。科学的教学方法是在长期的教学实践中证明行之有效的教学方法，并且有一套操作规则和操作要领。教学的方法很多，也都有着自身的特点、使用条件及范围。例如，讲授法能在有限的时间内传递大量的信息，知识的系统性强，是教师使用最为广泛和基础的教学方法；讨论法能集思广益，有利于智力障碍儿童主体性和创造性思维品质的培养，适用于以思维训练为核心的课堂教学；发现法有利于对智力障碍儿童进行科学过程和科学方法的教育，培养创造精神和实践能力。由于不同教学方法总有其一定的适用范围和自身的局限，而一节课中教学目标的完成，通过单一的教学方法很难来实现。教师只有真正掌握了多种教学方法，才能根据特定的教学内容和教学目标，选择符合智力障碍儿童认知规律，有利于发挥智力障碍儿童特长的教学方法。

2. 确立“构想”的意识

方法是实现目标的途径。教学方法又是与教学内容、教师和智力障碍儿童的实际以及教学情境相适应的。有什么样的教学内容、教学情境，就应该有什么样的教学方法。所谓“教无定法”，说的就是人们对教学方法的使用不应有固定不变的模式，而应因人、因地、因时而异。

传统的课堂教学往往是遵循课前精心设计的教学程序和教学方法，采用一连串的追问，牵着智力障碍儿童的“鼻子”走，让儿童接受一个又一个的结论；强调结构严谨，语言精练，教学进度时间把握准确，教学任务完成得不折不扣等，教学活动完全成了一部上演的“教案剧”。而备课的过程实际上是教师为智力障碍儿童规划学习的过程，提供出来的只是一个教学构想，而不是一成不变的，在课堂教学中随时可能出现预设之外的新问题、新情况，需要教师在教学过程中灵活地调整教学策略和方法。因此，所谓的备教学方法只不过是对教学过程中使用何种教学方法实现预定目标的预测和设计。

教师在教学中一定要确立“构想”意识，一方面，遵循教学方法的科学

规范，针对不同的教学目标和不同的教学内容，选择不同的教学方法；另一方面，要以“教无定法”的心态来预设和使用各种教学方法，根据具体的教学情境，随机应变，发展智力障碍儿童的主体性与创造性，做到“教学有法”与“教无定法”的和谐统一。

3. 教是为了不需要教

教学方法的变革绝不是单纯的“方法”的变化，重要的是教学思想、观念的转变。教学方法的运用要超越方法。教师的教学要有“对象”意识，教学不是唱独角戏，离开“学”就无所谓“教”。教师必须确立智力障碍儿童的主体地位，树立“一切为了儿童发展”的思想，处理好教与学的关系，明确教师为了智力障碍儿童的学，为了智力障碍儿童学会学习，最后达到“不需要教”的目的。

（1）把启发式教学方法作为教学的指导思想，重视调动智力障碍儿童学习的积极性

教学方法，按其指导思想的不同，大致可以分为启发式与注入式两种。所谓注入式，是指教师从自己的主观愿望出发，无视智力障碍儿童的认知规律及已有的知识经验，忽视智力障碍儿童在学习中的主观能动性，把智力障碍儿童当作知识信息的接收器，向他们灌输现成的知识结论，并强迫智力障碍儿童死记硬背。启发式教学则与此相反，它要求从智力障碍儿童的实际出发，依据学习的规律，运用各种具体的教学方法充分调动智力障碍儿童学习的主动性、积极性，引导智力障碍儿童动脑、动口、动手，提高他们分析问题和解决问题的能力。启发式教学注重激活智力障碍儿童的思维，以造成学习过程中的心理矛盾，并以此为推动力，“激其见”而后“开其意”，“导其悟”而后“达其辞”。任何一种教学方法都有启发的因素。启发作用能否发挥出来，关键在于教师应用教学方法的指导思想是否正确，如果没有正确的指导思想，即使采用发现法教学，也会造成机械学习，成为变相的“填鸭式”教学，或者是在表面的“活跃”中陷入散乱和无序，变成低效或无效的教学。

（2）着眼于智力障碍儿童的整体发展，重视智力障碍儿童的情感生活

情感教学正在以其独特的魅力引起人们的普遍关注，从智力障碍儿童的心理过程分析来看，学习一方面是感觉—思维—知识认知（包括运用）的过程，另一方面是感受—情绪—意志、性格形成（包括行为）的过程。传统的教学方法往往只看重第一种过程，即认识过程，忽视智力障碍儿童的情感生活。实际上情感与认识基础一样，同样是学习的基础。情知发展常常是互为条件、和谐共进的，而且认知的对象只有内化到人的情感个性之中，才能变成人的素质。

因此，教学法若能触及智力障碍儿童的情绪和意志领域，触及智力障碍儿童的精神需要，这种教学法就能发挥有效作用。

在课程改革过程中诞生的教学方法，有相当一部分就属于富有情趣的一类，如情境教学、游戏教学、角色表演、实践操作等，这些方法使智力障碍儿童兴趣盎然，产生各种情趣体验，从知、情、意等多个维度来建立多功能的教学方法，克服理性与情感的分离，促进智力障碍儿童多方面和谐发展。

4. 重视多种教学方法的组合运用

任何一种教学方法都不是万能的，既有各自的优点又有其不足的地方。有效的备课不仅要考虑具体的教学方法的使用，更要考虑方法组合模式的灵活运用，即包括教学方法、组织形式及课堂管理因素的组合，应该使之形成一个连贯的整体，为实现课堂教学目标服务。

课堂教学中把各种方法结合起来使用，可以触及教材各部分的特点，使智力障碍儿童更好地发挥自己在学习活动中的能力和才干，并为自己找到最合理地掌握知识、提升能力、发展情感的途径。

（四）备突发事件——要做到“全”

教学是有目的、有计划、有组织的过程，因此教学活动无疑是预设的结果；但是教学又是一种创造性的劳动，是师生在特定教学情境中互动“对话”的结果，具有动态生成性的特点。在课堂上，智力障碍儿童往往会发生一些突如其来的、偶然性的意外事件，并且这些动态性生成的突发事件可能随时随地发生。因此在教学中教师不能对这些“意外”视而不见，应及时加以调整，使这些“意外”与预设统一起来，以提高智力障碍儿童素质。

1.“弹性”备课

课堂教学不是对预设教案的机械执行，而是在课堂上重新生成、不断组织的过程。这种“生成”并不是没有导向的自由生成，而是在教师的“弹性”备课之下的智力障碍儿童自主建构，它体现着教学的目标和方向，体现着教师对智力障碍儿童的唤醒和尊重，体现着师生间的融合和内心的沟通。

（1）目标可以“升降”

备课时的教学目标并不是不可调整的唯一行为方向，也不是行为检测的唯一标准。课堂教学具有较强的现场性，学习的状态、条件随时会发生变化，因此教学目标应开放地纳入弹性灵活的成分，接纳始料未及的信息，在课堂推进中进行合理的删补、升降。

在课堂教学中，教师洞察秋毫，及时“降低”目标，能使智力障碍儿童相对容易地“摘到桃子”；及时“升高”目标，能激发起智力障碍儿童对学习新知识的欲望。

（2）板块式设计

受传统教学的影响，教师在备课时往往喜欢环环相扣，如教师怎么问，智力障碍儿童如何答；怎样总结，如何过渡；讲到哪里出示图片，读至第几遍放音乐等，考虑得非常周到。这样步步为营的设计，形成一种“线性序列”，在不知不觉中给师生来了个“五花大绑”。这样教师在课堂上就会缺乏激情和灵感，也不能生成新的东西。所以教师在备课时，可按照“板块式”的设计思路，给整节课大致设计几个问题板块。

把问题板块辐射到整个教学内容，这样没有纷繁的头绪，没有生硬的环节，给师生活动留下很大的空间。教师的教学也就拥有了很大的自由度，也可根据教学中生成的资源及时调整自己的教学行为。

（3）环节可以增补

课堂教学有着较大的偶然性和不可预测性。智力障碍儿童一旦出现这样那样的问题，教师就要进行灵活的反应，适当增补教学环节。教师备课时可以大致预设教学目标以及实现这些目标的大体过程，并虚拟地进入头脑中的“课堂”，让教师、学生、课程、情境等因素有机地“糅合”到一起，设想可能出现的种种情况。当这些情况出现时，教师就能够从容不迫地接纳和拥抱，并胸有成竹地将其引向精彩。

2. 即时备课

教师不能把备课完全简单化地等同于“写教案”，然后再无视课堂生成性的特点去主观地展示教案。在教学中，教师可能随时面对智力障碍儿童自由感悟的挑战，遭遇始料未及的问题，这正是课堂教学极富生成性的体现。这就要求教师不断丰富和调节自身的教学经验，以敏锐的职业眼光捕捉智力障碍儿童在课堂活动中的学习状态，包括他们的兴趣、积极性、注意力，学习方法与思维方式，合作能力与质量，发表的意见、建议、观点，提出的问题与争论乃至错误的回答，等等。动态的生成性资源，运用、调动自己的教学智慧进行即时性的备课，引导这些动态的生成性资源，使之纳入预设的课程目标中，巧妙地应对解决课堂中的生成性问题，实现生成性与预设有机统一。

（五）备自己——要做到“明”

1. 要进行“长备课”

苏霍姆林斯基在《给教师的建议》中谈到这样一件事：区训练班的学员和区教育处视导员一起听一位历史教师上课，这堂课上得非常出色，原本教师们和视导员打算在上课的过程中做一些记录，以便课后提些意见。可是他们听得入了迷，屏息静气地坐着，完全被讲课吸引住了，就跟自己变成了儿童一样。课后一位教师问执教者花了多少时间来准备这节课，这位教师回答说：“对这节课，我准备了一辈子。而且，总的来说，对每一节课，我都是用终身的时间来备课的。不过，对这个课题的直接准备，或者说现场准备，只用了大约 15 分钟。”苏霍姆林斯基认为这个回答“启开了一个窗口，使人窥见了教育技巧的一些奥秘”。

这位教师的回答实际上提出了“长备课”与“短备课”的问题，“短备课”即备一个课题，这自然很重要；但如果不注意“长备课”，不去逐日汲取，让新的知识、思想、感情如潺潺的小溪汇入思想的江河，就难以有成功的“短备课”。教师应有储备意识，不断增进自身的积累，努力构建完善的知识体

系，才能完成教学任务。

（1）要多读书

教师要多读那些与自己所教学科基础知识相联系的书籍，多读那些关于人特别是儿童和青少年的心灵、心理学方面的书籍。

（2）多与智力障碍儿童交往

教师还要多与智力障碍儿童进行接触，走到他们中间去，走向他们的内心，感受他们灵活的思维、纯洁的语言、真挚的感情。对智力障碍儿童的了解可以为教师展开教学提供更多的依据。教师在多年的教育生涯中，在与智力障碍儿童的交往中，对智力障碍儿童的兴趣、性格、学习方式、学习能力、学习中可能会出现的问题等都有比较深刻的体会，教师在备课时就可以根据对智力障碍儿童的了解，真正基于智力障碍儿童的需要和特点，来安排自己的教学，改变自己的教学方式。

（3）积累生活

叶圣陶先生诗云："天地阅览室，万物皆书卷。"因此，作为教师还应读好生活这本书，利用好生活资源，引导智力障碍儿童关注生活世界，通过教学打通书本知识与生活世界的联系。

教师应从每一次备课做起，围绕教学内容，整合自己的知识储备，并以这种储备作为教师教学备课的起点和开展教学活动的支点，从自己深厚的学科知识体系中提炼出与教学内容相关的知识点，以广博的普通文化知识为背景，赋予学科知识以生命活力；同时，以教育教学理论知识来指导自己的教学过程，备课的效果一定会大幅度提高。

2. 掌握熟练的教学技能

教学技能是教师在教学过程中逐渐形成的，是教师顺利开展教学和驾驭课堂的实践能力，包括教师的教学准备策略、教学行为策略、课堂管理策略、教学评价策略等。具体来说，教学准备中，包括备教材和备智力障碍儿童，尤其在新教学理念的影响下，根据智力障碍儿童的需要和基础来安排教学显得更为重要。教学行为策略中，教师需要通过激发智力障碍儿童的学习动机、适当地呈现教学内容、进行有效的教学交流等以实现有效的教学目的。课堂管理是进行教学的先决条件，教师必须有很好的组织能力和管理能力。教学评价包括智力障碍儿童的学业评价和行为评价，既是对教学效果的反馈，也是对智力障碍儿童的一种促进。

3. 打造个性特色

每一位教师都是根据自己的知识经验、思想情感，对前人积累的教学方法有选择地进行学习、借鉴、加工、吸收，内化为自己的东西，并在这个基础上，有所发展，有所创新，从而打造出具有自己鲜明个性色彩的教学方法。

4. 挖掘实践智慧

实践智慧就是教师在教学实践中应用和体现出来的智慧，简单地说包括三个方面。第一，是指教师对教育合理性的追求。在教学实践中，教师除了教书以外往往还会对一些教学问题进行追问和思考。例如："我这样安排教学对智力障碍儿童来说是否合理？""这样的教学是否符合智力障碍儿童掌握知识和身心发展的规律？""我为什么要达到这一目标，这些知识真的是智力障碍儿童必须掌握的吗？"对于这些问题的思考和回答，必定对教师的专业意识和反思教学起促进作用。第二，是指教师对当下教育情境的感知、辨别与顿悟。这一方面讲求师生之间的互动，在教学中教师根据智力障碍儿童不断冒出来的问题、错误和有教育价值的反馈信息不断地改变自己的教学方式乃至教学内容。第三，是指对教育道德品性的彰显。这一方面要求教师对智力障碍儿童的人文关怀，从教育的道德价值和伦理价值来思考和进行教学；另一方面，教师的教育实践智慧是重要的课程资源，需要教师自身去挖掘和利用，推动自己教学修养的不断提高。

5. 养成反思习惯

教师专业意识和专业能力的成熟过程，就是一个教师在教学实践中不断反思和改进的过程。单纯只有教学经验的积累，没有反思意识，教师就不会在实践中不断改进自己的教学，只是在原来基础上重复自己的劳动。教学反思是教师教学实践水平提高的一个重要的渠道、环节和手段。反思可以是对他人教学实践的反思，也可以是对自身教学实践的反思；可以是个人反思，也可以是集体性反思。但不管是哪一种反思，都应该以具体的教学活动为基

础，选好切入点，依据一定的理论进行分析阐释，并且开展对话交流，对已有的教学实践加以激活、评判、再认识，才能发挥出对教学实践应有的提升作用。叶澜教授曾说：一个教师写一辈子教案不一定成为名师，如果一个教师写三年的教学反思，就有可能成为名师。教学反思，是教学实践中一个过程的结束，同时也是新的教学实践的开始。只要我们对教学活动坚持不懈地进行反思，一定能不断提高对教学的认识，发展教学实践智慧，在“反思—实践—反思”的螺旋式上升中，实现自己的专业成长。

第二节　智力障碍儿童学科教学的上课

一、什么是上课

所谓上课实际上就是指课堂教学，是指在规定的时间内，通过班级集体授课等形式，在课堂上由教师的教和智力障碍儿童的学共同构成的教育活动。智力障碍儿童在教师有目的、有计划的指导下，学习、掌握基本的文化基础知识，形成一定的基本技能，发展智力与体力，培养能力，增进身心健康，形成良好品德和审美情趣的最基本的一种学校教育活动。

课堂教学是由教师的教与智力障碍儿童的学所共同构成的特殊性的认识活动。通过课堂教学可补偿智力障碍儿童身心发展缺陷，促进他们在德、智、体、美、劳等方面得到和谐、协调和一致的发展。

课堂教学是师生双方的共同活动。教师是教学的领导者与组织者，应始终起着主导作用，而教师在教学中一定要尊重智力障碍儿童的需求，树立以儿童发展为本的思想，积极主动地引导儿童进行自主学习、探究学习、合作学习，在师生合作、生生合作的教学实践中，使儿童在知识与能力、过程与方法、情感态度价值三维目标上获得全面的发展。

二、如何才能上好课

朱永新教授指出，理想课堂应具有以下六个特征：一是参与度，即有儿童的全面参与、全程参与和有效参与；二是亲和度，即师生之间有愉快的情感沟通与智慧交流；三是自由度，即自主地选择学习的方式方法等；四是整合度，即整体地把握学科知识体系；五是练习度，即儿童在课堂上动脑、动手、动口的程度；六是延展度，即在知识整合的基础上向广度和深度延展，从课堂教学向社会生活延伸。

因此教师要想上好课，应树立以下五种意识。

（一）课程资源开发意识

重视课程资源的开发和利用的目标是要改变学校课程过于注重书本知识传授的倾向，加强课程内容与智力障碍儿童生活及现代社会和科技发展的联系，关注智力障碍儿童的学习兴趣和经验，适应不同地区不同智力障碍儿童发展的需要。

教师除了有效地挖掘教材资源外，还要注意创造性地开发和利用其他教学资源。

1. 社区、家庭资源的合理利用

教学内容来源于生活，又应用于生活。社区、家庭中有大量的与教学相关的课程资源，如果我们在教学时能够合理利用，对激发智力障碍儿童的学习兴趣、拓展他们的知识面大有帮助。

2. 媒体、网络资源的合理开发

随着科学技术的不断进步和人民生活水平的提高，智力障碍儿童获取信息的渠道越来越多。现实社会是一个网络化时代、信息化社会，教师可以到网上收集一些与教学相关的题材，来充实、丰富课本内容，做到活用教材、用活教材，不要照抄照搬教材。

3. 其他学科资源的有机整合

课程资源的开发要注意整合其他学科资源，从其他学科中挖掘可以利用的资源来创设情境，帮助智力障碍儿童理解概念、掌握知识。教育部在颁布的新课程方案中指出："课程设置应以儿童的学习特点为依据，注重课程的综合性、功能性和实践性等特点，打破学科界限，密切联系基本技能和基础

知识，培养儿童良好的情感态度。整体设置课程门类和课时比例，体现课程结构的科学性、合理性和整体性。”

（二）以智力障碍儿童为主体的意识

课堂教学要倡导自主探索、合作交流与实践创新的学习方式，要从智力障碍儿童的生活经验和已有的知识背景出发，向他们充分地提供从事学科活动和交流的机会，促进他们在自主探索的过程中真正理解和掌握基本的学科知识技能、思想和方法，同时获得广泛的活动经验。课堂教学又是师生交往、互动与共同发展的过程，智力障碍儿童是学习的主人，教师是智力障碍儿童学习的组织者、引导者和合作者。教师在上课时要树立以智力障碍儿童为主体的意识，应注意以下几点。

1. 找准智力障碍儿童学习的现实起点

教师在进行教学设计时，首先要深入了解智力障碍儿童，找准他们学习的起点，改过去的“以教论学”为现在的“以学论教”。为了了解智力障碍儿童是否具备学习新知识的基础，教师可以对确定的预备技能和设定的教学起点进行预测。教师应将教学起点放在智力障碍儿童的“最近发展区”内。

2. 精心安排智力障碍儿童的探究过程，让智力障碍儿童体验学习

教师应该用好教材、用活教材，要根据优化课堂教学的需要对教材进行适当的加工处理，根据教学要求，从智力障碍儿童的实际出发，按照他们的年龄特点、认知规律，把课本内容转化为智力障碍儿童能够亲自参加的活生生的活动。要把教学的重点放在让智力障碍儿童经历有关的活动、获得对有关知识的体验上。教师在设计教学预案时，要尽可能给智力障碍儿童多一点思考的时间，多一点活动的余地，多一点表现自己的机会，多一点成功愉快的体验。教育部在颁布的新课程方案中指出：“课程设置应实现课程内容密切联系儿童发展的水平和实际需要，吸收现代社会发展及科技发展的有利资源；考虑儿童的身心特点和长期发展的要求，有针对性地安排康复训练内容和精选终身需要的基础知识技能，促进儿童美好生活的实现。”“课程设置应培养儿童对周围世界的兴趣和求知欲，尊重儿童的个人感受、体验和价值

观，知识的构建与儿童周围世界紧密联系；加深他们对自我、对他人、对社会的认识和理解，认识、适应现代社会，使儿童成为自然的关爱者、社会的生产者和环境的保护者。”

（三）问题意识

课堂教学中要重视对智力障碍儿童的创新精神与实践能力的培养，教师首先要保护和发展智力障碍儿童的问题意识，进行问题性教学。问题意识、问题能力是创新意识、创新能力的基础。

课堂教学，要以问题作为知识教学的纽带，把知识的认知掌握过程当作问题解决过程。也就是说，要把学习看作独立探索、发现和解决问题的过程，着力培养智力障碍儿童的问题意识、探究意识和批判意识，积极引导智力障碍儿童从事实践活动，培养智力障碍儿童乐于动手、勤于实践、敢于创新的意识和习惯，切实提高他们的动手实践能力，从而使他们获得知识、能力、态度和情感等方面的全面和谐发展。

以问题为纽带的教学，就是引导智力障碍儿童用自己的智慧发现和解决问题。在教学中，要根据教学内容以及智力障碍儿童已有的知识基础和生活经验，创设某种情境，引出所要“研究”的问题，并让他们在自主、合作、探究性的学习中锤炼思维，体验求知的艰辛与快乐，增强他们的自信心。

（四）“预设”与“生成”意识

课堂教学不仅是智力障碍儿童学习知识的过程，而且是师生共同建构知识的过程；不仅是对智力障碍儿童进行思维训练的过程，而且是智力障碍儿童得到发展、形成健康人格的过程。课堂教学不是教师个人表演和展示才能的过程，而是师生交往互动，共同激发生命活力的过程。

一堂好课，应该是课前“精心预设”和课中“动态生成”的有机统一。课堂教学要求教师充分预设并根据变化了的情形不断调整自己的行为，根据对课堂中各种信息的综合把握，及时进行正确的判断，采取适当的措施。课堂是师生知识共享、情感交流、心灵沟通的过程，是一个丰富多彩的动态生成过程，即使教师进行了充分的事先备课，也难以预料教学过程中出现的意

想不到的情况和事件。师生的心态在变，对知识的理解在变，知识经验的积累在变，课堂的物体空间也在变，这就要求教师要根据变化的情况不断提高自己的教学水平，根据自己对课堂各种信息的捕捉和把握，采用有效的措施。要求教学应智力障碍儿童而动，应实际情况而动。因此，课堂教学不只是达到教学目标的活动过程，而且是师生共同成长的过程。

教师在设计教学预案时，要尽可能设计成板块式的结构，教学预案可以勾画出一节课的大致思路，但不必细致到课堂上的每一句话怎么说。教师课堂上要提哪些问题，对于这些问题智力障碍儿童可能怎么回答，教师在课前要做到心中有数。教师在自己的教学预案中，应留出足够的教学空间，让师生在课堂上对话交流。

（五）质量效率意识

进行课堂教学改革，归根到底是为了提高教学质量，促进智力障碍儿童掌握知识，形成能力，实现个性的健康发展。

1. 确定切实可行的课时教学目标

课时教学目标是对一堂课教学结果的预先规定，它是单元教学目标的进一步分解。它是教学的出发点，也是教学的归宿。教师在制定课时教学目标时，要注意以下四个问题：一是目标内容的具体性；二是目标的可操作性；三是目标实现的及时性；四是目标设计的灵活性。

2. 注意多种教学方法的优化组合

每一种教学方法都有其较强的针对性。教师在教学时要针对不同的教学内容和教学对象，选择不同的教学方法。教师在备课时，要把“自主、合作、探究”的现代化教学方法与传统的教学方法有机结合，做到“一法为主，多法配合”。从整体上发挥教学方法的优势，以实现各项教学目标。

3. 组织好有效的课堂练习

练习是使智力障碍儿童掌握知识、形成技能、发展智力的重要手段，是教学过程中一个至关重要的环节。智力障碍儿童每学一种新知识，必须当堂进行巩固。

还要注意从智力障碍儿童的学习和发展需要出发，结合实际问题组织丰富、有趣的练习活动。同时，要关注智力障碍儿童在练习活动中的情感体验，培养他们的问题意识和应用意识。

4. 营造良好的教学氛围

理想的课堂，应该是课堂中教师能关注智力障碍儿童的生活世界，打通书本世界与智力障碍儿童生活世界之间的联系；关注智力障碍儿童的生命价值，给他们以主动探索、自主学习的时空；关注智力障碍儿童的生存方式，构建民主、平等、合作的师生关系；关注智力障碍儿童的心理需要，创设对他们有挑战意义的问题与情境；关注智力障碍儿童独有的文化，增强师生之间以及生生之间的多维有效的互动；关注智力障碍儿童的个性特征，实施个别化的差异教学。理想课堂以智力障碍儿童的发展为本，呵护自尊，培育自信，激励自强。教育部在颁布的新课程方案中指出："课程设置应强调支持性理念，重视个别化教育。根据儿童的差异性进行课程设置；关注儿童的学习特点，营造一个有利于学习和发展的环境，满足儿童的个别需要；注重课程与教学实效，发展和促进儿童的能力和技能，为他们适应社会生活奠定基础。"

第三节　智力障碍儿童学科教学的听课与评课

一、听课

听课是进行教学研究的有效手段，是教师教学工作的重要组成部分。

（一）什么是听课

听课是学校教学的常规工作之一，是教师的一项必不可少的、经常性的工作职责与任务。

听课是一般教师凭借眼、耳、手等自身的感官及有关的辅助工具（记录本、调查表等），直接地（也有间接地）从课堂情景中获取相关的信息资料，

从感性到理性的一种学习、评价及研究的教育教学方法。

听课不是目的，而是手段、途径。通过听课达到鉴别认定课堂教学优劣的目的，从而提高课堂教学研究的水平和质量。

（二）听课的基本特点

1. 目的性

听课总是有一定的目的要求，即为什么要去听课？听什么样的课？要解决什么问题？对此听课教师应该有明确的目的和任务，根据听课的目的来选择时间、地点和对象等，并有选择和有侧重地听一部分课或学习哪些内容。

2. 主观性

虽然课堂教学是一种客观的实践活动，但听课活动中的主观因素很多。一是什么时候到什么地方去听什么人的课，基本上是听课教师自己确定的。二是听课教师和被听课教师以及学生都是有主观意识的人，课堂教学的实际情况可能会因听课者的参与而发生变化。三是听课教师的听课行为受他的教育思想、教学经验、对被听教师的印象等的制约。

3. 选择性

有意识、有目的的听课就意味着选择。例如，学校要对年轻教师培养和考核，就会选择听年轻教师的课；要推荐教师参加优质课比赛，就会听部分优秀教师的课；要了解课堂教学的现状，就会不打招呼地随机听课。

4. 指导性

绝大多数听课活动在听课后要形成个人或集体的认识和意见，形成的评价要以一定的方式反馈给学校或教师，要提出一定的指导性意见和要求以及改进措施等。

5. 理论性

听课需要掌握一定的方法和技能，需要一定的教育教学理论做支撑。听课教师即使听本专业以外的课，也要能听出一些成功的地方和不足之处，这本身就需要听课者有一定的教育学、心理学的理论基础及掌握一定的新课改教育教学理念、教学方法。在听课的过程中及听课后，听课教师要进行一些思考分析，要对被听课教师做一些定量或定性的评价，这也需要相关的理论指导。

6. 情境性

课堂教学几乎是每天都在进行的活动，课堂是一种较为自然的情境，而听课又是在现场进行的一种活动。听课教师和被听课教师都处于一定的情境中，不同的时间、地点、条件就可能有不同的过程和结果，即使同一个教师在不同的学校上同一节课，也可能会得到不同的评价。我们获得的听课资料及有关的感觉和理解是离不开一定情境的，而且不可避免地带有不稳定性和偶然性。

（三）听课的目的和作用

1. 有利于掌握和了解学校、教师对教育教学法规、政策和要求等贯彻落实现状

由于课堂是教育政策、教学要求等最终落实的地方，教师的课堂教学是各方面要求的最终、最直接的体现，通过听课就可以了解一些实际问题，并供教育决策部门和教学指导部门参考，从而掌握指导教学工作的主动权。

2. 有利于了解学校和教师的教育教学质量及水平

课堂教学是学校教学工作的主要阵地，是学校教学质量和教师教学水平最基本的体现形式。反映教学质量和水平高低的方式很多，但课堂教学是基础和前提。学校整体教学质量如何，教师的教学水平如何，教学中有什么经验和不足等可以通过听课得到基本的评价。

3. 有利于良好教风的形成，促进教学改革深入有效地进行

通过听课，不仅可以了解自己或其他教师课堂教学的实际情况，做到相互学习和交流，取长补短，共同提高；而且可以融洽各方面的人际关系，增进相互信任，有助于集体合作，营造良好的教研氛围，促进教学改革的深入和质量的提高。

4. 有利于总结和推广先进的教学经验和方法，促进教师特别是青年教师的学习提高和成长

听课是教师专业化发展的重要途径，通过听课不仅可以学习到别人的经验，吸取别人失败的教训，用别人的方法指导自己的教学，更主要的是可以对自己的教学进行反思和研究，将一些听课得到的感性认识上升为理性的认识，发现自己教学中的不足，通过取长补短，相互交流，改进自己的教学，共同提高。

通过听课可以发现一部分教师先进的教学理念、教学方法和教学经验等，经过思考分析及论证总结，就可以组织观摩课等听课学习活动，推广其方法和经验等；其他教师可以通过听课活动学习先进的理念、方法和经验，结合自己的教学实际进行思考和吸收，促进自己的成长和提高。

（四）听课的要求

1. 要明确听课的目的、计划和要求

无论是听何种类型的课，在听课前都应确定具体的目的和要求，听课教师也必须明确这些目的和要求，否则就很难达到听课的目的。

2. 要了解教材、学校和教师的基本情况

不同的学科、不同的教材有不同的教学内容、教学方法及教学要求等，对此，听课教师必须熟悉，要掌握课程标准和课程实施要求等，可以在听课前重点看看相关的教学内容，另外也可以在听课初和听课过程中用简短的时间看一看有关内容；否则，就不一定能听出教师是否抓住了教学重点、讲清了教学难点、完成了教学任务等。如果是听其他学科的课，也应该有大概的了解，增加听课的针对性及评价的客观性和公正性。

3. 要处理好听课教师与被听课教师之间的关系

听课教师应抱着向别人学习的态度进入课堂去听课。进入课堂后，听课教师要高度集中注意力，做到认真听、仔细看、勤记录、多思考，不要漫不经心，不要干扰智力障碍儿童学习，不要干扰教师上课，要最大限度地减少对课堂教学的影响，尽量使课堂教学以真实自然的面貌呈现。

4. 要不断地学习教育教学理论，了解有关学科的课改信息

听课要透过现象听出本质，即要从感性认识上升到理性认识，而要做到

这一点，就必须学习教育教学理论。

听课教师应该不断地关注和学习有关学科的新的理论、方法和经验等，了解课程改革的新的政策形势、教学要求等，获取新的信息、新的知识，思考新的问题，提出新的措施和要求等，从而提高听课的品位，准确地发现教师课堂教学的优缺点，提高听课的针对性和有效性。

5. 要做到听、看、记、思有机的结合

听课不仅是复杂的脑力劳动，而且是一种方法和技能。

（1）听什么？怎样听？

①教师是否体现新课改的理念、方法和要求。②是否重点突出，详略得当。③语言是否流畅、表达是否清楚。④是否有知识性等错误。⑤是否有创新的地方。⑥教师的思维是否宽泛，智力障碍儿童的发言是否准确。

（2）看什么？怎样看？

①看教师主导作用的发挥，如教态是否亲切自然，板书是否规范合理，多媒体等教学手段的运用是否熟练，指导智力障碍儿童学习是否得法，处理课堂偶发问题是否灵活巧妙。②看智力障碍儿童主体作用的发挥。如课堂气氛是否活跃，智力障碍儿童是否参与教学过程，全体智力障碍儿童的积极性是否得到调动，智力障碍儿童正确的学习习惯是否养成，智力障碍儿童分析问题和解决问题的能力是否得到培养。

（3）记什么？怎样记？

原则上听课记录应包括两个方面，一是教学实录，二是教学评点。

（4）思考什么？怎样思考？

①教师为什么要这样处理教材，换个角度行不行、好不好。②对教师成功的地方和不足或出现错误的地方，要思考原因，并预测对智力障碍儿童产生的影响。③如果是自己来上这节课，应该怎样上，进行换位思考。④如果我是智力障碍儿童，我是否掌握和理解了教学内容。⑤新课改的理念、方法、要求等到底如何体现在日常课堂教学中，并内化为教师自觉的教学行为。⑥这节课是否能反映教师正常的教学实际水平，如果没有听课教师，教师是否也会这样上等。

6. 要认真做好听课记录

做好听课记录是听课教师基本素质的体现，它反映了听课教师的品德、态度、能力、水平等各个方面的基本素质。

在做听课记录时要注意以下几点。

第一，听、记要分清主次。听课应该以听为主，要把注意力集中在听和思考上。

第二，记录要有重点，要详略得当，对内容要选择，文字要精炼。

一般要记教学过程、板书设计、教师的重点提问、智力障碍儿童的典型发言、师生的互动情况、有效的教学方法和手段、教学中的失误等。

根据听课的类型，有些记录应该全面一些，有些记录则要突出某一个方面。一般来说，教学过程可以简明扼要地记录，讲课中符合教学规律、有创新、有特色的好的做法或存在的问题和不足等可以详细地记录，对一些问题的思考或自己的见解也可以详细地记录下来，以免遗忘。

第三，一段时间后，对听课记录要进行整理，并进行理性的思考分析，归纳、总结出一些共性的东西，推广或提倡一些成功的经验和做法等，提出一些改进的意见和要求等。

7. 要积极参与评课，反馈要实事求是，以鼓励为主

评课时要积极参与，对教师的自评和听课教师的评价应认真地记录和思考，以便在自己的教学中进行借鉴并提高自己的教学能力。

听课后要尽可能地同被听教师进行交流，要抱着虚心、诚恳的态度，热情主动地与教师交谈。

听课的反馈更多的是与教师的研讨和交换看法，虽然也需要指出成功和不足或改进的地方，但交换意见时要抓住重点，多谈优点和经验，明确的问题不含糊，存在的问题不回避，要尽可能以平等商量的语气，以鼓励为主，在通常情况下，一般不去进行定性的分析和评价。

二、评课

评课是学校一项重要的工作。科学化的评课对提高课堂教学质量、提升

教师教育教学素养、进一步加强和深化课程改革有着很强的现实意义。

（一）评课的内容

学校工作以教学为中心，课堂教学是关键。评课首先就要对课堂教学进行评价，也就是对课堂教学效果的评价，以及对构成课堂教学过程各要素（教师、智力障碍儿童、教学内容、教学方法和教学环境等）作用的分析和评价。就是要评价课堂教学中的教与学、讲与练、主导与主体、学知识与学做人、学知识与提高能力、全面要求与因材施教、教学目标与绩效达成、教师专业发展等方面。

（二）评课的功能

概括起来讲就是四个功效：一是促进学校教学质量的提高，二是促使教师专业素质的提高，三是带动学校教科研水平的提高，四是促使智力障碍儿童的素质的提高。最终实现八个优化，即优化教师教育思想与理念、优化教学目标、优化教学内容、优化教学方法与手段、优化教学过程、优化作业设计、优化教学管理和优化教师教学基本功。

（三）评课的原则

教师在评课时应遵循以下一些原则。

1. 实话实说原则

实话实说对于听课教师来讲，是一种重要的责任心问题。只有本着客观公正、实事求是的精神，评课才有实在的意义。这里面可能出现“话重”的情况，所以实话实说也要讲究方法与策略，讲究谈话的艺术。

2. “心理零距离”原则

评课者要站在执教者与帮助促进者的角度去分析考虑问题，给执教者一个中肯的指导意见，特别是要用一种十分诚恳的态度去评课。让别人特别是执教者在一种融洽的氛围中，在“轻松”的心理状态下感觉到你的善意，容易接受你的意见，这样才有助于执教者反思自己的教学，有助于教师教学水准的提高。

3. 突出重点原则

评课不要“眉毛胡子一把抓”，要能抓住重点部分详尽地谈，理论联系实际，哪些地方需要改进，哪些地方很有特色，让人一听颇有“柳暗花明又一村”的感觉。

4. 激励性原则

评课的最终目的是要激励执教者特别是年轻的教师尽快成长，成为课堂教学直至课程改革的中坚力量。

5. 因人而异原则

因执教者情况各异，课堂教学的形式的不同，评价侧重点的不同，评课也要有一定的区别和特色。对于一些骨干教师要把要求拔高一些，抓住个性特点，挖掘教学特长，激发个人教学风格的形成。

6. 艺术性原则

评课也要讲究艺术，要掌握心理学理论，掌握“谈话”的策略，不以成败论英雄，而且要注意评议的尺度，从帮助、教育、促进的角度去考虑，把课评足，少议论人。

（四）评课的形式

评课的形式有很多，要根据实际情况确定评课的形式。

1. 个别面谈式

听课者与执教者面对面地单独交流，更容易进行双向沟通。既可以保护执教者的自尊心，探讨问题也更容易深入。

2. 小组评议式

人数较多往往采取小组评议的方式进行，特别是学校举行一些展示课、研究课等。程序主要包括三个方面：一是执教者说课；二是听者评议；三是领导、专家总评。

3. 书面材料式

评课要受时间、空间、人员、场所等多种因素的影响，有些不便在公共场合交谈的问题可以通过书面传达自己的见解，还可以填写评课表。

4. 调查问卷式

调查问卷式主要有三种形式，一是智力障碍儿童学习效果调查表，二是听课者对课堂教学情况的评价表，三是教师自评表。这要根据评课者或组织的需要来决定。

5. 陈述答辩式

先由执教者陈述自己的上课设想、教学思路、教学方法、教学理念、教学特色、教学成败等问题，可有侧重地谈谈。接着就像辩论比赛一样，评课者提问，双方再各自阐述自己的观点，然后进行总结。最后，权威专家点评。

6. 点名评议式

这种评议式有点像考试，由评课组织者或负责人采取点名的方式请参加评课者进行现场点评。

7. 师生评议式

这是体现教学民主的一种评议方式。执教者评议智力障碍儿童学习态度、学习效果、学习方式、合作情况和技能掌握情况等，多肯定积极因素，少批评。智力障碍儿童则主要评议教师上课的精神面貌、自己学的情况、有没有没弄懂的知识等方面。

8. 专家会诊式

邀请专家对执教者的课进行会诊，更容易帮助青年教师扬长避短，尽快成长。由于专家看问题比较准确，比较深入，能够有理有据，所以专家会诊更有说服力。

9. 自我剖析式

这是重要的一环。在听取了别人的评价后，执教者要及时进行反省性的修改、优化，进行二度设计。特别是在反思时要根据自己的不足，探究失误的原因并及时记录，以防止类似问题的出现。

第四节　智力障碍儿童学科教学的说课

一、什么是说课

说课是课堂教学研究活动中的一个基础性环节，也是贯穿整个教学研究过程中的一个常规性内容。在听课、评课等教研活动中，说课也是一种主要的研讨形式和表现手段。

说课就是教师以教育教学理论为指导，在精心备课的基础上，面对同行、领导或教学研究人员，主要用口头言语和有关的辅助手段阐述某一学科课程或某一具体课题的教学设计（或教学得失），并与听者一起就课程目标的形成、教学过程的安排、重点难点的把握及教学效果与质量的评价等方面进行预测或反思，共同研讨进一步改进和优化教学设计的教学研究过程。

二、说课的类型

说课，按其活动的目的、要求不同，常有不同的分类方法。具体来说，从服务于课堂教学的先后顺序来看，说课一般可分为课前说课和课后说课；从改进和优化课堂教学设计来看，说课也可分为预测型说课和反思型说课；从教学业务评比的角度看，说课又可分为评比型说课和非评比型说课；从教学研究的角度看，说课还可以分为专题研究型说课或示范型说课；从说课的主体角度看，可以分为授课者说课和评课者说课等。本节重点分析课前说课、课后说课、评比型说课、主题型说课和示范型说课。

（一）课前说课

课前说课，就是教师在认真钻研教材、领会教材编写意图、分析各种教学资源、初步完成教学设计基础上的一种说课形式，是教师个体深层次备课后的一种教学预演活动。从其对课堂教学的影响来看，通过课前说课活动，可以借助集体的智慧来预测课堂教学的实际效果，最终达到改进和优化教学设计的目的，因而课前说课也是一次预测性说课活动。

（二）课后说课

课后说课，就是教师按照既定的教学设计上课，并在上课后向所有听课教师或其他教学研究人员阐述自己教学得失的一种说课形式，是建立在教师个体教学活动基础上的一种集体反思与研讨活动，从而使说课者和参与研讨的其他教师对教学的成败得失有了更加清晰的认识，也为进一步改进和优化教学设计提供了可能。因此，课后说课也可被认为是一种反思型说课活动。

（三）评比型说课

评比型说课，就是把说课作为教师教学业务评比的内容或一个项目，对教师运用教育教学理论的能力、理解课程标准和教材的实际水平、教学流程设计的科学性和合理性等进行客观公正的评判的活动方式。它既是对优秀教师进行评选的一种方法，也是以此带动教师队伍建设、促进教师专业发展的有效途径。相对于评比型说课而言，教师在日常教学研究中所进行的说课活动，都属于非评比型说课，它既可以是课前说课方式，也可以是课后说课方式。

（四）主题型说课

主题型说课，就是以教育教学工作中遇到的重点、难点问题或热点问题为主题，引导教师在进行一段时间实践和探索的基础上，用说课的方式向其他教师、专家和领导汇报其研究成果的教育教学研究活动。因此，主题型说课是一种更深入的问题研究活动，它更有助于解决教育教学工作中的重点、难点或热点问题。

（五）示范型说课

示范型说课，一般是以教学能手、学科带头人等优秀教师或特级教师为代表在向听课教师进行示范型说课的基础上，请该教师按照其说课内容上课，然后再组织教师进行评议的教学研究方式。通过这样一种形式的教学研究活动，听课教师可以从听说课、看上课、参评课中增长见识，开阔视野，不断提高自己运用理论指导教育教学实践的能力，也是培养教学骨干的有效方式和重要途径。

不论是何种类型的说课，一般都具有以下特点。

1. 简便易操作

由于参加说课活动的对象都是教师或教学研究人员，因此与课堂教学所不同的是，说课活动可以不受时间、空间和人数的限制，简便易行。从活动所需的媒体或手段来看，既可以是教师口头表达方式，也可以是利用实物、实验、投影、音像等教学媒体辅助说课，因而具有较强的可操作性。

2. 理论与实践相结合

在备课的过程中，虽然教师已对课程标准和教材进行了一些分析和处理，形成了初步的教学设计思路，但这些分析和处理是浅显感性的，所形成的教学设计在一定程度上也是凭借经验判断。而在说课活动中，通过教师对教与学过程设计的全面阐述，就有可能从教学理论的高度来审视和发展备课中的疏漏与不足，发挥集体智慧来完善修改教学设计。因此，说课能帮助教师更好地吃透教材、理解教材，切实解决理论与实践相脱节的矛盾，最终实现教学与教研相长的目的。

此外，说课的准备过程是教师驾驭教材、优化教学设计的过程，尤其是说课不仅要说“怎样教”，还要说“为什么这样教”及“这样教的理论依据是什么”。这就迫使教师要积极主动地学习教育教学理论，认真反思以往的教学实践活动，确立运用理论指导教学实践的意识。可见，说课活动体现了较强的理论与实践相结合的特点。

3. 智慧互补

由于说课是一种集体参与、集思广益、群策群力的教学研究活动方式，因此对每位参与者来说，就是思想与思想之间的交流与碰撞。每一位参与人员的每一种想法、每一个观点，乃至一个小小的补充或提示，其实都是一种教学智慧。教师们在交流中分享经验，在合作中共同提高，达到智慧互补，这也是说课的显著特点。

4. 可重复修改和补正

教师课堂教学设计是否科学合理和有效，可以通过说课来进行修改和完善，去粗取精、精益求精。有什么不足之处，可以在课前修改；有什么好的做法，可以在课后提炼和提升。

当然，说课也有一定的局限性。首先，说课不可能像课堂教学那样能看到教师的临场发挥和随机应变的教学机智，能看到智力障碍儿童掌握知识、形成能力的实际效果。其次，在具体实施过程中发现，说课好的教师不一定上课好，同样，上课好的教师也有说课说不好的现象。这就需要在开展教学研究活动和评价时，不能简单、孤立地看待教师说课的好与坏，而要把说课评价与课堂教学评价有机地结合起来，这样评估才更正确、更有说服能力。

三、说课与备课、上课之间的关系

说课是改进和优化备课、提高课堂教学有效性的一个中间环节，科学合理地处理备课、说课、上课三者的关系，是全面实施新课改、贯彻落实新理念的基本要求和重要保障。

（一）说课与备课的关系

1. 相同点

无论是备课还是说课，其目的都是为上课服务，都属于课前的一种准备工作。从所涉及的内容来看，由于说课是一种深层次备课后的展示活动，所以在主要内容方面应该是一致的；从活动的过程看，两者都需要教师花费一定的时间来研究课程标准、教材及学情，并结合有关教学理论，选择并确定合适的教学方式，设计最优化的教学流程。

2. 不同点

（1）内涵不同

一般说来，备课是教师个体独立进行的一种教学研究行为，而说课是教师集体共同开展的一种教学研究活动。在对教学问题的研究与反思方面，说课要比备课更深入、细致、透彻。

（2）对象不同

在备课过程中，教师一般独立进行教学设计，不直接面对智力障碍儿童或教师，而说课是说课者直接面对其他教师，说明自己及备课的依据。

（3）目的不同

备课是为了更好地上课，为了更规范、高效地开展教学活动，它以全面

提高教育教学质量和不断促进智力障碍儿童发展为最终目的。而说课是为了帮助教师学会反思，改进和优化备课，它以整体提高教师队伍素质和实现教师专业化发展为最终目的。

（4）要求不同

备课强调教学活动的安排要科学、合理和全面，其中，能为上课提供可操作性强、条理清晰的教学流程是备课的关键内容。因此，备课一般只需要写出教什么、怎样教就可以了，而无须说明为什么要这样教。而说课就不一样了，教师不仅要说出教什么、怎样教，还要从理论角度阐述为什么这样教。

（二）说课与上课的关系

1. 相同点

说课与上课有很多共同之处。例如，在课前说课中，所展示的教学流程、教学内容、教学方式、教学媒体等，都会在上课时得到充分体现。再如，在课后说课中，说课者进行反思活动时所涉及的内容则更多的是上课时师生活动的再现。

2. 不同点

由于说课、上课是两种不同的活动过程，它们存在着一定的本质区别。

（1）要求不同

上课主要解决教什么、怎样教的问题；而说课不仅要解决教什么、怎么教，还要解答“为什么这样教”。

（2）对象不同

教师上课的对象是智力障碍儿童，而教师说课的对象是具有一定教学经验的同行和领导。由于对象不同，说课比上课更具有灵活性，它不受时间、空间限制，不受教学进度的影响，不会干扰正常的教学秩序；同时，说课也不受教材、年级、人数的限制，大可到区域、学校，小可到教研组、备课组。

可见，说课是介于备课和上课之间的一种集体教学研究活动。对于备课而言，它是一种教学改进和优化活动；对于上课而言，它是一种更为缜密的科学准备过程。因此，从某种意义上讲，说课也是对整个教学活动和教学研究过程的一种折射。

四、在说课中应注意的几个问题

（一）处理好课程标准与教材的关系，教材不是唯一的标准

课程标准是教学的依据，具有法定的指导作用。教师在说课前应认真学习课程标准中的基本理念、课程目标、内容标准等，把它作为确定教学目标、重点难点、教学结构，以及教法、学法的理论依据。教材是根据课程标准编写的，是教师教学和智力障碍儿童学习的主要载体。教师说课应“以本为本”，但不能“照本宣科”，要充分发挥教师的创造性，理解教材、驾驭教材并超越教材。因此，说课教师应在系统掌握教材内容的前提下，牢牢把握课程标准和教材的关系，把课程标准和教材紧密结合起来，反复揣摩编者的意图，只有这样，才能发挥自己的聪明才智把课说好、说活。

（二）处理好说课和备课的区别，说课不能照教案说

备课是教师在吃透教材、掌握教学大纲的基础上精心写出教案。教案有明确的教学目标、具体的教学内容，有连贯而清晰的教学流程，有启发智力障碍儿童积极思维的教学方法，有板书设计和目标测试题等。说课是教师在总体把握教材内容的基础上，说出在教学过程中，教师对各个环节具体操作的想法和步骤，以及这些想法和采用这些步骤的理论依据。简单地说，说课主要是回答自己为什么这样备课的问题。因此，说课教师不能按照自己写好的教案详细讲解教学过程。

（三）处理好说课与上课的区别，说课不能视听课对象为儿童

上课是教师在特定的环境中，依据自己所编制的教案，实现教学目的、完成教学任务的过程。上课有鲜活的教学主体对象，有动态生成的师生活动，有严密的教学程序和系统的操作流程，是一种具体的教学实践活动。说课则不同，说课是说课教师给特殊听众唱的“独角戏”，是教师“唱”给教师听的，它侧重于理性的阐述，因而它带有研究教学方法、促进教师成长的性质，也可以说，它是集体备课的一种特殊形式。因此，说课与上课的性质是根本不同的，在某种程度上说，说课回答了自己怎样上好这堂课的问题。

（四）说课要注意详略得当，突出“说”字，切忌“读”和“背”

说课教师对所说课内容应作详略取舍，不可平均使用力量、面面俱到，对重点难点、教学流程及理论依据等一定要详讲，对一般问题要略讲，若不分详略，不分主次，必然会使听者感到茫然或厌烦。同时，说课不等于读课，说课者不能拿着事先写好的说课教案去读，更没必要根据事先准备好的说课教案只字不漏地背。

（五）备说课教案时要多问几个“为什么”

说课教师在备说课教案时应自己多问几个“为什么”，并力争自己做出令人满意的解释。如果对有些问题尚未搞清楚，应在准备说课前认真学习教学理论、研读课程标准和教材，查阅一些资料或请教其他教师，切忌说课时使用“可能”“大概”“或许”等词语。当然，说课质量还取决于教师的实践经验、言语表达及知识面等。

总之，教师在说课时，要紧紧围绕一个“课”字，突出“说”字（选准“说”法，找准“说”点，把握“说”度），把“课”“说”活。

五、说课的内容

一个完整的说课至少应包括以下五个方面的内容。

（一）说教材

说教材，就是说课教师在认真研读课程标准和教材的基础上，系统地阐述选定课题的教学内容、本节内容在教学单元乃至整个教材中的地位和作用，以及与其他单元或课题乃至其他学科的联系等，围绕课程标准对课题内容的要求，将三维目标（知识与技能、过程与方法、情感态度与价值观）化解到具体的教学环节中，确定教学的重点和难点以及课时的安排等。

说教材时，说课教师应尽最大努力来阐述自己对教材的理解和感悟，以充分展示自己对教材的宏观把握能力和对教材的驾驭分配能力。力求做到既要“说”得准确，又要“说”出特色；既要“说”出共性，也要“说”出个性。一般地，说教材主要包括以下两个方面的内容。

1. 剖析教材

在认真研读课程标准并分析教材编写思路及其特点的基础上，按照课程标准对本年级智力障碍儿童学习方面的要求，简要阐述所选内容在本课题、单元、教材、年级乃至学段中的地位、作用和意义，“说”出所选内容的学习重点学习难点分别是什么，以及确定这些重点、难点的依据是什么等。

2. 课时安排

根据教材的编写思路和结构特点，充分考虑智力障碍儿童的认知水平和年龄特征，对所选内容或课题提出合理的课时安排并阐述这样安排的依据。若所选内容需要安排 2 课时或 2 课时以上，还要就每课时的教学重点与难点安排做出陈述。

总之，说教材至少应实现三个目的：一是依据学习内容确定教学的重点、难点，使教学活动能做到重点突出、难点分散，解决“教什么”的问题；二是依据课程标准对学习内容的要求，将三维目的化解到具体内容的教学过程中，有利于解决“怎样教”的问题；三是整体把握教材，根据智力障碍儿童已有的学习体验和认知特点，循序渐进地设计教学活动，为解决“为什么这样教”的问题提供教学参考。

（二）说目标

说目标，不只是宏观地阐述三维目标，还要在课程标准的指导下，就学习内容的教与学的目标要求，从认知性学习目标、技能性学习目标和体验性学习目标等方面进行分层化解，阐述实现这些目标要求的途径与方法，目标化解越具体，教学活动安排就越科学，操作性就越强，也越能提高教学水平。

当然，强调目标的具体化，绝不是孤立地对待每一个教学目标，而是要把目标的达成贯穿具体的学习内容中，使它们相辅相成、相互促进。在任何教学活动中，三维目标始终都是一个有机统一的整体，既相对独立，又互相补充。教学活动的过程，其实就是智力障碍儿童习得知识与技能的过程，同时也是形成方法、发展能力和确立情感态度与价值观的过程。

（三）说学情

学情，就是包括智力障碍儿童的年龄特征、认知规律、学习方法及已有知识和经验等在内的学生基本情况的总和，它是教师组织教学活动的依据，是智力障碍儿童学习新知识的基础。

说学情，就是要依据智力障碍儿童的年龄特征和认知规律，全面客观地阐述智力障碍儿童已有的学业情况和已经掌握的学习方法，为优化教学设计提供参考。它既可以与教材一起作为教学资源加以分析，也可以单独阐述。一般地说，学情应重点关注以下三个方面的内容。

1. 已有知识和经验

智力障碍儿童已有的一定的知识和生活经验，这是他们学习新知识和新技能的基础。把智力障碍儿童已有的知识和经验说出来，把打算如何利用这些知识与经验说清楚，有利于实现智力障碍儿童“旧知”向“新知”的迁移，解决教师“怎样教”的问题。

2. 学习方法和技巧

在进行新知识教学时，认真分析并把握智力障碍儿童已有的学习方法和技巧，可以有针对性地指导智力障碍儿童从已有的学习方法和技巧体系中检索有用信息，培养他们独立分析问题、解决问题的能力。“说”学习方法和技巧，就是要说出智力障碍儿童从已有学习方法向新的学习方法转化的切入口或途径，说出学习新知识时应重点关注的方法，有助于解决“怎样学”的问题。

3. 个性发展和群体提高

“说”个性发展和群体提高，就是既要对任教班级的班风、学风、合作精神和团队意识等方面进行全面客观的分析，又要对班级中的特殊个体的个性特征进行单独分析，以整体把握班级群体和个体的实际发展水平，解决教学难点的问题。

（四）说教法

说教法，就是根据教学内容的特点、教学目标和智力障碍儿童学业情况，说出选用的教学方法和教学手段，以及采用这些教学方法和教学手段的理论依据。

教学方法的选择与制定往往受教材内容、智力障碍儿童特点、教学媒体、教师自身特点和授课时间的制约。一般情况下，本源性知识常常采用观察、实验、讨论等方法，以培养智力障碍儿童观察现象、动手实验和分析问题的能力；派生性知识一般采用讲授、讨论、自学等方法，以培养智力障碍儿童的推理能力、演绎能力和抽象思维的能力。在说课中，教师有必要把采用的这些方法及相关的理论依据说出来。

教法与学法是教师组织教学和智力障碍儿童开展学习的两种不同活动的反映，它们既相辅相成又相互促进。教为主导，学为主体。说教法与学法，实际就是要解决教师“教”如何为智力障碍儿童“学”服务的问题。

（五）说教学程序

所谓教学程序，就是指教学活动的系统展开即教学活动是如何发起的，又是怎样展开的，最终又是怎样结束的。

说教学程序是说课的重点部分，因为只有通过这一过程的分析，才能看到说课者独具匠心的教学安排，才能反映教师的教学思想、教学个性与教学风格。也只有通过对教学程序设计的阐述，才能看到其教学安排是否合理、科学和艺术。一般地说，教学程序应关注以下几个环节。

1. 教具学具准备

教具学具准备，就是教师为提高教育教学活动的质量，根据授课内容的安排或优化教学过程的需要，选择使用的教学媒体。说课时，这部分内容一般可在具体教学环节中体现，也可单独列出。

2. 设计思路

设计思路，就是对教学流程主要环节的概括。说设计思路，有助于听者更清晰地了解和把握说课者关于教学活动的整体安排。例如，科学探究教学的设计思路一般可表示为：创设情境—提出问题—猜想与假设—制订计划—进行实验—收集证据—解释与结论—巩固运用等。这一环节，可以单独列出，也可以隐含在教学流程中。

3. 教学流程

说教学流程，就是围绕教学设计思路，说具体的教与学活动安排及这样安排的理论依据。在说教与学的内容时，不能照搬教案像给智力障碍儿童上课那样详细讲解，而要力争做到详略得当，重点内容重点说，难点突破详细说，理论依据简单说。只要让听者知道“教什么”“怎样教”“为什么这样教”就行。

4. 板书设计

板书设计可视具体说课的要求而定。一般来说，若是教学研究活动中的说课，这一环节可以省略；但若作为业务评比，则可在说课的过程中直接在黑板上演示。

六、说课的评价

有说课，就要有评说课，否则，难以引导和把握说课的方向，也很难保证说课的质量和水平。只有把开展说课和评价说课有机地结合起来，才能使教师更理性地对待备课，用理论来指导备课、深化备课，研究说课、说好课，更有效地促使教师加强教学反思，不断提高教学研究的有效性。

（一）评价原则

1. 及时性原则

要使说课评价收到最佳效果，防止因遗忘而降低评价的效果，最好的方法是“当场说、当场评”。从心理学角度上看，只有置身现场氛围，人的情绪才会高涨，也最容易阐述个人的观点，真正做到畅所欲言。因此，“当场说、当场评”可以使说、评双方都能得到有效的启发，促进教学研究的深化。

2. 客观性原则

评价的客观性，就是要实事求是，客观、公正地对说课教师的说课内容进行评价，要坚持用“一分为二”的观点来审视教师的说课。既要善于发现说课中的闪光点，肯定教师的成功做法或探索，以保护和鼓励该教师参与说课的积极性，又要实事求是地指出说课中存在的问题，针对不足提出改进和优化的方法，绝不能掺杂个人因素来评价说课。

3. 参与性原则

说课是促进教师专业成长的有效途径。因此，说听双方全程、全体参与到这一活动中，共同研讨、相互争辩，这是开展说课活动的基本要求，也是提高说课效益的重要因素。

4. 校本化原则

虽然说课有多种方式和途径，但其目的都是服务于改进和优化教学实践。当前，随着新课改的深入推进，建立以校为本的教学研究机制，促进教师在合作与对话中共同提高，已成为学校发展和培养教师的重要途径。因此，立足学校，以教研组为单位开展说课活动，让相关教师在研讨中共同提高，这是整体提高教师队伍的有效方式。

（二）评价内容

评价的内容总体上都要根据说课的内容而定。

1. 关于说课者理解和把握教材情况的评价

（1）是否全面理解和把握课程标准

课程标准是教师组织并实施教学的唯一依据，而教材只不过是教学的重要载体之一。因此，评价说课者是否真正理解和把握了教材，首先应看该教师在说课中是否全面正确地理解了课程标准，是否真正把握了课程标准所规定的教学要求和教学目标。

（2）是否全面正确地理解和把握教材的地位和作用

说课活动中，教师对授课内容在教材中地位和作用的把握，将直接决定教师教学的有效性。判断说课者对教材的理解和把握情况，关键就看他能否把授课内容置于整个课题、单元乃至教材中通盘考虑，既要“承上”又能“启下”。即不仅要考虑借助已有的知识和经验来促进后续知识的学习，还要考虑帮助智力障碍儿童巩固已学知识，提升学习方法，培养学习能力。

（3）是否恰如其分地把握教学重难点

突出重点、突破难点，这是组织教学的一个基本原则。一般地，重点内容应重点说，整个说课活动要围绕这一重点内容展开，要敢于花费一定的时间来阐述；难点内容应讲透，要围绕这一内容说出个人独到的处理方法。

2. 关于说课者贯彻落实教学目标的评价

能否制定并贯彻落实三维的教学目标，将直接影响教育教学质量的提高，决定着智力障碍儿童的未来发展。评价说课者贯彻落实教学目标的意识，不能仅仅依据说课者是否阐述了三维目标来判断，而是从他所设计的各个教学环节和各项教学活动中来审视，从智力障碍儿童参与教学活动后可能获得的体验中来判断。

3. 关于说课者选择的教学方法的评价

（1）是否充分体现学科特点

不同的学科有其不同的自身特点和不同的教学要求。而且，这些学科在不同的学习阶段，其教学要求也不一样，因此在评价说课时，应从学科性质和特点出发，全面审视该教师所设计安排的教学活动，进而对其选择的教学方法做出客观公正的评判。

（2）是否符合智力障碍儿童的年龄特点和认知规律

教学实践证明，教师的教学方法在一定程度上决定并引导着智力障碍儿童的学习方法，选择符合智力障碍儿童年龄特点和认知规律的教学方法，将有助于智力障碍儿童形成学习方法、提高学习能力。因此，在评价说课者选择的教学方法是否合理实用时，必须从具体的教学内容出发，对照课程标准的教学目标和要求，联系智力障碍儿童的年龄特点和认知规律，综合分析教师选择的教学方法。

“合理”，就是符合智力障碍儿童的年龄特点，有利于激发智力障碍儿童参与教学活动全过程；“有效”，就是符合智力障碍儿童的认知规律，使学习知识的过程同时成为掌握知识、形成方法、发展能力的过程。

（3）是否有助于调动智力障碍儿童的学习积极性

判断一种教学方法优劣的最重要、最显著的标志是，在这种教学方法的启发下，智力障碍儿童是否有浓厚的学习兴趣和学习热情，能否积极有效地参与到教学活动中，形成和谐、互动的师生关系。

评价说课者教学方法的恰当与否，可从以下几个教学环节来做出判断：①创造的教学情境是否贴近智力障碍儿童已有的知识和经验，具有较强的趣味性和启发性。②问题的设计是否具有一定的梯度，使各类智力障碍儿童都能在解决问题的过程中有所收获，对智力障碍儿童可能遇到的困难做出估计并提出改进和调整教学的设想。③教学过程是否关注到全体智力障碍儿童，对不同层次的智力障碍儿童分别制定与其实际水平相适应的学习指导方法。④教学媒体或教学手段选择是否恰当，是否有利于突出教学重点、突破教学难点。⑤教学过程中是否关注自主、合作、探究等学习方式，并有效地处理继承、发扬与创新优秀经验的关系。

4. 关于说课者设计的教学程序的评价

在整个说课活动中，通过说教学程序，可以较好地反映一个教师是否准确地把握了课程标准的要求，全面理解教材并贯彻落实三维目标。因此，对说课者设计的教学程序进行评价的过程，也是一个发挥集体智慧共同改进和优化教学设计的过程。一般来说，评价一个教学程序设计的好坏，重点应关注以下几个方面：①教学过程的设计是否围绕教学目标展开，所安排的各项学习活动能否有效为既定目标服务。②教学内容的安排是否结合教材资源，贴近和联系智力障碍儿童生活实际，做到科学正确无差错。③教学结构、教学节奏的安排是否合理，学习重点、难点是否突出。④教学方法的选择能否有效地调动智力障碍儿童学习的积极性，有利于各类智力障碍儿童都能获得一定的发展和提高。⑤教学媒体的选择有效、实用，能真正发挥辅助教学的作用。⑥教学过程流畅，条理清晰，环环相扣，逐步深入。

5. 关于说课教师教学机智的评价

在真实的课堂教学活动中，教师面对的是个体差异明显的智力障碍儿童，当教师按照预先设定的计划进行教学时，必然会遇到各种各样预想不到的情况，这就需要教师及时根据智力障碍儿童的学习反馈，发挥自己的教学机智加以调整修改。但是由于参与说课活动的对象都是教师，因此对教师教学机

智的评价决不能模仿课堂教学来进行。一般来说，说课活动中对教师教学机智的评价，应侧重教师教学活动的设计、教学理念的陈述和应对突发事件的策略等方面，可以通过设置诸如“请你谈谈这样设计的理论依据”“如果智力障碍儿童在学习中遇到了这样的情况……请你说说你的解决方法”等问题，来判断教师的教学机智。通过这种形式的评价，可以有效地引导教师在备课时“多问自己几个为什么”，上完课后围绕课堂中出现的反常现象“多想几个为什么”，说课结束后结合教师的提问和自己平时的教学，反思“我现在缺什么、我该学些什么”。

什么，我就学什么。

第八章　智力障碍儿童生活适应教学

第一节　智力障碍儿童生活适应教学目标

一、智力障碍儿童生活适应教学的意义

由于智力障碍儿童的生活适应是以培养智力障碍儿童的生活自理能力、从事简单家务劳动能力、自我保护能力和社会适应能力，使他们尽可能成为一个独立的社会公民为目的，因此通过生活适应教学，不仅可以培养智力障碍儿童形成良好的思想品质和道德意识，而且能够增长他们在自然、生活和社会等方面的基本知识，丰富他们的知识面，使他们掌握将来适应社会生活所必备的基本素质和各种能力，矫正和补偿他们在身心发展方面的缺陷，全面提高他们的心理发展水平。

二、智力障碍儿童生活适应教学的目标

教育部在2007年颁布实施的《培智学校义务教育课程设置实施方案》中明确规定智力障碍儿童生活适应教学的目标为：以智力障碍儿童当前及未来生活中的各种生活常识、社会常识、自然常识等方面的技能、经验为教学内容，以提高他们的生活质量和水平，较好地适应社会生活为目的。通过各方面知识、技能的学习，培养他们具有独立的生活自理能力、从事简单家务劳动能力、自我保护能力和社会适应能力，提高他们道德水平、道德意识和自我意识，尽可能使他们成为一个独立的、自食其力的社会公民，能够有尊严地生活，更好地实现其人生价值和生命价值。

为完成上述教学目标，教师在教学中必须达到以下几方面的要求。

第一，让智力障碍儿童具备将来适应社会生活所必须具有的道德品质，

掌握为人处世、与人进行交往的基本的家庭、学校和社会生活道德规范、行为要求和法制常识，做一个合格的社会公民。

第二，让智力障碍儿童了解与掌握将来适应社会生活所必须具有的、与日常生活密切相关的自然常识、生活常识和社会常识；了解并能较好地处理人与自然之间的关系，能够善于利用自然为自己服务。

第三，让智力障碍儿童掌握将来适应社会生活所必须具有的各种生活技能，能够较好地适应各种不同的社会活动场所。

生活适应教学内容以提高智力障碍儿童独立生活的能力、形成良好的生活态度、养成良好的生活习惯、提高社会生活技能、遵守社会道德规范为主。在教学中，教师要重视智力障碍儿童生活经验的积累，为他们提供各种参与生活劳动、社区活动和社会交往的机会，提高他们融入社会、适应社会的能力和水平，全面提高他们生活质量。

三、智力障碍儿童生活适应教学的内容

生活适应教学内容包括品德适应、个人适应、家庭适应、学校适应和社会适应等部分。

（一）品德适应

品德适应包括思想教育、常见的道德行为规范教育、基本的法制知识教育等。

（二）个人适应

个人适应包括自我认识、情绪调控、自理能力、行为习惯等。

（三）家庭适应

家庭适应包括居家生活常识、居家生活技能等。

（四）学校适应

学校适应包括学校生活常识、校园生活技能等。

（五）社会适应

社会适应包括社区认识、社交技能、交通能力、采购能力、紧急求助、职业适应等。

四、智力障碍儿童生活适应教学的原则

教师在进行生活适应教学时应遵循以下原则。

（一）功能性与现实性相结合的原则

教师在教学中应密切结合智力障碍儿童生活实际，有计划、有步骤地对他们进行日常生活能力的培养，将文化知识的学习与能力培养、技能形成有机结合，注重各种功能性适应能力的养成，避免形式上的、机械的简单重复，一定要把教育的实用性、现实性、价值性放在第一位；要善于指导智力障碍儿童将学到的知识技能放到生活实际中进行检验并不断完善，善于和实际自然场景结合在一起，在自然环境中使智力障碍儿童适应能力得到不断提高。

（二）开放性与趣味性相结合的原则

生活适应课程教学的最大特点就是要求教师组织开展开放式的教学活动。在具体实施时要做到以下三点：一是教学内容组织的开放性，即教师在选择教学内容时要充分考虑每一个智力障碍儿童自身的特点及兴趣、爱好和特长，不可千篇一律，并且要将兴趣、爱好和特长与生活需要密切结合。二是教师教学方法和智力障碍儿童学习方法的开放性，即教师要根据所学内容选择合适的教学方法，将讲授法、观察法、分析法、发现法、实验法、演示法、动手操作法等各种教学方法有机结合，以便吸引智力障碍儿童的学习兴趣，调动他们学习的积极性、能动性。教学方法要因人而异、因内容而异。三是教学地点选择的开放性，即教师要根据教学内容和主观、客观现实条件要求，合理选择家庭、学校及社会等各种活动场所，以满足不同教学内容的功能要求，实现教学内容与环境的完美结合，使学习效果达到最佳状态。

（三）实践性与活动性相结合的原则

要想使智力障碍儿童将学到的知识真正应用到他们的日常生活中来，将

“死”的知识变成“活”的知识，提高他们的生活适应能力，教师必须给智力障碍儿童提供丰富的、真实的各种实践和活动的机会，在丰富多彩的活动中使各种技能得以巩固、熟练，做到熟能生巧、举一反三、触类旁通，最后达到技能的自动化、程序化。这是技能形成的最好措施和手段。

（四）综合性与全面性相结合的原则

智力障碍儿童生活适应各种技能的习得、掌握并不是单一孤立的，往往一种活动或任务的完成需要运用各种技能共同配合才能实现，因此教师在教学活动中善于将与某种任务完成相关的几种技能联系在一起进行训练，让智力障碍儿童学会在生活实践中综合运用各种知识和技能，用多学科知识解决日常生活问题，从而提高他们解决问题的技能和技巧。

五、智力障碍儿童生活适应教学的方法

教师在进行生活适应教学时应遵循和合理运用以下方法。

（一）任务分解法

任务分解法是指教师在指导智力障碍儿童技能形成的过程中，要依据学习知识及技能之间的内在联系，把学习的内容分解成一个一个的小步骤，然后按照前后顺序有计划地进行分步教学的方法。该方法在对智力障碍儿童进行日常生活指导及各种生活自理行为能力的训练中应用较多，特别是对于中重度的智力障碍儿童来说效果会更为明显。

（二）知识整合法

知识整合法是指教师在教学中，要善于将智力障碍儿童学过的、在头脑当中已有的旧的知识经验与即将学习的新的知识有机整合与结合。新的知识学习和技能的掌握要以旧的知识经验为基础，因此教师要在恰当分析评估智力障碍儿童已有的经验和能力的基础上确定合适的新的学习内容。新技能的学习与掌握往往不是单一的新知识技能的学习，而是主要依托智力障碍儿童已有的生活经验和知识技能，对新旧知识经验进行重新整合，螺旋式地不断上升，逐步提高。

（三）情境教学法

情境教学法是指教师在教学中根据教学内容创设一定的情境，使智力障碍儿童在相应的情境中掌握知识、形成能力的一种方法。

例如，指导智力障碍儿童认识商店和到商店购物时就可以创设如下的教学情境：以教师的讲桌为柜台，上面摆放一些儿童经常用的学习用品，如本子、铅笔、橡皮等，教师扮演售货员这一角色，让儿童扮演顾客，依次排队到商店内买自己所需的东西。在整个过程中，让儿童自己提出要求，并且要求每个儿童所购买的物品不能与其他儿童购买的物品相同。对每个儿童所提出的不恰当的要求或者不恰当的表达方式，教师要及时给予纠正，直到每个儿童都能以较正确的表达方式提出自己的要求购买到自己所需要的物品。

（四）观察法

观察法是指在教学中教师指导智力障碍儿童用视觉等感知觉器官直接感知事物的现象、特征，从而获得感性知识的一种方法。

教师在教学中要指导智力障碍儿童充分利用自己的眼睛、耳朵等感知觉器官去感知观察对象。通过观察获得具体、直观、生动、形象，并且真实、可靠和有效的知识。

教师在组织智力障碍儿童观察时要注意以下几个问题：①观察前要使智力障碍儿童明确观察的目的、内容、要求，以便使观察有步骤地进行。②观察要紧密结合教学内容和教学需要进行。③观察时教师要有提问加以引导和督促，帮助儿童抓住重点。④要将观察和其他方法结合起来进行。

（五）演示法

演示法是指教师在教学中，配合讲授或者谈话等方法，把语言或动作等展示给智力障碍儿童看，让他们加以模仿或者向智力障碍儿童做示范性实验，使他们通过观察演示的内容获得知识、形成技能的一种方法。

演示法在智力障碍儿童生活适应教学中使用广泛。该方法不仅能使智力障碍儿童获得感性知识，而且在加深对学习内容认识的同时，能够较好地把所学知识同实际事物联系起来，从而形成正确的概念；能吸引智力障碍儿童的学习兴趣，调动他们学习的积极性；能够给儿童提供学习模仿的榜样，调整矫正他们不良的行为和言语。

（六）现场教学法

现场教学法是指教师把智力障碍儿童带到一定的现场，结合现场内容直接对他们进行教学的一种方法。它是生活适应教学中最常用的一种形式和手段。

现场教学法具有许多优点，它具有具体、直观、生动形象的特点，把教学和社会生活、生产劳动和科学实验等活动有机地融合在一起，既可以给智力障碍儿童提供大量的、丰富的第一手材料，即直接经验，帮助他们较好地理解和掌握所学知识，又可以培养他们把学习到的知识应用到实际当中、与实际密切配合的能力。

教师在利用现场教学法进行教学时，要指导智力障碍儿童动手进行实际操作，培养他们动手操作的能力，同时加强对现场的监督，注意矫正他们的不良行为。

第二节　智力障碍儿童品德适应教学

一、品德适应教学的内容

（一）思想教育

对智力障碍儿童进行思想教育，主要是对他们进行热爱祖国、热爱人民、热爱科学、热爱劳动、热爱集体等方面知识的教育。

1. 热爱祖国教育

对智力障碍儿童进行热爱祖国的教育从一年级就开始，并且贯穿整个九年义务教育全过程，只是各个年级的侧重点不同。主要内容包括知道自己是中国人，我们的国家叫中国，全称是“中华人民共和国”；认识国旗，知道国旗的颜色和五星的含义；懂得升国旗时要立正、敬礼；认识国徽，知道国

徽的颜色和图案的含义；知道10月1日是国庆节，是中华人民共和国成立的纪念日；知道我国的首都是北京；知道我国的四大发明；知道自己的民族，懂得尊重其他各民族的风俗习惯；等等。

2. 热爱人民教育

对智力障碍儿童热爱人民的教育要贯穿各个年级，教育内容交叉进行、不断加深。主要内容包括知道教师节是9月10日，要热爱教师；认识工人、农民、解放军等；知道5月1日是国际劳动节，要热爱勤劳、勇敢的劳动人民；知道8月1日是解放军建军节，要热爱解放军；等等。

3. 热爱科学教育

热爱科学教育的主要内容包括使智力障碍儿童爱上学，知道要认真刻苦地学习，读健康有益的书籍；知道合理安排时间；了解一些科学家的先进事迹，培养热爱科学的情感；等等。

4. 热爱劳动教育

热爱劳动教育的主要内容包括使智力障碍儿童树立正确的劳动观点、积极参加公益劳动等。

5. 热爱集体教育

热爱集体教育的主要内容包括使智力障碍儿童知道班、学校、少先队等都是一个集体，自己是集体中的一员，要为集体做好事，做集体的小主人；懂得维护集体利益，珍惜集体荣誉；知道个人要服从集体，少数要服从多数；等等。

（二）常见的道德行为规范教育

对智力障碍儿童的道德行为规范教育，包括家庭生活道德行为规范教育、学校生活道德行为规范教育及社会生活道德行为规范教育三个方面。

1. 家庭生活道德行为规范教育

教育智力障碍儿童要热爱父母、孝敬父母、听从父母的安排；能做到与家庭成员之间友好相处、互相帮助，能主动承担一定的家务事，帮助父母分担一定的家务劳动等。

2. 学校生活道德行为规范教育

教育智力障碍儿童在学校要遵守课堂纪律、学校纪律；在校内要学会使用文明用语，如“教师好”“对不起”“谢谢”等；要热爱教师、尊敬教师，听从教师安排、听从学校领导，同学之间要做到互相关心、互相尊重、团结互助、友好相处等。

3. 社会生活道德行为规范教育

教育智力障碍儿童对人说话有礼貌，会用文明礼节接待客人；要做到诚实、守信、正直；要爱护公共财物，注意公共场所卫生；做事要善始善终、有较强的责任感；等等。

（三）基本的法律知识教育

对智力障碍儿童的法制教育，主要是对他们进行宪法、残疾人保障法、义务教育法、交通法规、治安管理条例等有关法律条文的教育。

1. 宪法

通过学习，使智力障碍儿童了解《中华人民共和国宪法》有关条文，懂得用法律维护自己的正当权利等。

2. 残疾人保障法

通过学习使智力障碍儿童知道，残疾人的工作、生活是受法律保护的，在自己的合法权益受到侵害的时候，可以要求法律保护等。

3. 义务教育法

通过学习，使智力障碍儿童知道自己有受教育权，这是受法律保护、不可剥夺的，要懂得依法维护自己的教育权利等。

4. 交通法规

通过学习，使智力障碍儿童认识交通民警、交通岗、红绿灯、人行横道线，懂得遵守交通规则的必要性等。

5. 治安管理法

通过学习，使智力障碍儿童了解治安条例的有关内容，懂得遵纪守法，警惕坏人，防止上当受骗等。

二、品德适应教学的要求

对智力障碍儿童进行品德适应部分的教学，应从思想和能力两方面对他们提出合适的要求，以达到促进他们身心协调一致发展的目的。

（一）思想要求

首先，要求智力障碍儿童能做到热爱祖国、热爱人民、热爱科学、热爱劳动、热爱集体，做一个有较高思想觉悟的、道德高尚的、自强自立的劳动者。

（1）热爱祖国

通过教学，使智力障碍儿童知道我国的名称叫“中华人民共和国”，简称为中国；知道自己是中国人，中国是自己的祖国；认识祖国的版图，热爱我们伟大的祖国；知道北京是我国的首都，要热爱首都北京。

（2）热爱人民

通过教学，让智力障碍儿童了解人民的含义，培养热爱人民的感情。如让智力障碍儿童认识工人、农民、解放军，了解他们对社会主义建设事业的贡献，教育他们要尊敬、热爱工人、农民和解放军。再如让智力障碍儿童知道 5 月 1 日是国际劳动节，要热爱劳动、热爱劳动人民。

（3）热爱集体

通过教学，使智力障碍儿童理解“集体”的含义，能够做到关心集体，热爱集体。如指导他们认识班集体等，使他们明确班里的每一个同学都是集体中的一员，大家要热爱自己的班集体，热爱班集体内的每一个同学；知道集体的事情要大家做，人人有责，每人对自己的任务要尽职尽责，认真完成，每个人都要为集体的荣誉而出力；知道在集体活动中要团结友爱、互相帮助。

（4）热爱劳动

通过教学，使智力障碍儿童树立热爱劳动的观念，养成良好的劳动习惯，做一个爱劳动、肯吃苦的劳动者。

（5）热爱科学

通过教学，使智力障碍儿童了解一些科学家的先进事迹，学会做一些科学小实验，培养他们热爱科学的情感。

其次，教育智力障碍儿童能遵守学校、家庭、社会生活的道德行为规范。

（1）遵守学校道德行为规范

通过教学，使智力障碍儿童明确并能遵守符合学校生活环境的，被教师、同学认可的各种好的道德规范。例如：学习常见的日常文明用语，学会对教师说“您好”和“再见”；要尊敬教师，养成讲文明、懂礼貌的行为习惯，不仅在校内对教师有礼貌，在校外对教师也要有礼貌；要争做一名三好儿童；要按时上学不迟到，要爱学习，上课要专心听讲；在参加活动或做游戏时要遵守秩序、互相谦让、互爱互助；要积极参加体育锻炼，保证有一个健康的身体；要关心集体、热爱劳动；做到自己的事情自己做；养成爱清洁、讲卫生的好习惯；等等。

（2）遵守家庭道德行为规范

通过教学，使智力障碍儿童知道符合家庭要求的合理的行为规范，并能在日常生活中遵守。例如，教育他们知道自己的家庭成员及其称呼，要做到心中有他人，爱自己家庭中的每一个成员；明白自己与爸爸、妈妈、爷爷、奶奶的关系，以及爷爷、奶奶与爸爸、妈妈的关系，自己与外婆、外公的关系，妈妈与外婆、外公的关系等；要尊敬长辈、尊敬长辈的行为，对长辈说话要有礼貌，要孝敬长辈；要学会帮助爸爸、妈妈做一些力所能及的事情；要关心他们的身体健康等。

（3）遵守社会生活道德规范

通过教学使智力障碍儿童形成符合社会要求的社会生活道德规范。例如，要教育智力障碍儿童懂得邻居之间要互相帮助、友好相处、礼貌待人；要尊老爱幼，主动关心、照顾老人和有困难的人；与邻居家小朋友相处时，要团结友爱、互相帮助；不要打扰邻居的工作、学习和休息；要主动给老、幼、妇等人让路；要遵守公共场所的秩序，不在公共场所大声喧哗和吵闹；要爱护公物；要做到不随地吐痰、大小便、乱扔纸屑；等等。

最后，要教育智力障碍儿童遵纪守法。

通过对智力障碍儿童进行法制教育，指导他们学习有关的法律常识，使他们懂得知法守法，做一个合格的公民。例如：教育他们自觉遵守交通规则，

养成遵守交通法规的良好习惯；明白车辆、行人要按秩序各行其道，不可抢道；知道行人过十字路口要看红绿灯，红灯停、绿灯行，红灯亮时不能过，绿灯亮时可以从人行横道处快速通过，不能乱穿马路；等等。

（二）能力要求

教师在教学中要结合智力障碍儿童实际和学习内容加强对他们各种能力的培养，使他们掌握将来走向社会、自食其力所必须具备的能力。具体来说应达到以下要求。

1. 能与家人、学校教师、同学及社会上的其他成员友好相处

智力障碍儿童在与周围生活的人打交道时，必须掌握恰当的为人处事、与人交往的一些生活技能，如怎样与家人友好相处，怎样与同学友好交往，如何到商店、市场购物等。在对智力障碍儿童进行家庭、学校及社会生活道德规范教育过程中，先把应该怎样与家庭成员、学校教师、同学进行交往讲清楚，然后让他们模仿，通过反复练习，形成技能。教学时，还可针对所学内容，采用创设情境、模拟表演、做角色游戏、开展竞赛等方式进行，以增强智力障碍儿童学习的乐趣，提高他们学习的积极性，以便其能力的形成。

2. 能够辨别对与错、美与丑，善于保护自己，防止上当受骗

由于智力障碍儿童思维缺乏批判性，他们辨别真善美、假恶丑的能力差，因此在正常人看来是正确的、好的一些行为，他们却认为是错误的、不好的行为；正常人看来是错误的、不好的一些行为，他们却认为是美的、好的行为并进行仿效，有时甚至较长时间地与合情合理的行为对抗，固执到不可理喻的地步，因此他们往往很容易受坏人的教唆而走上犯罪的道路。为此，教师必须加强培养他们明辨是非的能力，让他们知道什么是对、什么是错，什么是美、什么是丑，什么是好人、什么是坏人，知道怎样分辨好人与坏人、怎样防止上当受骗，同时还要教育他们善于保护好自己，避免受到伤害等。教师在培养智力障碍儿童这些能力时，要结合教学内容举出一些现实生活中的好人好事，让他们模仿学习。同时，列举一些坏人坏事，让他们展开讨论，明白错误所在。

3. 能用法律维护自己的合法权利

对智力障碍儿童进行法制教育，除了让他们知法、懂法、守法外，还有一个重要的目的是让他们知道自己具有哪些合法权利，并且懂得如果自己的合法权利受到侵犯和损害时，要懂得勇敢拿起法律武器，依靠法律来维护、捍卫自己的合法权利。例如，要让智力障碍儿童明白，任何人都无权剥夺自己上学读书的受教育权利。

三、智力障碍儿童品德适应缺陷补偿

（一）智力障碍儿童品德缺陷分析

智力障碍儿童由于智力缺陷，导致他们思想的简单性、具体性、幼稚性和固执性，较难或较少用客观、公正的标准来约束、衡量、评价自己和他人，致使其在思想上存在较明显的缺陷。

1. 在思想品德方面

智力障碍儿童往往思想意识淡薄、浮浅，较难产生深层次的和真正含义上的爱。例如，教育智力障碍儿童爱劳动，树立正确的劳动观点，在整个日常生活中都要体现这种思想，而他们往往单纯地认为做好值日就是爱劳动的全部内容，而其他的则不属于劳动范围；同时缺少正确的劳动目的，往往把能受到教师的表扬或者是能得到自己喜爱的东西、食物当成劳动的推动力。

2. 在道德行为规范方面

多数智力障碍儿童缺乏对家庭、学校、社会生活道德规范的认识，不懂得人与人之间相处、交往应该遵循什么样的规范、受何种约束，从而导致行为的随意性、固执性，并常以自己的需要来要求和衡量他人。有些智力障碍儿童还存在说谎、喜欢偷拿别人的东西等不良行为。另外，智力障碍儿童不善于控制、把握自己的思想情感，往往凭激情办事，很少考虑行为的后果，以至于做出某些不应该发生的事情，甚至触犯法律。如有的智力障碍儿童为得到自己想吃的东西而打自己心爱的小妹妹；有的智力障碍儿童只要听

别人说“某人是坏人，你去打他”，他就会不进行任何了解和分析就去攻击别人。

当然，智力障碍程度不同的儿童在品德发展水平上存在着明显的差距，有相关调查对此进行分析，具体内容如下。

（1）在运用行为准则作判断的水平方面

58.3 %的轻度智力障碍儿童能正确进行道德行为判断，且多数能与行为准则相联系；41.7 %的轻度智力障碍儿童能正确进行道德判断，但不能与行为准则相联系；而只有 45.5 %的中度智力障碍儿童能够进行判断，几乎全不能与行为准则相联系。这说明中度智力障碍儿童道德判断的最高水平相当于轻度智力障碍儿童的最低水平。

（2）在道德评价能力发展水平方面

轻度智力障碍儿童与中度智力障碍儿童有显著差异。在评价别人方面，有 92 %的轻度智力障碍儿童能对别人的行为进行初步的评价；有 54.5 %的中度智力障碍儿童不能对别人的行为进行评价，即使能评价也十分简单，仅仅停留在“对”或“不对”的判定上。在自我评价方面，大多数轻度智力障碍儿童能够进行自我评价，但约束性差，知行不太统一；绝大多数中度智力障碍儿童不能进行自我评价，也不易养成好习惯。两类儿童几乎都达不到既能自我评价又能根据评价约束自己的行为这一较高水平。

（3）在道德行为水平方面

轻度智力障碍儿童和中度智力障碍儿童的道德行为差异不显著，都存在着明显的不良行为习惯，如上课坐立不安、注意力不集中，做怪动作、发怪声、有破坏行为、说谎或乱说、难于完成作业等，具体表现及所占比例如下所示（见表 11、表 12）。

表 11　中度智力障碍儿童在校典型行为

单位：%

典型优良行为	占比	典型不良行为	占比
不旷课不逃学	75	迟到	75
不偷窃	100	不交作业或迟交	66.7
不用脏话骂人	58	坐立不安，注意力不集中	91.6

续表

典型优良行为	占比	典型不良行为	占比
不以动作或语言反抗教师	58	上课做怪动作或发出怪声	50
—	—	有破坏行为，打人	42
—	—	说谎	50

表 12　中度智力障碍儿童在校典型行为

单位：%

典型优良行为	占比	典型不良行为	占比
不旷课不逃学	100	不交作业或迟交	15.5
考试不作弊	91	坐立不安，注意力不集中	91
不偷窃	100	上课做怪动作发怪声	82
—	—	乱说	46
—	—	用脏话骂人	61
—	—	有破坏行为	73

综上所述，对轻度智力障碍儿童可进行规则教育，教学时要把说理教育、品德评价、情感陶冶和直观榜样示范、行为塑造相结合。对中度智力障碍儿童通常不能进行规则教育，德育内容应以具体事例说明行为规范。教学时一般不能用说理教育的方法，应多采用榜样示范和行为塑造的方法。

（二）智力障碍儿童品德适应缺陷补偿注意问题

塑造智力障碍儿童良好的道德品质，补偿他们品德适应缺陷，要注意以下几个方面。

1. 有的放矢，区别对待，因情补偿

教师要对每位智力障碍儿童的缺陷进行具体分析，特殊情况特殊对待，找出不足，及时补偿。例如，对有偷拿别人东西行为的智力障碍儿童，除对他们进行说服教育，让他们认识到这种损人利己的行为是很不道德的外，还可以让他亲身体验一下自己心爱的东西“丢掉”后的痛苦感受。对某些单靠说服教育不能改正的智力障碍儿童，也可采用一些特殊的带有强制性的方法，如“罚代币”，暂时中止他喜爱的活动等。

2. 目的明确，要求具体，措施得当

教师应在全面分析智力障碍儿童缺陷的基础上，提出明确的补偿要求，即通过训练要达到什么目的、完成什么样的任务。为了便于操作，还需把要达到的最终培养目标分解成不同类型的和不同级别的分目标，从而有计划、有步骤地去完成。同时还要制定出完成每一步教学任务的具体措施和方法。平时，对智力障碍儿童的良好行为表现要及时给予鼓励和表扬，以强化他们的良好行为；对不良行为表现要及时指出，以便及早矫正。

3. 家校配合，协同一致，有效补偿

家庭教育是智力障碍儿童思想、行为缺陷补偿的重要途径，为此教师要定期召开家长会，与家长共同研究智力障碍儿童的思想、行为缺陷补偿的问题。也可以通过家访的形式，把对智力障碍儿童品德缺陷补偿的内容、措施告知家长，以便双方在教育思想、教育要求上达到一致，使家庭教育与学校教育保持同步和同向，从而取得更好的教育效果。例如，对不喜欢劳动的儿童，放学回家后家长可安排、督促他们干一些力所能及的家务活，如扫地、打水、擦桌子、择菜、洗衣服等，以培养他们爱劳动、主动分担家务的习惯。

4. 尊重信任，及时鼓励，增强信心

智力障碍儿童虽然智力低下，但同样有一定的自尊心。教师对他们产生的某些不正常行为，应在认真、仔细分析后再做出结论，不可盲目呵斥、责备，以免伤害他们的自尊心，打击他们的自信心。例如，患有脑软化症的智力障碍儿童，往往在做值日时不如其他儿童麻利，教师就不能随便说他不爱集体、不爱劳动，甚至指责他是懒汉等。对于这样的智力障碍儿童，只要他能认真去做，即使扫得不干净，也要予以鼓励、表扬，培养他做好值日的信心和决心；再如，对于那些因动作不协调而损坏了公物的智力障碍儿童，教师也不要一味批评他不爱护公物，应教育他在今后活动时要小心、谨慎，并具体教他应该怎样做、注意哪些问题等。此外，教师还要注意多发现智力障碍儿童的优点和进步，多表扬、多鼓励，少批评、少指责，让他们尽可能多地体验到成功的喜悦，逐渐培养起他们的自尊心和自信心。

四、品德适应教学的基本策略

（一）重视良好环境创设，做到环境育人

1. 树立良好班风，用良好的班级环境陶冶智力障碍儿童

教师可在教室内墙壁一侧布置宣传栏，专门用来宣传、表彰好人好事。栏内可列卫生、学习、助人为乐、拾金不昧、劳动、文明礼貌等栏目，对某一个方面表现好的智力障碍儿童，在相应的栏目内贴上小红旗或红五角星等。每周一累计，看哪些同学在哪些方面表现突出，哪些同学在哪个方面还做得不够，对那些表现好的儿童大力表扬，从而在班内树立起好的典型，让大家加以模仿学习。对于表现差的智力障碍儿童，教师除了对他们进行帮助外，还可发挥其他表现好的智力障碍儿童的监督、模范作用，开展“一帮一”活动，利用集体的力量制约、影响他们的言行。

2. 创设良好的校风，用良好的校园环境感染智力障碍儿童

智力障碍儿童品德教育不仅要有好的班风，还要有好的校风。为此可在智力障碍儿童经常活动的场所布置大型宣传栏，专门用来表彰学校的好人好事，以此创设良好的、积极向上的校风，用集体舆论影响、感染每个智力障碍儿童。

3. “走出去、请进来”，向智力障碍儿童灌输品德教育

教师要及时结合教学内容，通过组织活动对智力障碍儿童进行品德教育。如通过组织他们参观家乡的名胜古迹，加深他们对家乡的热爱；请先进模范人物担任学校的少先队辅导员，教育他们发扬优良传统、好好学习、立志成人等。

（二）提供更多实践机会，以行育人

1. 组织参加公益劳动，培养智力障碍儿童良好情操

例如，每年 3 月是“学雷锋月”，教师可组织智力障碍儿童开展一些到公共场所打扫卫生、帮助有困难的家庭做家务等有意义的活动；还可以成立“学雷锋做好事”小组，用他们的积极行动带动其他同学。再如，每年 3 月 12 日的“植树节”，教师可组织智力障碍儿童在校园里种植花草树木，这样

既美化校园环境，又培养了他们热爱自然、热爱劳动的思想。

2. 模拟情境，角色扮演，以境育情

例如，为培养智力障碍儿童讲文明、讲礼貌的好习惯，教师可以将教室当作客厅，让智力障碍儿童分别扮演主人和来访的客人，模拟做客和待客的全过程，通过实践让智力障碍儿童体会如何做文明的客人和有礼貌的主人。

（三）摆事实，讲道理，有理有据，避免空洞、抽象地说教

教师要把教学内容和智力障碍儿童日常生活实际密切结合，针对日常生活中发生的好人好事、坏人坏事，组织智力障碍儿童展开讨论，并联系自己实际生活中的行为进行分析，发表自己的观点，表达自己的看法。教师在进行总结时，要做到摆事实、讲道理，以理育人、以情与人、情理并育，从而使智力障碍儿童心服、口服。要避免生硬、粗鲁地大声呵斥，更不能打骂，以免挫伤儿童的积极性，损害其自尊心

第三节　智力障碍儿童个人、家庭、学校及社会适应教学

一、教学的意义

第一，通过教学，可提高智力障碍儿童的生活自理能力、社会适应能力，使他们做到或基本达到生活自理，为将来自食其力奠定基础。

个人、家庭、学校及社会适应部分的教学内容大都是智力障碍儿童日常生活中经常用到的一些必需的知识，与他们的日常生活息息相关，因此智力障碍儿童对本部分知识和技能掌握的程度，将直接影响到他们的生活质量，也是他们能否被周围的人接受，能否在社会上独立生存的关键。为此，教师应把该部分内容的教学放在最重要的位置，并注重对智力障碍儿童生活技能的培养。

第二，通过教学，可促进智力障碍儿童“感知—肌能”发展，提高他们的感知能力和肌肉运动能力。

对智力障碍儿童“感知—肌能”的培养，需要依赖各种各样活动的开展来实现。而要想通过各种活动对智力障碍儿童进行生活自理能力、社会交往能力、适应能力的训练，这不仅要求智力障碍儿童要具有一定的感知能力，同时还需要具有一定的肌肉活动能力和身体的协调能力，只有各方面互相配合才能够完成。而这些能力的获得也只有通过各种活动才能得以提高和形成，两者相辅相成、共同促进。

第三，通过教学，可促进智力障碍儿童智力、能力及身心健康协调发展。

研究表明，人的智力水平在 18 岁以前是随着年龄的增长而不断发展的，发展的快慢在很大程度上取决于外部环境信息的刺激，作用于智力障碍儿童各种感知觉器官的信息越丰富，他们所能从事的活动越多，就越能促进智力的发展。通过生活、社会知识教学，可为智力障碍儿童提供大量的社会生活信息，组织他们参加多种社会实践活动，因而能够促进他们智力和能力的发展；自然知识部分的教学内容也非常丰富，它既可以对智力障碍儿童进行科学启蒙的教育，同时可培养他们的智力，提高他们的能力。例如，通过引导智力障碍儿童观察自然界丰富多彩的客观事物，在了解、认识自然现象的同时，可以培养他们的观察能力；通过引导智力障碍儿童做实验，用实验的手段认识物体的属性和变化规律，可以培养他们的动手能力；通过指导智力障碍儿童对形形色色的事物的认识、比较和分析，找出事物间的相同点和不同点，可以培养他们的思维能力和想像能力；形象各异、具体生动的客观事物容易吸引智力障碍儿童的注意力，通过观察这些事物可以提高他们的注意力。因此，通过自然知识的教学，在提高智力障碍儿童智力水平的同时，可全面促进他们心理健康协调发展。

第四，通过教学可为智力障碍儿童将来接受职业教育奠定基础。

对智力障碍儿童进行教育训练的最终目的就是能够使他们掌握一技之长，为将来实现自食其力奠定知识、能力和思想基础。而对智力障碍儿童进行生活、社会适应知识的教育则是他们将来实现自食其力的重要基础，所学内容实际上已成为职前培训的重要组成部分，如对社会机构的认识、社会交往能力、参加社会活动的能力的培养等。

第五，通过教学能使智力障碍儿童正确认识常见的自然现象，了解人与自然的关系，利用自然为自己服务

自然知识教学，除指导智力障碍儿童认识一些常见的自然事物及其变化的规律外，还要指导他们认识、了解自然与人类之间的密切联系、相互关系，使他们懂得保护自然、改造自然、利用自然、使自然为人类造福的道理。

二、教学的内容

（一）个人、家庭适应教学内容

1. 让智力障碍儿童了解、熟悉个人及家庭的基本情况，增强自我认识

这方面的教学内容主要安排在低中年级进行。对刚入学不久的智力障碍儿童要教育他们知道自己的姓名、自己是儿童、所在班级和学校的名称，了解自己与家庭、学校成员之间的关系；之后逐渐指导他们认识自己的家庭住址、父母的工作单位，家所在的区（县）、街道（乡镇），知道自己出生的年、月、日，出生地，以及身高、体重等。通过贯穿于低中年级的有关知识教学，使智力障碍儿童掌握、熟悉个人及家庭的最基本情况，建立起有关个人、家庭的最基本概念，为学校的教学奠定良好的基础。

2. 指导智力障碍儿童认识与个人及家庭生活有密切的关系的有关物体

这部分内容贯穿于各个年级。对这些物体的认识是由简单到复杂，逐步进行的。主要包括让智力障碍儿童认识常见的蔬菜和水果、常见的干果，家庭常用的厨房用具、餐饮用具、家用电器、床上用品等；认识各种面值的人民币，认识户口簿，认识并会使用身份证等。

3. 对智力障碍儿童进行生活能力（衣、食、住、行、保健等）的养成教育

对智力障碍儿童生活能力的养成教育贯穿于整个教学过程，主要内容包括教育智力障碍儿童懂得自己的事情自己做；讲究卫生，养成良好的卫生习惯，如刷牙、洗脸、剪指甲、洗脚、便后洗手等；养成良好的饮食、睡眠习惯，保护牙齿，预防肠道传染病；了解意外事故（如摔伤、刀伤、中毒、烫伤、溺水）的预防和救护方法，常用药的使用和保管方法。到高年级要求智力障

碍儿童学会合理安排自己的学习和生活，基本上能够达到生活自理。

4. 让智力障碍儿童了解简单的人体生理卫生知识

（1）人体外部各部分名称

指导智力障碍儿童认识眼、耳、鼻、舌、手等，知道它们的名称、所在位置和各部分的功能，学会进行简单自我保护的方法。

（2）人体的主要内脏器官

指导智力障碍儿童认识心脏、肺、胃、肠、肝等，知道它们的名称、在人体内的位置，了解它们的功能和保健方法等。

（3）简单的保健知识

具体内容包括养成良好的饮食、睡眠习惯；学习保护牙齿的方法；学会正确的坐、立、走；了解预防肠道传染病的方法；了解防治流感知识；学习初步的青春期卫生常识；了解呼吸、消化系统的保健知识；认识吸烟、饮酒的危害，避免不良嗜好；等等。

5. 对智力障碍儿童进行情绪调控指导

指导教育智力障碍儿童学会认识个人（自我）的情绪与表达；掌握对个人（自我）的情绪进行调节与控制的方法。

（二）学校、社会适应教学内容

1. 指导智力障碍儿童认识与个人生活密切相关的社会场所，了解其社会功能及活动方式，学习在这些场所活动、交往的有关技能

主要内容包括以下几个方面。一是对社区的认识及掌握相应的技能，包括社区环境的认识、社区设施的认识、社区活动的认识等。如认识电影院、公园、体育场（馆）等社会场所；认识商店、超市，学习购物；认识医院（卫生所）内部的机构及医务人员，学习就诊；认识邮政局，学习寄信的方法；认识银行、储蓄所，学习储蓄的方法；认识街道（乡、镇、村）办事机构、派出所、公安局、法院、检察院，了解其职能。二是交通能力，如认识交通岗、交通民警、红绿灯、人行横道线，遵守交通规则等。三是社交技能，如认识自己的学校、同学和教师等，能够较好地适应学校生活环境；知道参加工作

后要遵守工作单位的规定，搞好与上下级及同事间的关系。四是学会紧急求助，如能够适当使用110、120、119、114、122等紧急求助电话。

2. 让智力障碍儿童了解我国重大的节日和传统的节日

智力障碍儿童需要了解的节日主要包括元旦、春节、元宵节、三八妇女节、劳动节、端午节、儿童节、建军节、教师节、中秋节、国庆节等。通过教学，让智力障碍儿童了解节日的含义、来历，以及与之相适应的庆祝方式和风俗习惯。特别要让他们明白“六一”是国际儿童节，这是全世界小朋友的节日，要积极参加“六一”的庆祝活动，过一个有意义的节日。

3. 让智力障碍儿童了解常见的自然事物，明确人与自然的关系

（1）了解常见的植物

指导智力障碍儿童认识常见的蔬菜、水果、干果；常见的花草；常见的树木，了解常见的常绿树和落叶树；常见的农作物，懂得爱护庄稼；常见的植物，知道一棵植物是由根、茎、叶、花、果实、种子组成的；知道植树、绿化、美化环境的意义，懂得植物与人的关系；等等。

（2）了解常见的动物

主要指导智力障碍儿童认识几种常见的动物，如青蛙、蟾蜍、蛇、乌龟、狗、兔等，保护青蛙和蟾蜍；常见的昆虫，如蜜蜂、蜻蜓、苍蝇、蚊子等，知道昆虫有益和害虫，要保护益虫、防治害虫；了解常见的鸟类，如猫头鹰、啄木鸟、燕子、麻雀、鸽子等；常见的鱼，如鲤鱼、金鱼等；了解常见的哺乳动物，牛、马、羊、猪的用途及简单饲养常识；了解我国现存的稀有动物，包括大熊猫、东北虎、金丝猴、扬子鳄、丹顶鹤等；知道动物与人的关系，保护动物；等等。

（3）了解认识水、空气

主要指导智力障碍儿童认识水的用途，懂得节约用水的道理；了解水的三态变化；了解雨、雪、雾、露、霜是怎样形成的；初步了解空气和风；等等。

（4）了解认识日月星辰、山川田野、江河湖海

主要指导智力障碍儿童认识春夏秋冬四季的主要特点；太阳的基本概况，知道太阳东升西落，在阳光下的物体有影子；月亮、地球的一般概况；我国

的领海；我国的主要地形，如河流、山脉、高原、平原；等等。

（5）了解认识声、光、热

主要指导智力障碍儿童通过不同物体的声音辨别物体；发光和不发光的物体，知道光的反射现象；物体的热胀冷缩现象；了解温度计；等等。

（6）了解认识电、磁

主要指导智力障碍儿童认识磁铁，了解磁铁能吸铁的性质；了解安全用电的知识，知道安全使用电器；认识电表，学习节约用电的理念；等等。

（7）懂得人与自然的关系

通过指导智力障碍儿童认识常见自然事物，使他们了解人与自然的关系。主要内容包括认识沙、石、土的用途；会观察天气的变化情况；了解雷电现象和怎样防止遭雷击；了解预防霜冻的方法；了解地震知识；了解水的用途，知道保护和利用水，防止水的污染；了解火的用途，学会安全用火；利用自然、保护自然；等等。

三、教学的要求

（一）在品德教育方面的要求

生活适应教学不仅要使智力障碍儿童掌握个人、家庭、学校、社会等生活方面的知识，还要对他们进行品德教育，以提高他们的思想觉悟和道德水准。

1. 培养智力障碍儿童对国家、教师、人民、家乡等的热爱

例如，在对智力障碍儿童进行热爱教师教育方面，通过学习让他们明白是教师用自己的辛勤劳动将自己培养成为一个自食其力的有用人才。因此，要尊敬教师、热爱教师、听教师的话；引导智力障碍儿童结合实际认识教师工作的辛苦，体会教师的可敬可爱，使他们从内心产生热爱教师、尊敬教师的情感。再如对智力障碍儿童进行爱家乡教育时，教师应首先使他们建立起“家乡”的概念，然后引导他们了解家乡的基本情况，了解家乡的发展变化和家乡的美，以此激发他们爱家乡的情感，并进一步使智力障碍儿童懂得爱家乡就是爱祖国，爱祖国就要从爱家乡做起。

教师在向智力障碍儿童讲解常见的花草树木和益虫益鸟时，不仅要把它

们与人类的密切关系、对人类的益处向智力障碍儿童讲清楚，而且要让智力障碍儿童明白破坏树木会造成的不良后果，从而对他们进行爱护花草树木、益虫益鸟的教育，培养他们对自然事物的情感。

教师还应紧密结合教学内容对智力障碍儿童进行科学自然观的教育。例如，在指导智力障碍儿童认识雷电这种自然现象时，让他们明白这是自然界中一种正常的放电现象，而不是什么鬼神等超自然力量。教学中，教师可结合现实生活实际，让智力障碍儿童了解生活中常见的放电现象，如用梳子梳头发会听到噼啪声音，在晚上睡觉时脱化纤衣服也能听到啪啪的声音等，通过这些现象理解雷电的成因。此外，要让智力障碍儿童了解雷击给人们带来的危害，以及预防雷击的方法。

2. 使智力障碍儿童加深对传统节日的认识，激发他们对美好生活的热爱和向往

我国的传统节日有春节、元宵节、端午节、中秋节等，教师在指导智力障碍儿童认识这些传统节日时，应该让他们记住这些传统节日的名称和时间，了解有关传统节日的一些常识，并向他们进行爱国主义教育和民族传统教育，激发他们热爱家乡、热爱祖国的情感和民族自豪感，以及对美好生活的热爱和向往。

3. 使智力障碍儿童能与周围的人友好相处

教师要结合教学内容教导智力障碍儿童如何与教师、同学、家人、邻居相处，怎样才能处理好与他们之间的关系；教育智力障碍儿童要互相友爱、互相团结、互帮互助。同时，要结合智力障碍儿童在实际中的不良行为，矫正他们自私、自我中心意识过强等心理缺陷，使他们懂得心中要有他人的道理。

4. 教育智力障碍儿童爱护自己的学习用品

教师在教学中要指导智力障碍儿童认识常用的学习用品，正确地使用这些学习用品和爱惜学习用品。要教育他们做完作业后应把学习用品、课本等整理好收进书包里放整齐，才能使书页不易损坏。可采取当场观察比较的方式进行教学，比较看谁的学习用品保护得好。对保护得好的同学要加以表扬，让保护

得较差的同学向他们学习。让智力障碍儿童总结爱惜学习用品的方法，如不在书上乱涂、乱写、乱画，不撕扯书页、练习本页，不弄脏学用品等。

5. 教育智力障碍儿童勤俭节约、吃苦耐劳

勤俭节约、吃苦耐劳是我国劳动人民的传统美德。教学时，除了让智力障碍儿童知道粮食来之不易，要爱惜、节约粮食外，还应教育他们学习劳动人民的传统美德，做一个勤俭节约、吃苦耐劳的好儿童。例如，教育他们要节约粮食，让他们知道每一粒米都来之不易，都要经过插秧、施肥、灭虫、收割、运输、加工等生产环节才能得到，这要花费大量的人力。有条件的学校可以带领智力障碍儿童到农村参观，让他们参加一些辅助性的劳动，体会农民的辛苦，明白节约粮食的道理。教师还可以结合智力障碍儿童中出现的浪费粮食的现象，让他们学习应该怎样节约粮食。此外，还可以在课外利用宣传栏、板报等表扬节约粮食的好行为，批评浪费粮食的不好现象，使智力障碍儿童从思想上和行为上真正做到爱惜粮食、节约粮食、不浪费粮食。

6. 对智力障碍儿童进行热爱科学、勇于探索、不怕困难的教育

教师可通过指导智力障碍儿童认识自然变化规律、各种自然现象之间的相互关系，培养他们勇于探索、不怕困难的科学态度；通过讲述科学家的先进事迹和动人故事，培养他们爱科学、学科学、用科学的兴趣并树立长大后为科学做贡献的信心，并让他们懂得只有尊重科学、按科学规律办事才能取得成功。

（二）在能力培养方面的教学要求

教师在进行本部分教学时，除了结合教学内容向智力障碍儿童进行品德教育外，还应该注重加强对他们进行实际动手能力的培养，以提高他们与人交往的能力和适应社会生活的能力。

1. 使智力障碍儿童能认识主要的社会场所及其功能

教师要指导智力障碍儿童认识与大家日常生活有密切联系的社会场所，如电影院、公园、体育场（馆）、医院（卫生所）、邮政局、银行、储蓄所等。通过教学，让他们不仅能够认识这些场所，还能够了解这些场所的功能及其工作的重要性。例如，教育儿童认识邮局，可以直接带领他们到邮局去观察，

教他们怎样辨认。在认识了邮局的基础上，把邮政局的功能、作用向他们讲清楚，让他们明白邮政工作对人民生活的重要意义，教育他们要尊重邮政工人的劳动。

2. 使智力障碍儿童了解主要社会场所的活动方式，初步学会在这些场所活动、交往的基本技能

指导智力障碍儿童认识社会场所的目的是让他们能够以合适的方式在这些场所进行活动和交往，为他们将来走向社会独立生活打下基础。为此，在教学时一定要对他们加强有关场所必须具备的技能的培养。如在指导智力障碍儿童认识医院、急救中心、卫生院、诊所等卫生场所，了解这些场所的功能时，教师可首先通过挂图、录像等方式指导智力障碍儿童认识医院、急救中心、农村卫生院、诊所等的外部特征和标志，使他们对这些场所有一个感性认识。然后，结合日常生活中智力障碍儿童到医院或诊所看病时的情形，讲解医院或急救中心里有医生，他们能为病人治病。在讲解医院就诊的程序和注意事项后，可以创设情境，让智力障碍儿童模拟表演到医院就诊看病、拿药的整个过程，培养他们独立到医院看病的能力。在表演中，要让智力障碍儿童交替充当病人和医生，使他们体会不同的人处在不同角色地位时的做法和心情。也可组织智力障碍儿童到当地的医疗场所参观，了解这些场所的机构设置，学习就诊的技能。在教学中，教师还要结合当地实际对智力障碍儿童进行破除迷信、防止上当受骗的知识教育。

3. 使智力障碍儿童养成良好的生活卫生习惯，培养他们的生活自理能力

从目前智力障碍儿童学校的招生情况来看，轻度智力障碍儿童数量明显减少，而中度和重度智力障碍儿童明显增多，他们在生活自理能力方面存在着比较严重的缺陷。因此，使智力障碍儿童养成良好的卫生习惯，提高他们的生活自理能力是生活适应教学的重要任务。例如，在教育智力障碍儿童要按时睡觉、按时起床、养成良好的睡眠习惯时，就要教育他们趴着睡和仰着睡这两种睡觉姿势都不能使人得到充足的休息，都不利于身体健康，必须纠正不良的睡眠姿势，要教给他们正确的睡眠姿势，以提高他们的睡眠质量。通过指导智力障碍儿童学习简单的人体生理卫生知识，使他们掌握一些简单

的保健知识，养成良好的卫生习惯。如指导智力障碍儿童了解眼、耳、鼻和口腔等器官的作用，教育他们要注意保护好自己的这些感觉器官，养成良好的卫生习惯；对智力障碍儿童进行青春期卫生常识教育时，教师要指导他们初步认识青春期身体的发育变化情况，了解青春发育期的卫生常识，帮助他们克服青春发育期不良心理行为习惯，教育他们加强青春期的身体锻炼，积极参加健康有益的户外活动，认真上好体育课，培养健康向上的情趣。此外，教师还应结合智力障碍儿童实际补充一些青春期卫生知识，做好青春期的教育工作。

4.培养智力障碍儿童的各种能力，为将来更好地适应社会生活奠定基础

（1）培养智力障碍儿童的观察能力、抽象概括能力、归纳推理能力、分析综合能力和想象能力

教师在教学时，要指导智力障碍儿童对各种自然事物、生活现象进行深入细致的观察、比较，然后在此基础上归纳概括出它们的本质属性或变化规律，从而有效地培养他们的思维能力。

（2）培养智力障碍儿童的实验能力和动手操作的能力

在对智力障碍儿童进行自然知识教学时，有些内容需要通过实验来完成。如教师要通过实验指导智力障碍儿童认识“磁铁能吸铁”的性质、认识物体的热胀冷缩性质、认识水的三态变化等现象。在指导智力障碍儿童认识“风”这种自然现象时，教师可指导他们自己动手做一个“纸风车”，然后组织开展一次风车比赛活动；通过组织实验和开展活动，不仅能够使智力障碍儿童更直观地观察实验中产生的现象，还能培养他们的实验能力和动手操作能力。

四、智力障碍儿童适应缺陷分析及补偿

（一）智力障碍儿童适应缺陷的分析

智力障碍儿童在生活自理能力和社会适应能力方面存在着明显的障碍和缺陷，其缺陷程度与智力障碍的程度有直接关系，智力越低下，障碍和缺陷越严重。

1. 在个人及家庭生活适应方面

（1）智力障碍儿童对个人及家庭的一些基本情况了解不够，知之较少

例如，有的儿童不知道自己叫什么名字，不知道自己的性别、年龄、家庭住址、学校名称，说不出父母的名字、工作单位，不知道自己与家人的关系等。

（2）智力障碍儿童不懂得珍惜、爱护自己的学习用品和生活用品

智力障碍儿童，特别是中度和重度智力障碍儿童，经常在课本、作业本上乱涂、乱画，被涂抹、撕扯得不成样子；吃饭用的餐具乱扔乱放，不懂得饭后要把餐具摆放好，缺乏良好的生活、卫生习惯。

（3）智力障碍儿童基本的生活自理能力差，智力障碍程度越重，生活自理能力越差

例如，有的智力障碍儿童不会自己穿脱衣服，不会洗脸、洗手、洗脚和刷牙，随地大小便；有的智力障碍儿童有不良或病态的习惯，如异食癖、恋物癖、遗尿等，多数智力障碍儿童自我保护、自我防卫能力差，缺乏安全意识。

2. 在学校和社会适应方面

智力障碍儿童在学校和社会适应方面的缺陷主要表现在以下几个方面：不能正确区分辨认商店、邮局、医院、银行等社会场所，经常混淆一些社会场所的功用，出现张冠李戴现象；难以掌握适应各种社会场所的活动方式，如不知怎样乘车，不会到商店购物，不会到邮局寄信，不知如何到医院看病；对一些重大节日和传统节日含义及与之相适应的活动方式不能真正理解；不能较好地适应学校生活，不会正确处理与同学、教师之间的关系；等等。

除此之外，适应方面的缺陷还表现在以下几个方面。

（1）智力障碍儿童难以把握事物的本质属性和内部规律

由于智力障碍儿童感知能力薄弱、判断能力差、理解能力低，因此较难把握事物的本质特征和内部规律。例如，区分相似的事物就很困难，常常张冠李戴、互相混淆，把猫看成虎，把桃花看成白菜花；学习声、光、热、电、磁等知识时，常常感到困难，特别是对于一些规律性的知识，理解起来更困难。

（2）智力障碍儿童难以全面理解人与自然之间的关系

由于智力障碍儿童神经系统过程的惰性比较强，懒于动脑，不善于积极主动地发现问题、解决问题，再加上他们对自然事物理解不够，因此难以主动利用自然和适应各种自然变化，往往在一些自然现象面前常显得消极被动，束手无策；智力障碍儿童在宏观综合分析能力方面较差，导致他们较难全面、正确理解人与自然之间的关系，难以正确处理人与自然的关系。

（3）智力障碍儿童自我保健能力、自我防护意识差

智力障碍儿童自我认识能力差、自我意识水平低，导致对人体各器官的认知不正确。例如，不知道人体外部各器官的名称，分不清左手和右手、左脚和右脚、左眼和右眼，甚至把眼睛说成嘴、把鼻子当成耳朵；在认识人体内脏器官的名称、位置、作用时就更困难。多数智力障碍儿童不注意讲究卫生，难以养成良好的卫生习惯，自我保健能力、自我防护意识差，使得他们的身心健康发展受到影响。

（二）对智力障碍儿童适应缺陷补偿应注意的问题

教师应针对智力障碍儿童在生活适应方面存在的缺陷和不足，采取有的放矢的补偿措施。

1. 加强现场教学

教师要紧密结合教学内容，带领智力障碍儿童到各种社会活动场所进行现场教学，真实的场所、具体的活动能加深他们对这些社会知识的理解。

2. 使用具体形象的直观教学手段组织教学

教师在教学中要借助图片、挂图、幻灯、录像、电视等直观手段，配合生动形象的讲解，帮助智力障碍儿童将感性知识上升到理性知识，并且做到举一反三地认识各种事物。

3. 对任务进行分解，做到小步子、多循环

结合智力障碍儿童实际，采用小步子、多循环、勤巩固、多练习等行之有效的教学方法；同时，要注意通过多种活动，丰富他们的生活经验，提高他们生活自理能力和社会适应能力。

4. 指导智力障碍儿童掌握认识事物的正确方法

针对智力障碍儿童观察范围窄、感知能力差、理解能力低等缺陷，在教学中，要特别注意指导他们从整体上认识日常自然事物，学会认识事物的正确方法。例如，在指导智力障碍儿童认识常见的动植物及一些自然现象时，要注意采用由感性到理性、由浅入深、由个别到一般、由局部到全面的逐步深入的方法进行，引导他们从分析事物的外部、表面现象入手，认识事物的本质属性和内部规律。对于相似的、不易辨认的事物，要指导他们反复地进行观察、比较，直到分清楚为止。

5. 扩大智力障碍儿童对自然事物的认识范围

教师在教学中要充分利用智力障碍儿童对自然事物、生活现象的好奇心和兴趣进行教学，并且要善于把他们对某一事物的好奇和兴趣吸引到对其他事物的兴趣上来，从而扩大他们对自然事物的认识范围，丰富他们的知识，弥补他们的缺陷。

6. 让智力障碍儿童掌握一些简单的生理卫生保健知识

教师要结合教学内容和智力障碍儿童生活实际，及时对他们进行青春期生理卫生教育，使他们掌握一些简单的生理卫生保健知识，克服他们青春期的一些不良的心理现象，促进他们身心健康发展，以形成健康向上的良好人格。

五、适应缺陷补偿教学的基本策略

（一）为智力障碍儿童提供较多的实践机会，使他们在实践中增长见识、提高认识

在教学方面，教师除做具体的讲解、示范外，应该更多地让智力障碍儿童模仿、练习，把“讲解—示范—练习”紧密结合。在练习过程中，可以要求他们边做边说，做到说做结合，以加深他们对所学方法的理解。在社会适应的教学方面，指导他们认识各种社会场所时可采用比较法进行，并且比较得越全面、越仔细，智力障碍儿童获得的表象就越准确，在头脑中保持得就

越牢固。比较的方法有两种：一是两种场景同时出现，一边观看一边比较，使比较建立在直接的感知材料上，这种比较方法直观，智力障碍儿童较容易掌握；二是将记忆中的某种场景和呈现在眼前的场景做比较，也就是将智力障碍儿童头脑中已有的表象和当时感知的材料相比较，这种比较法相对来说较为困难。为了丰富智力障碍儿童的生活经验，应多带他们到公共场所观察人们在这些场所的活动，还应结合教学内容组织他们进行各种实践活动，如在教师的引导下到商店买东西，元旦前给亲人写贺年卡片并到邮局去邮寄等。

（二）要取得社会有关人员的支持和帮助

为了使各种社会实践活动得以顺利开展，达到预期的目的，教师要事先跟有关部门的领导、工作人员联系，跟他们说明活动的目的和要求，以便取得他们的支持和帮助。例如，带领智力障碍儿童到商店买东西前，就要跟售货员协商好，让他们笑脸相迎，热情接待，耐心解答存在的各种问题，避免不耐烦、呵斥甚至耻笑智力障碍儿童现象的发生，从而使智力障碍儿童从思想上消除紧张状态和自卑心理，减轻他们的精神压力，提高他们的自信心和自尊心，使他们在轻松、愉快的环境中学得知识，发展智力，提高能力。

（三）要切实加强教师对教育训练的指导、监督和示范作用

教师在做示范时，要由简单到复杂一步步进行，让智力障碍儿童一步步跟着做，不要一次性全部演示完毕后再让他们照着去做，这样会使他们搞不清该怎样做。教师在给智力障碍儿童布置训练项目时，要加强对训练过程的指导和监督，以免智力障碍儿童遇到困难不知怎样干或撒手不干的现象。对训练中出现的问题，教师要及时加以指导、纠正，并注意根据训练的实际情况及时调整训练的内容、要求和步骤，以使训练取得更好的效果。

（四）在日常生活中为智力障碍儿童树立学习、模仿的典型

在日常生活中教师要及时表扬、奖励那些讲文明、讲礼貌、讲卫生的好儿童，使他们成为其他智力障碍儿童学习、模仿的标兵。教师要定期总结、评价智力障碍儿童的日常表现，对表现好的儿童，教师要指出他们哪方面好、为什么好；对表现不好的智力障碍儿童，要指出他们哪方面不好、为什么不

好，帮助他们明确改进的目标。在教育智力障碍儿童向别人学习时，要告诉他们不要在穿戴上相互攀比，让他们懂得讲文明、讲卫生并不在于穿得好坏、是不是时髦，而要看穿戴是否干净、整齐、合体、大方。对那些家庭经济优越、穿戴入时但不讲卫生、不讲文明礼貌的智力障碍儿童，要特别加强教育，使他们明白“外表美和心灵美统一才是最美”的道理。

（五）组织丰富多彩的竞赛、比赛活动

教师要结合教学内容组织智力障碍儿童开展各种学习比赛、竞赛活动，以激发他们的学习兴趣，提高他们的学习积极性和主动性，培养他们热爱生活、乐于交往的情趣和交往的能力，以形成健康的人格。

（六）尽可能给智力障碍儿童提供实物进行观察

要注重对智力障碍儿童观察能力的培养。观察是智力障碍儿童认识自然事物的最基本途径和手段，无论认识何种自然事物，都离不开观察。因此，教师要尽量给他们提供丰富的实物材料，并指导他们进行仔细观察，以增强对事物的理解。例如，教师在指导智力障碍儿童认识“植物”时，就可以提供生活中常见的一些植物，如常见的农作物、蔬菜、花草、树木等让他们进行观察。通过观察、比较得出一棵植物由根、茎、花、果实和种子等部分组成；认识常见“动物”，如常见的昆虫、青蛙、鱼等知识时，也需要尽量提供实物让他们观察。同时，为了培养他们的观察能力，教师还可教给他们学会使用简单工具进行观察。例如，观察昆虫时，要教会他们使用放大镜等工具进行观察。这样既可以调动他们观察的兴趣，又可以培养他们动手操作能力。

另外，还要教给智力障碍儿童一定的观察方法，如由近及远或由远而近地观察，由轮廓到细节地观察，由整体到部分或由部分到整体地观察，在培养他们观察能力的同时也使他们养成良好的观察习惯。

（七）加强对实验的组织和指导，注重培养智力障碍儿童实验的能力

实验法是自然知识教学的重要方法，教师要创设条件进行实验。为激发智力障碍儿童的学习兴趣，达到培养智力障碍儿童实验能力的目的，教师可将演示实验和儿童分组实验有机结合。在分组实验过程中，教师要加强对

实验的组织和指导，注意培养智力障碍儿童认真操作、仔细观察的科学态度。另外，实验过程中，在充分发挥他们主动性的同时，注意培养他们的合作意识和精神。

（八）组织智力障碍儿童进行讨论和交流，培养他们分析、解决问题的能力和言语表达能力

教师要根据所学内容，适时组织智力障碍儿童围绕内容开展讨论。既可以组织全班讨论，又可以分组讨论。在讨论中要鼓励每一个儿童独立思考、积极发言，大胆说出自己的看法或观点，同时认真听取别人的意见。最后由教师把讨论的结果加以总结归纳。例如，教师在指导智力障碍儿童认识有关肠道传染病的基本知识时，首先要对该部分知识进行讲解，其次组织智力障碍儿童结合个人的亲身体会讨论不讲究饮食卫生造成的危害。通过讨论，活跃他们的思想，激发他们的学习兴趣，调动他们学习的积极性、主动性，培养他们分析问题、解决问题的能力和言语表达能力。

（九）灵活运用多种方法进行教学，以激发智力障碍儿童的学习兴趣

为调动智力障碍儿童学习的积极性，激发他们的学习兴趣，教师可把教学内容寓于游戏之中，充分利用游戏来进行教学。例如，在指导智力障碍儿童认识“地球”时，为了形象地显示地球公转与自转的运动情况，让他们更清楚地明白地球、太阳与月亮三个星球之间的关系，可以用游戏的方法进行教学：教师带智力障碍儿童到室外，在地上画一些大圆圈；每组 3 人，分别拿着写有“太阳”“地球”“月亮”的木牌，“太阳”在圆心处，“地球”在圆圈上，“月亮”站在“地球”附近；游戏开始，“地球”自西向东自转并围绕太阳公转，“月亮”也同时自西向东绕地球公转。

智力障碍儿童感知觉不灵敏，区分能力差，难以辨别相似的事物，因此在教学时可多运用比较的方法，通过比较，引导他们发现自然事物间的差异和相同点，更好地了解事物的本质特性。

参考文献

[1] 陈海苑．基于新课标理念的特殊教育课堂教学案例评析 [M]．广州：暨南大学出版社，2020.

[2] 肖非，傅王倩．特殊教育导论 [M]．北京：北京师范大学出版社，2020.

[3] 陈海苑，万莉莉，曾镜佳．成长在社区：智障学生社区参与家庭实用手册（家长用书）[M]．广州：暨南大学出版社，2020.

[4] 中华人民共和国教育部．培智学校义务教育 劳动技能课程标准（2016 年版）[M]．北京：人民教育出版社，2018.

[5] 中华人民共和国教育部．培智学校义务教育 生活数学课程标准（2016 年版）[M]．北京：人民教育出版社，2018.

[6] 王辉，胡建郭，王磊，等．培智义务教育课程纲要 [M]．长沙：湖南大学出版社，2019.

[7] 王辉，胡建郭，王磊，等．培智义务教育课程评估手册 [M]．长沙：湖南大学出版社，2019.

[8] 郤玲亚．培智学校正向行为支持体系的构建与运营 [M]．南京：南京师范大学出版社，2019.

[9] 许悦．基于课程标准的培智学校低年级段教学模式改革的实践研究 [M]．上海：上海交通大学出版社，2019.

[10] 朱楠．特殊儿童发展与学习 [M]．武汉：武汉大学出版社，2016.

[11] 王志超．重度智障儿童教育训练课程 [M]．广州：中山大学出版社，2016.

[12] 刘玲．培智学校班主任工作的 36 个案例 [M]．南京：南京师范大学出版社，2020.

[13] 朱向峰．苏州市特殊儿童康复训练方案集：个别训练 [M]．苏州：苏州大学出版社，2020.

[14] 重庆市残疾人联合会，重庆市残疾人康复协会．重庆市残疾人家长学校康复知识手册丛书：智力障碍儿童康复分册 [M]．重庆：重庆大学出版社，2017.

[15] 中国残疾人联合会组织．智力障碍儿童行为管理与支持 [M]．北京：北京出版社，2018.

[16] 雷江华．学前特殊儿童教育 [M]．2 版．武汉：华中师范大学出版社，2019.

[17] 邢同渊．智力障碍儿童心理与教育 [M]．北京：中国轻工业出版社，2015.

[18] 王雁，朱楠，王姣艳．智力障碍儿童社会技能训练 [M]．北京：北京师范大学出版社，2014.

[19] 杭庆之．中重度智障儿童生活能力培养 [M]．南京：南京师范大学出版社，2016.

[20] 孔祥英，陈承杰．智障儿童康复教育概论 [M]．天津：天津教育出版社，2014.